占術談義

五術研究家　山道帰一

運命鑑定家　天童春樹

占い・精神世界研究家　伊泉龍一

占星術家＆タロット鑑定師　いけだ笑み

占星術研究家　芳垣宗久

田中要一郎　対談集

インド占星術研究家　清水俊介

西洋占星術家　橋本航征

西洋占星術家　石塚隆一

東洋占術家　黒門

占星術研究家　鏡リュウジ

太玄社

はじめに

「占い師であったり、占術の研究家は、占いの理論については本を残しているが、占いに対してどういう立場で、どういう考えや哲学で、占いを扱っているのかをほとんど残していない」

このような考えから、この企画が立ち上がりました。２０１８年の9月から、つまり平成から令和へ時代が移り変わる時期に、現代の日本を代表する一流の占術の研究家10人と対談させていただき、『スターピープル・オンライン』で連載させていただきました。本書はその連載記事を修正、加筆したものです。対談時には占いの技術面についてお話をさせていただきましたが、これは連載時にオンライン上では掲載されなかったもので、書籍化に伴い加筆分として収録しています。

対談では、共通したいくつかの質問を投げかけています。

●宿命と自由意志について。どの程度、運命を変えられるか？　変えられないか？

●占いと占い師の人格の関係について。占い師の人格が著しくひどい場合、占いで当てることはできるか？

●運を良くするにはどうすればよいか？

●占いの未来は？

いずれも答えのない質問です。質問に対して、さまざまな回答がありましたし、同意見の方もいらっしゃいました。これについてどう答えているのかというのが、この対談の肝になっています。

それでは、占術の研究家同士の対談をお楽しみください。

vol.1

五術研究家 山道帰一

風水は快適に生きる知恵、四柱推命はあなたの取り扱い説明書です

vol.2

運命鑑定家 天童春樹

運命を変えたければ思いを変えて、感謝を忘れないことです

vol.3

占い・精神世界研究家　伊泉龍一

タロットカードはキーワードよりも絵柄のほうを読み取ってください

vol.4

占星術家&タロット鑑定師　いけだ笑み

ホロスコープでリリスの位置を調べれば、自分の中の〝社会不適合になりやすい部分〟が判明します

vol.5

占星術研究家　芳垣宗久

『ピカトリクス』にのっとり、特別なタイミングで星の力と繋がれば、願いを叶えることができます

vol.6

インド占星術研究家　**清水俊介**

インド哲学の教えでは、サットヴァ性が優位になると、少ないもので満たされる人生になります

vol. 7

西洋占星術家　橋本航征

魂込めて生きていけば、感動できる人生になるんです

vol.8

西洋占星術家　石塚隆一

太陽が持つ創造性のエネルギーに目を向ければ、新しい状態を創っていけます

vol.9

東洋占術家　黒門

人と人は波動的な影響を受け合うので、運を良くするには〝友だちを変えること〟です

vol. 10

占星術研究家　鏡リュウジ

占いが途絶えなく存続していることで、その人にとっての日常が回復していくんです

vol.1 五術研究家 山道帰一

風水は快適に生きる知恵、
四柱推命はあなたの取り扱い説明書です

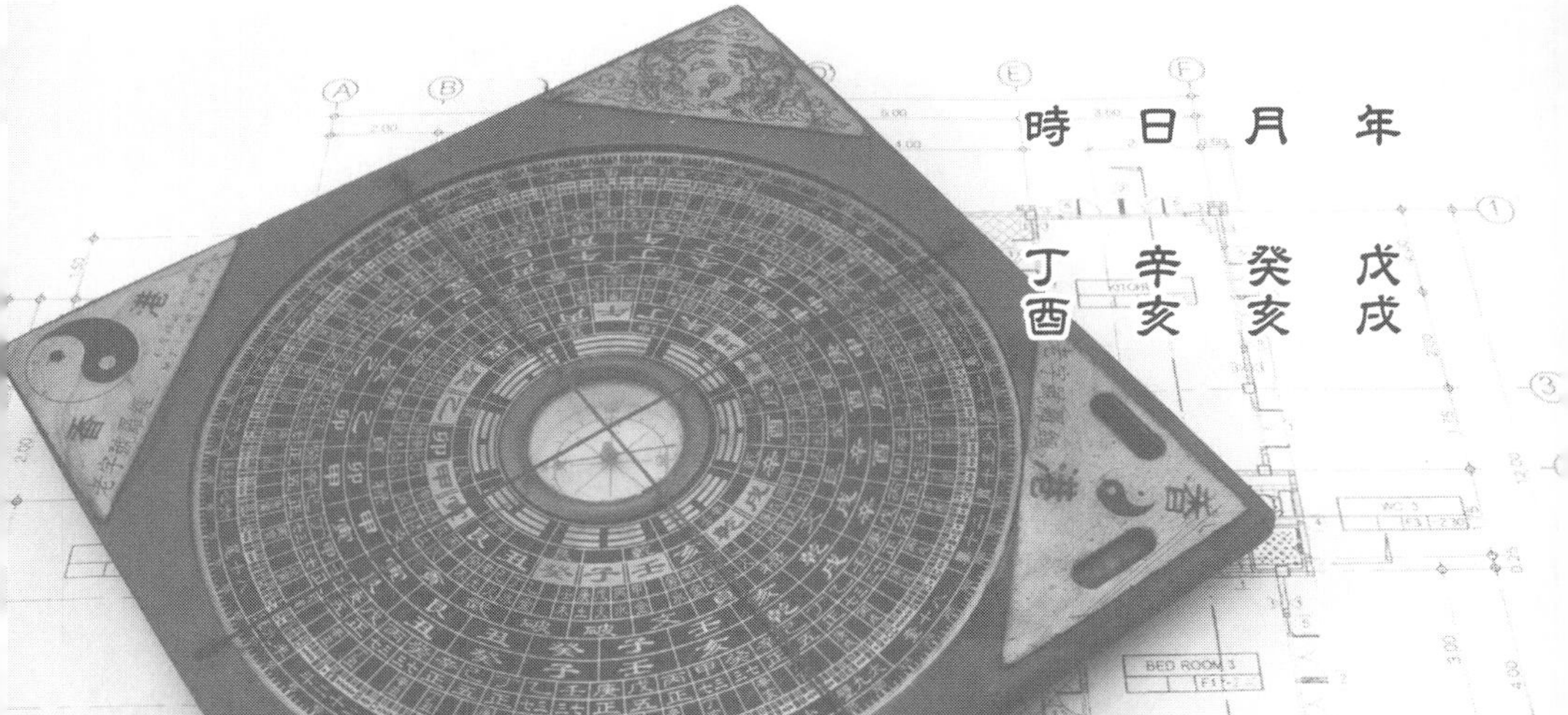

時	日	月	年
丁	辛	癸	戊
酉	亥	亥	戌

山道帰一

やまみち きいつ／東洋大学印度哲学科卒。五術に造詣の深い家元に生まれ、幼少の頃より五術を学ぶ。台湾師範大学に留学し、仙道、道教のフィールドワークを開始、風水を正統に伝える老師たちに師事する。韓国西江大学留学を経て帰国。台湾五術界の人間国宝である鍾進添老師の高弟。株式会社Five Artsにて風水学、命理学、人相学、養生学など五術全般にわたる指導を行う。烏龍茶専門のネットショップ「茶通」を運営。主な著書に『玄空飛星派風水大全【改訂版】』『風水住 宅図鑑』『風水・擇日・奇門 万年暦【増補改訂版】』(太玄社)、『完全定本 暦大全』『完全定本 人相学大全』(河出書房新社)、訳書に『完全定本 風水大全』『完全定本 四柱推命大全』(河出書房新社)がある。
風水山道 http://blog.yamamichi.org/

占術の世界に入ったきっかけ

田中　占い師のほとんどの方は、占いの技術についての本は書いても、ご自身が表に登場しない場合が多いので、どういう人なのかわからない場合が多いんですね。今回、占いという技術もそうですが、それを扱う人物のほうにスポットライトを当てて、占いに対してどうお考えになっているのか、哲学的な観点や思想も伺っていきます。

占いの実践者であり研究者の立場から、私自身の観点で、踏み込んでお聞きしたいと思います。

山道帰一さん（以下、敬称略）　田中さんがこんなふうに、まじめに話すことは少ないからね。元々、お笑い芸人なので、「なぜ、こっちの道にきたのか？」をインタビューしたほうが面白いと思うんだけどね（笑）。

田中　いえいえ（笑）。１回目ということで、皆さんに向けて自己紹介をいたします。

山道さんがおっしゃったように、私はもともとお笑い芸人で、２０１４年まで漫才をやっていました。占いに関していうと、高校時代から趣味でやり始め、２００８年から本格的に占いを始めました。

最初は中国系の占いから学んだんですが、そのうちインド占星術を勉強し、それに関連して、西洋伝統占星術へと幅広く学んでいったんです。

その過程で、中国の「五術」※については、私の師である五術研究家の阿藤大昇先生から教わるようになりました。

※「五術」とは？…中国五術のこと。主に、以下を指す。

●生年月日時を用いて人生を見通し、組み立てる指針のための道理「命術」：四柱推命（八字）・七政四餘・紫微斗数。

中国五術以外の命術として定義できる占術は、西洋占星術・インド占星術など。

●変化し続ける時間の行く末を現在からみる「卜術」：周易・断易・梅花心易。奇門遁甲。六壬神課。

中国五術以外の卜術として定義できる占術は、タロット・ルーン。

●物体から意識に与えられる現象を分析して占う「相術」：手相・人相・姓名判断・風水（地相・家相）など。

●病気を治すための治病法・中国医術を意味する「医」：鍼灸・漢方・方剤・整体術・按摩術など。

●身体内を巡る精・気・神を駆使して心身を健康にするための養生法「山」：気功・呼吸法（天丹）・食餌療法（地丹）など。

山道　私が田中さんと出会ったのは今から10年くらい前で、阿藤さんから学び始めてすぐのことでしたよね。

田中　阿藤先生を通じて山道さんに出会ったんです。初めて山道さんと会った時は、〝青年実業家〟という印象でした。実際、当時も今も事業をされていますが、出会ってしばらくすると風水の本を出版したりして、「そういう人だったんだ！」と。出会ってからは、自然と親しくなりましたね。

現在の私は、西洋占星術の『クリスチャン・アストロロジー』（ウィリアム・リリー著／太玄社）の翻訳など、占術書の翻訳や占いの鑑定、イベント、講義をメインに活動しています。

山道　私のほうは、元々、実家が「術数」などの五術を研究していたので、興味がありました。小学生の頃から、四柱推命や奇門遁甲を勉強したりするほど、占術は好きでしたね。

その好きがたたって、１９９０年代に大学を卒業後、台湾に留学をしました。現地のちゃんとした機関である台湾師範大学や、中華語文研修所に籍を置いて滞在し、自分なりのフィールドワークを現地で展開したんです。

台湾を選んだ理由は、中国は文化大革命によって、「五術」という文化の大半が破壊され、その部分を台湾がバックアップしていたからです。当時は、台湾でも五術が全盛期で、いろいろな先生たちも生きていた頃で、さまざまな薫陶《くんとう》（優れた人格で相手を感化し、導くこと）を受けることができました。

台湾から、次は韓国に行ってフィールドワークをし、日本に再び帰ってきて、サラリーマンをしながら社会を勉強させてもらいました。その後、独立してビジネスを始めましたが、やはり、こういった分野は趣味だったので探究を続けていったんです。

そうすると、「ある程度、仕事と一体化しないと、自分の研究自体が進まないな」という思いが湧いてきて。そのジレンマが強かったので、「仕事としてやっていくにはどうしたらいいんだろう？」と考えた結果、海外の有名な先生を招いて勉強会を開いたり、本を訳したり、研究の成果として研究書を出したりしました。

ビジネスよりも、自分が納得して満足できることが最優先だったんです。そういったスタイルに切り替え、その間に太玄社から本を出していただいて、プロとして、そして〝ナリワイ〟として五術にかかわり、今年（２０１８年）で11年目です。

「占い」という言葉を私はあまり好きではないので、一般の人たちにもっと伝わるように、**「五術」や、古典である「術数」を伝えたい**想いがあります。

自己紹介、長くなっちゃったけど……。

医学の延長として海外で風水を探究

田中　山道さんの生まれは東京ですが、「五術」を行う家庭に生まれたんですね？

山道　はい。職業としてではなく、先祖代々で継承していたんです。その内容について、私は兄から教えてもらいました。小学校４年生くらいの時から四柱推命を習ったんです。

田中　小学生からですか！　難しいのによく理解できましたね！　やっていて、「当たっている」という実感はありましたか？

山道　当時は、「楽しいものを見つけたな。友だちとシェアしたい」と思い、一緒に四柱推命を勉強し、切磋琢磨できました。小中学生時代はクラスメイトの運命を調べてみたり。

田中　職業にしたいと思ったのは、いつ頃？

山道　それはまったく思わなかったですね。職業にすることによって、自分の好きなものを嫌いになってしまうこともありますから。

単に「自分が知りたいことを勉強したい」という、**知識欲**だけだったんです。それはたとえば、私が主催する風水セミナーなどに来る人たちも、知識欲から参加する人が多いように思われます。

田中　大学生の頃はどうでしたか？

山道　インド哲学や仏教哲学などを勉強していました。元々、宗教学に興味がありましたし。インドにはよく行きましたよ。アシュラムに行って瞑想して、ベジタリアンな生活をしたり。

田中　インド占星術などは？

山道　興味はありましたね。知的探求のために、世界のあちこちに行きました。一番長くいたのは台湾だと思います。伝統社会という閉じられた世界に足を踏み入れるのが、まずは自分の課題でしたから。

向こうの五術の世界に入っていくのは大変でしたよ。どこの文化圏でもそうだと思いますが、**90%以上が怪しい分野**ですから（笑）。

田中　言葉の壁は？

山道　なかったですね。半年もすれば、日常会話くらいはできるようになりました。現地の言葉をしゃべって、質問して、その文化圏で通用する人間になりたいという思いが大きかったですね。

田中　現地で、ホンモノかニセモノかを見分けられましたか？

山道　わからなかったです。というのも、当時、90年代後半は、日本だと風水のことをあまり学べない状況で、本格的な専門書は少なかったと思います。今でもそうですが、五術が「誤術」になっていたり（笑）。

田中　当時は、マンツーマン？　もしくは講習会のような感じでしたか？

山道　マンツーマンです。向こうで勉強するとなると、大抵はマンツーマンでしたね。現地で教本を買っているうちに、五術専門の出版社の社長を通じて、指導してくれる人たちを紹介してもらえました。
とはいえ、当時、一番興味があったのは、**中国医学や仙道**のほうだったので。学生時代からずっと気功を学んでいて、大学でもサークルを作ったくらいでしたから。
中国大陸では「法輪功事件」以前は、中国最高位国家資格といわれていた「特級気功師」試験があり、その試験に合格するほど、人体医学にも興味があったんです。今にして思えば、医学部に行けばよかったんじゃないかと（笑）。
元々、四柱推命や易も、医学との兼ね合いが強いものです。だから、幅広く関心をもって学んでいた感じです。

田中　そこから風水へと、どうやって繋がっていったんですか？

山道　やはり、**医学の延長**ですよね。「なぜ、年齢や体型、生活のスタイルが似ている人同士でも、住んでいる場所によって、病気のなり方や寿命が違うのだろう?」という疑問がありました。

その結果、「**天地人**」（※天とは「時間」、地とは「空間」、人とは「人間《じんかん》」を表す）という三才思想の根本に気づいたわけです。

この三つ巴で因果関係を見ていかないと、中国五術の分野では何ひとつ見えてこないんです。

この「人間《じんかん》」といわれる医学を追求した結果、**〝空間と時間を追求しないと、病気の原因が見えてこない〟**と思うに至りました。

これが、風水を探求したきっかけです。

風水とは生き残る知恵である

田中　当時、「IFSA（国際風水協会）」と呼ばれる団体の中で世界五大風水師の一人とされた、香港のレイモンド・ロー氏を日本に紹介したのは、何がきっかけだったんですか?

山道　日本では風水の体系というものが、いろいろな流派という枠組みの中で捉えられていたので、偏りがあるんじゃないかと思っていました。ですので、海外で受け入れられているレイモンド・ローという、世界標準として示せる基礎が、日本に根付いていくといいなという理想がありました。

彼の功績とは、英語圏で初めて四柱推命や風水の本を出したことにあり、欧米社会と香港を中心とする東南アジアで活動していました。

田中　そのあと、山道さんはご自身の書『地理風水大全』（河出書房新社）を出版されたんですよね？

山道　そうです。ずいぶん、僕のこと詳しいですね（笑）。

日本の風水に違和感がありました。家の間取りしか見ないような「理気《りき》」だけに偏重した家相としての気学が横行していましたから。

風水というのは、そういうものではないんです。「地理風水」といわれるように、非常に**「地理」を重んじます**。専門用語でいうと、「巒頭《らんとう》＝周辺環境に対する理解」、それが日本の風水には当時欠如していました。

たとえば、同じ間取りでも、宅を取り囲む周辺環境が違うと、その間取り自体の意味が変わってきます。

そういったベースの部分を伝えたかったんですけど、書いていたら、いつの間にか500ページくらいになってしまって。自分が理解したことを書くと、実用書のつもりが完全な専門書になってしまうという、歯がゆさはありましたね。

田中　はははは。でも、飛び抜けた専門書でしたよ。深く網羅されていて、今でも「巒頭」に関する風水書で、日本ではこれ以上の本は現れてないですからね。

風水の基礎的なことで、まだはっきりしていないことですけど、風水の発展の歴史は、何がスタートとなる〝もと〟だったと思いますか？

山道　始まりの部分は、「人が生き残っていくための知恵だった」ということです。元々の概念である〝場所選び〟とは、人間の生存競争にすごく関係してきた知恵だと思うんです。

どういうところに隠れれば、獣に襲われないか？

どういうところに行けば、水が確保できるか？

どういうところに住めば、安全でいられて、生存のための食料が調達できるか？

などといったことです。

だから、狩猟採集社会から牧畜農耕社会に移り変わっていく過程で、必要に迫られて生まれたんじゃないかと思います。というのも、農耕するとなると「定住生活」ですよね？　移動型の狩猟生活から**定住化する際、空間が非常に重視された**のは間違いないことですから。

田中　では、風水はそもそも、どのようなものに基づいているんでしょうか？

山道　風水、つまり、「**風**」と「**水**」という2文字のキーワードからして、「**自然の循環**」という意味を持ちます。海面では、太陽の熱によって気体となった水が雲となります。そのとき生じる気圧の変化による大気の移動や、地球そのものの回転運動による産物＝「風」によって、「水」はさまざまに変化しながら天空を巡ります。そして再び、雨となり大地に降り注ぎ、大地を巡ります。

もっとわかりやすくいえば、「水の旅」というサイクルがあります。

水に溶け込んで海溝に運ばれたものは、海に暮らす生命の食物連鎖によって、さまざまな生命の礎となる体となります。たとえば、川を遡上するサケ・マス・アユ・ウナギなどの身体となり、それらが大地の生命のヒト・クマ・タヌキ・イタチ・サギ・ウなどの糧となり、何らかのかたちで山へと運ばれれば、この循環の中に暮らす命は、命を紡ぎ続けられるようになっているんです。

水の旅という面で捉えると、水は人に必要とされて、海に流れて蒸発し、その水蒸気が雲となり、その雲が風で運ばれて、雨となって大地に落ちるというサイクルを繰り返しています。

この循環がないと、人も自然界も生きてはいけません。**常に自然環境は、持続可能な循環をする。そのことを重視して生まれたのが、風水**です。

ただし、本当に持続可能かは、このような時代だと怪しくなっていますけど。

田中　風水には、住宅にあたる「陽宅」と、墓にあたる「陰宅」がありますが、どちらのほうが発生が古いんですか？

山道　陰宅のほうが古いと思います。というのも、墓という概念は儒教的な習慣からきていますから。儒教にとって、先祖の墓の位置はすごく大事でした。『周禮《しゅうれい》』（※周王朝〈前1046年～前256年〉から時代が下り、秦の始皇帝の「中原統一」までの戦国時期〈前476年～前221年〉には完成していたであろうとされる、「周代の官職制度」についてまとめたもの）には、墓を守る「墓大夫《ぼたいふ》」も登場します。

墓をいじられたり、壊されることは、一家の断絶や絶滅を意味したので、墓の場所にはこだわって、特別に良い場所を選びました。

孔子による儒教発生以前の「周朝（紀元前1023～256年）」の文王（紀元前1152～紀元前1056年）が「後天八卦」を配置し、その図をさまざまな風水理気《りき》技法がよりどころにしているように、この頃にはすでに風水の基礎的原理が生まれていました。

「墓大夫」という役職があったであろうことからも、「陰宅」風水が実用されていたと考えるべきでしょう。

墓に対してそこまでこだわっていたなら、高官たちは当然、自分たちの住まいにもこだわっていたでしょうし、同時に「陽宅」も実用されていたことと思います。

リスクを避け続けてチャンスに出会う「3C」の教え

田中　風水を使うことで、どんなメリットがあると思いますか?

山道　ひとことでいうと、「**調和する**」ことができます。人間も自然環境の一部なので、再び、人間が自然環境に戻っていくことや、「在るべき場所にいる」という、**人間本来の在り方**を示しているんだと思います。だから、人は誰でも、風水の良い場所に住む権利があります。

田中　では、風水的に良くない場所に住んでいたら、どうすればいいですか?

山道　改善策があるならそれを勧めますけど、そうでないなら、引っ越すのを勧めるしかない場所というのもまた存在します。

田中　よく、「風水の改善策を実行するにしてもお金がかかるので、風水はお金持ちがするもの」という意見もありますが。

山道　お金持ちのものだとは、思わないほうがいいです。「どれだけそれに重きを置いているか?」という、人それぞれの価値基準があります。
たとえ、経済的に豊かでなくても、学ぶ気持ちがあれば、自分なりに勉強して、風水を使いこなせるようになれます。そのために私も、執筆を通じて世に風水を問うています。

田中　ということは、山道さんの講座を受けたほうがいい？（笑）

山道　講座の宣伝をしたいわけじゃないので（笑）。安易に「風水ですべてが劇的に変わる」とか信じている人は受けないほうがいいでしょうね。安易で安直な発想と思考なら、受けても理解できない可能性がありますから。

私は、間取りももちろん見ますが、その人がどういうロケーションに置かれているかを見ます。それは風水師としてのモラルです。そこで暮らし続ければ悪いことが起こると事前にわかるのであれば、「そこから何としても移動してもらいたい」という、風水師としての倫理感が働きますよね。

よくいるのが、〝風水的に明らかに危険な場所に住んでいる人たち〟です。そういう人たちは、ロシアンルーレットをしているようなものです。

人には運もあります。**「空間・時間・人間《じんかん》」の3つのエネルギーが噛み合うと**、ある人はその人が持っている時間のバイオリズムの中で運が良く、たとえ空間のエネルギーが悪くても、人間《じんかん》のエネルギーが良くて、助かっている人もいます。

でも、ひとたび運が切り替わると、災いが降りかかるかもしれない。だから、悪い空間に住み続けるのは、ロシアンルーレットをしているのと同じなんです。

装弾数6発のリボルバーの中に、もしかしたら1発しか弾が入ってないため、引き金を2、3回引いても、何も起きず助かっている人もいるのかもしれないけど、残りの弾、つまりまだ使用されていない実弾が、時間の経過とともにいつ飛び出すかわかっていないし、弾が飛び出すとは夢にも思っていない。

つまり、〝自分の致命傷になることが起きてしまう可能性〟という名の実弾を残し、リボルバーを握り、頭に銃口をつきつけている状態かもしれない。「実弾が飛び出したらどうするの？」というリスクについて考えていないのは、怖いことです。それが、風水を理解していないということです。

それくらい、我々風水師は、「何が致命傷になるか？」という、危険性を重視しますね。

これは、「凶を避け続けていくうちに、人はいつの間にか吉の方向に行っている。リスクを避け続けた結果、チャンスに出会う」という「趨吉避凶《すうきちひきょう》」の考え方に基づいています。それが、「3C」※なんです。

※鍾進添《ショウシンテン》老師「3C」の教え

●人間は、人生で必ず『変化〈Change／チェンジ〉』というエネルギーのうねりに出会う

●その結果、ある『選択〈Choice／チョイス〉』を迫られる

●その選択を誤らなければ、『機会〈Chance／チャンス〉』を得られるし、選択が誤っていれば、機会を失する

その時、正しいチョイスをするために、四柱推命や風水などの五術の体系があるんです。

四柱推命は解釈でまったく意味が変わってくる

田中　四柱推命であれば、宿命という部分とチョイスできる部分が、どのくらいの割合であると思いますか？

山道　麻雀をやるのと似ています。麻雀での技術が何割かを考えた時、技術がある人ほど、運という物の見方をするのを嫌がりますよね。逆に、**運のある人ほど、技術をさほど重視しない**かもしれないですね。

田中　そうなると、四柱推命なら「悪い時期なら悪い時期なりに選択の余地がある」ということですか？

山道　考え方の違いによる部分が大きいですね。たとえば、四柱推命でいわれている「財運」。お金のチャンスに対し、四柱推命の鑑定士が、その人のチャンスを的確に捉えたと思い込み、「あなたは、この時期にお金が入ってきますよ」と予測したとしても、実際はお金が入ってこないかもしれない。

というのも、四柱推命で「財」というのは、お金やさまざまな資産という象徴以外に、男性にとって「妻財」でもあり、「女性」をも意味します。なので、お金は手に入らなかったけれど女性と縁ができ、その時期、結婚したり、交際して楽しく過ごすことになるかもしれません。

四柱推命は、物事の「質」を的確に捉えることができるけれど、一般人や経験の浅い鑑定士からしてみれば、「なんだ、お金に縁がなかったのか」と捉えてしまいがちです。鑑定士が的確に分析できているか？という問題が浮上します。

ちなみに「財」は、男女で意味が変わります。女性にとって、男性の象徴となるのは「官殺《かんさつ》」と呼ばれます。自分を主体とする五行（日主）を、剋《こく》する五行が「官殺」です。

財というのは、「自分が剋する五行＝相手を制圧して物を奪う」という意味。たとえば、五行で「火」の女性なら、財は五行の「金」。火の自分が溶かすことのできる金が「財」です。逆に、火の自分を剋してくる五行の「水」を象徴するのが、その女性にとっての「官殺」、男性という意味になります。

四柱推命で「官殺」（我を剋する五行）を忌むことがなければ、社会的地位の向上や仕事の業績の評価による昇進など、仕事運に関係した喜ばしい吉祥と解釈できます。

でも、官殺を忌む人、たとえば「身」（我となる五行、日主）が弱い人である「身弱」に分類される人は、場合によっては、防ぎようがない我を剋する五行のエネルギー「官災《かんさい》」という災禍にもなります。

これにあたるのは、「身弱」の人の中でも、我を生じる五行である「印星」、我が生じる五行である「食傷」を、近貼（日干に隣り合う月干、時干）したり、強く地支に現れていない人にあたります。

「官災《かんさい》」は、訴訟裁判になるようなことや、投獄されるような災いを象徴するので、まず、その人の命式の類型である「格局」は何かという判断を間違えてしまうと、当然、間違った鑑定結果になります。また官災を忌むならば、病気や事故、怪我といった、我を剋する現象についても考えられます。

四柱推命は、ありとあらゆる運命に沸き起こる現象としての「質」を読み尽くせるので、それをうまく使えるかは、解釈する人が相手の人生の機微をちゃんと捉えているかによります。

一般人と我々鑑定士は、物事の読み取り方がまったく違います。一般人は、ピンポイントを見て幅狭く捉えますが、専門的な視点からみると、**運命というものの可能性は限りなく広がっていて、それをどう演繹《えんえき》的推理をして捉えるか**は、その人の鑑定経験からくる認識のあり方次第だと捉えています。

それだけ選択肢があるということは、「**人間の未来は揺れ動いている**」ということ。その人の考え方とその後の人生の選択で、未来はまったく変わってしまうと思います。でも四柱推命を学習した者からすると、本質的には一緒かもしれません。

たとえば、財といってもお金と女性、また自分が剋することの意味、例えていうなら格闘技などの攻撃という意味もあり、お金で出ていないとしても、女性として現象化したり、格闘や暴力でその意味は出るでしょうと。だから一般人と我々の感覚とは違うかもしれません。

田中　どうしても、一般的には〝吉か凶か〟で捉えてしまいがちですよね。

山道　それだと、小学生レベルです。「財はお金」だけで、「官は刑務所に入る」だけとか、断定して限定して解釈することは、〝吉か凶か〟という二元論的な割り切り方をするだけの、曖昧な判断と同じことです。現象を捉えるのが、四柱推命の本質だと思っています。

田中 いわゆる「悪い財」の時期がやってくると、「良い財」の意味が出ることはまずない？

山道 もちろんそうですけど、良い財・悪い財を単純に判断するにしても、相当に熟練していないと言えないでしょう。私は良いと悪い財の、両方の意味があると思います。

だから、**良い悪いという二択的な捉え方はしません**。あくまで、その財運の時期となる「行運」が命式と合わさり、「命運」としてどのように変化する現象を起こすかを捉えていきます。

たとえば、身強で「比劫」（我と同じ五行）が命式に強く出ていれば、その財の行運に対して、次のように考えることでしょう。

「あなたにお金が入りますが、知人や友人が奪いにきて、金銭的なトラブルを起こすかもしれません」と、起きてくる事柄をストーリーとして、一連の現象を見ていきます。

台湾にもいますが、悪いことばかり当てて、喜んでいる鑑定士は多いですね。我々の世界では「三流」となります。なぜなら、結果的に自分のクライアントを悪い方向に導いてしまったんですから。

この仕事の本質的な部分は、人の運命を良い方向に変えたり、運命を修正したりすることができるかにあると思います。「いかに悪いことを起こさないか」「起きたとしても最低限にできるか」が求められるわけです。

運を良くするには「陰徳」を積んで「貴人」と交わる

田中　一般人向けのアドバイスとして、運を良くするにはどうしたらいいと思いますか？

山道　まず、その人自身が自分の「**命運**」**を知る**ことですね。よく、「開運したい」と言いますが、ある種の矛盾を含んでいます。

なぜなら、自分の命運を知らないのに、なぜ、開運できるのかという。じつは、すでに運がいいかもしれないし、開運しようと思ったタイミングが、運が切り替わる時期だったのかもしれない。

生まれた時に、自分に解説書はついてないけれど、その解説書になりうるものが四柱推命のような「**命**」**の学問**なんです。

でも、この学問を習得するのは大変なので、その代わりに実行するといいのが「陰徳を積むこと」です。「私はいくらいくらを寄付しました」という目に見える徳を積むのは、明徳。陰徳は、隠れた徳です。

「陰徳を積んでいると、災いが起きても最小で済んだりする」とよくいわれますね。陰徳は、赤子が井戸に落ちそうになった時、助けに行くようなもの。そんな**打算的でない善なる心**を、もっと発揮するのがいいと思いますね。

田中　運を上げるために、神社に行ってお参りするとか、墓参りに行く人もいるんでしょうけども。

山道　すごくいいと思います。お墓参りに行って、墓石を磨く人は経営者たちに多いですよね。そういう人たちの中には、経営がうまくいっている人たちを多く見かけます。それをやるから運が良くなるのではなく、それをやろうとする心がけが運を正しくとらえて活用できているんでしょう。

先祖や自分のルーツを敬える人間というのは、非常にヒューマニズムのある人たち。そういう人は他者との関わりがスムーズです。ボタンのかけ違いが少ない。

「どんな占術を習得しようとも、どんな風水的に良い場所に住もうとも、**チャンスは必ず人間を通してやってくる**」というのが、我々専門家の考え方です。

〝貴い人〟と書いて、「貴人」という言葉があります。貴人から引立てを受けたり、貴人となる人たちと縁を結べるような「礼がある人間」になることが重要です。

鑑定者が信頼できるかを見極めるには

田中　占術と人格には関係があると思います。占いを不適切に使うのとは別に、人格者かどうか。

山道　占術という技術を使う前に、**誤った心の使い方をしてしまうと、非常に危険**です。そういうケースをたくさん見てきました。

たとえば、ある「先生」と呼ばれる人が悪質な金儲けに走り、その被害を受けた生徒さんたちがいっぱい私のところにやって来ては「助けてほしい」と相談されたりしました。いろいろな風水鑑定士たちの鑑定書となる図面や案件が持ち込まれ、まるで警察や検察になったかのように、それらを検査させられたりジャッジさせられたりしたんです。まるで、風水１１０番になったかのようでしたよ。

よくある問い合わせが、「デタラメな内容の風水を教えられた」とか、「ある先生に風水改善してもらってから、悪いことばかり起こるから助けてほしい」とか、「ある先生に滅茶苦茶な風水を教えられ、騙されたから、正しい風水を教えてほしい」とか。

他にも、占術を「コンテンツ」と呼び、古典ではなくコンテンツを分けてほしいと言う人たちや、著作権侵害が明確なテキストを配布する先生だとか、その著作権侵害のテキストから、さらにまた著作権侵害したテキストで教える先生とか、さまざまなそういった問題と、それを巻き起こす〝先生〟と呼ばれる加害者たちを、ここ10余年、ものすごい件数見つめてきました。

それで感じたのは、幸せになりたいとか、人生をより良くしたいと思っている人たちの、善良な心をもて遊んでいる、先生と呼ばれる占術家たちが多すぎるということです。

鑑定者が人格者かどうかを見極めるのは難しい問題ですが、最低限の目安としては、**その人の師匠との関わりがちゃんとできている**こと。自分の先生を敬い、礼を尽くしていることです。先生に途中で破門されたわけではなく、最後まで先生によく学んだ、礼を尽くしたというのが良いですよね。

反面、騙される側にも問題があります。ビットコインで被害に遭った人と似ています。美味しい話のする人々の、欲望を煽るだけのうたい文句と宣伝に釣られた人たちほど、被害者になることが多い。やはり、占術での被害に遭わないためには、「嘘を嘘と見破る力」はもちろんのこと、安易な言葉の宣伝文句に、**欲望を刺激されてマインドコントロールされない免疫**がないと厳しいですね。

さまざまな占術で、その先生の真偽を見破る最も簡単な方法としては、「では、**その先生の先生は誰ですか？」と問う**こと。海外と違い、日本ではちゃんとした先生に習っていなくても、東洋系の占術鑑定から指導、講義までしている人が非常に多いと思います。

皆さんは、そのことも念頭において接するといいでしょう。

田中　たとえば、すごく性格が悪い、犯罪すれすれの人が「易」を習得した場合、ちゃんと当てられるんでしょうか？

山道　その人に運があれば、当てられるんじゃないでしょうか。僕から見ると、理論がしっかりしていない日本式風水鑑定をしているにもかかわらず、相談者を幸せにしている人たちも見かけます。「それ、ちゃんとした風水鑑定じゃないでしょう？」と思うことでも、その人に運があれば、人を正しく導いたり、幸せにすることもあると思います。アドバイスしたことが、相手にとってぴったりフィットしてうまくいったり。まあ、その人の運が尽きるまでですが。

これは、風水に限らず、スピリチュアルな分野でも同じだと思いますね。あまり理論や知識に重きを置きすぎると、人の心を見誤ることもありますから。

田中　人格よりも、術者の運ということですか？

山道　人格は関係があります。知識があまりなくても、その人が言っていることが意外とまともで社会性があり、お金のために人を犠牲にするような人格ではないことが前提です。なので、**人格は大切**です。

田中　鑑定客が、「どういう言葉をかけてもらうか」も運なんですよね。もし、変な占い師にあたったなら、それも運だといえるかもしれません。良いことではないですが。

山道　その運というものを、自分にとってできるだけ都合の良いものにしようと思い、人はこういう技術を学ぶわけです。

田中　では、風水では埋葬される人のバックボーンは考慮されないんですか？　たとえば、かなりひどい犯罪を犯した人を風水で埋葬した場合、そのお墓は風水的に良い効果を出すかどうかということなんですが。

山道 生前その人がどういう人であったかは問わないです。犯罪者であってもそこに差別はないです。ただし、その大地に埋葬される人はその地域の人々に認知されるのであり、そして人は意識を持ち、意識は互いに集まり、その墓に対して想いは寄せられます。その結果を招くのは、その埋葬された人の生前の在り方であることは間違いがないでしょう。

占いの未来はAI化されていく

田中 占いのシーンをみて、90年代と2000年代以降では、差がありますか?

山道 思ったよりも、私たちの次の世代がまったく出てきていない。「このまま五術文化は終わるのかな?」と思ったり(笑)。

明治や大正時代は占術がものすごく盛んで、専門書もたくさん出ていました。「意外とみんな、難しい本を読んでいたんだなぁ」という印象です。なので、この世界のこの学問はどんどん衰退化の一方だな、と。

田中　占いの未来的には暗いんでしょうか？

山道　姿カタチが大きく変わってくるでしょうね。この時代は、ＡＩが物事を大きく変革中で、日常でもＡＩスピーカーと話せる時代ですから、やがて**ＡＩが占いをする時代**になるでしょう。

逆にそちらのほうが水準が高いかもしれません。知識をインプットすれば、人間のようなブレが少ないですし、ＡＩは「今日の体調はどうですか？」などと質問さえしてきてくれます。その人のことを分析して、ぴったりのアドバイスもくれるでしょう。

その他にも、ＡＩはクライアントの心理状態を読み取ったり、場の空気を読んだりするでしょう。占星術では、長年の研究から〝主要なアスペクト（座相）は１２０、９０、１８０〟みたいなことを導き出してきた歴史があります。

それを、ＡＩは大量のデータと数時間のラーニングにより、人間だったら発見するのにあと５千年かかるようなことを、短時間で見つけてしまうと思います。

ＡＩが鑑定するようになるので、電話鑑定士も仕事がなくなっていくでしょうね。

たとえば、ＡＩの田中さんは、クライアントに合わせて男性・女性・中性と、性別と声色を変えて、対応することができます。いつの間にか人気鑑定士になりました。そのぶん、生身の田中さんの占いの仕事が減っちゃうかもしれません（笑）。

田中　ははは（笑）。

山道　ですから、占術や五術学習のチャンスと機会は、一時期、花開いたけれども、今後は2つに分かれて消えていくことと思います。五術の知識や専門性を求めていく「学習者」と、そうではない人たち。

前者は、占術をすることを特段に表に出さず、裏の顔としての活動にしていくか、もし表に出るのなら、学術的な道を行くと思います。

後者は、占いを心の安寧にしようとすがりつき、受動的なＡＩ占いに占ってもらうだけのほうに走るため、どんどんＡＩによる占術の市場と需要が高まるでしょう。つまり、学習をより必要とせず、ただ占ってもらうことを興味や趣味として、いわば占い師のもとに心理相談に来るような人たちという、2つの方向により明確に分かれていくことでしょう。

時代は変わっていきます。風水業界では、グーグルアースが現れた時というのは、ひとつの衝撃でした。その後、ドローンが現れてさらに衝撃でしたが、そのような近代のテクノロジーを私は積極的に取り入れていますよ。

占いの世界も、**近代のテクノロジーとよりよく調和し、庶民の心の安寧のための文化**としてこれまでと同じように必要とされていくことかと。ただし、そういった分野はＡＩが占いをしていくことになるでしょうね。もちろん、田中さんの仕事も（笑）。

田中　なるほど（笑）。

近年、北京大学などの大学機関で五術の研究が行われていますが、盛んになりますか？

山道　盛んにはならないでしょうが、サブカルチャーとしてそれなりに研究する人はいると思います。今は過渡期にあると思います。日本の大学機関でも五術を研究する人はいますし。でもその研究が、民衆に反映されるというのはないでしょうね。我々の実践での目線とは違いますし。我々の知識は、即座に日常で役立って有益なものですから。

技術について

田中　占いには論点があって、定まっていないところについて、いくつかお聞きしたいのですが。まず風水ですが、巒頭《らんとう》と理気《りき》の優先順位はどうなんでしょう。

山道　巒頭が先ですね。

田中 割合はどのくらいですか？

山道 巒頭が6〜7割。理気は3〜4割ですね。

田中 理気でもずいぶん変わりますか？

山道 変わるでしょうね。給料が4割増えたらどうですか？ 生活変わりますよね。

田中 最近は理気が万能みたいな風潮がありますよね。

山道 それは地域性も関係するでしょうね。香港で理気万能みたいな考え方が出てきたのは、香港には土地がなくマンションに住んでいるからです。環境を考えなくなったという地域の生活形態によって、風水の考えが変わってきているということですね。

田中 台湾だと巒頭を見るほうが多いですよね。

山道 まあ、巒頭を見るのは基本でしょうね。でもこの世界は古い世代がいなくなってきていますから、そういう理気しか見ないというモダンな人もいるのかなぁと思います。

田中　その理気にはたくさん種類がありますが、一番優先したいものは何ですか？

山道　状況によって使うものが違うんですよ。陽宅ならどういった環境に建てられているかを見て、どの理気が有効かを考えます。

使う技術でいうと、玄空飛星、玄空大卦、玄空六法、王公陽宅、透地奇門、八宅派、乾坤國寶、呰子水法、生旺墓水法、輔星卦水法……。数限りないですね。その宅を取り巻く周辺環境の巒頭の最も色濃く浮き出た特徴から、使用する理気、ウェイトを置くべき理気は抽出されます。

田中　水法がいくつもありますね。水法ではどれを一番重要しますか？

山道　水法は理気というよりは、巒頭と理気の一体型ですね。水法はそれぞれ見ている時間軸が違いますよね。「生旺墓水法」は、そこに住んでいる人が最終的にどうなるかを見ますよね。「呰子水法」は短絡的な収入を見るのに適しています。「乾坤國寶」はそこに暮らしている人が安全かというのを見ています。犯罪が起きるかどうかを見るには一番いいでしょうね。

風水には4つの目線がありますよね。人丁（健康・人間関係）、財禄（お金と給料）があって、①と②のどっちを重視するかは人によって違います。風水の結論としての4つとは、

①丁財両旺　②丁旺財失　③丁失財旺　④丁財両失

です。一番いいのは、人丁も財禄も良い①丁財両旺です。でも一番優先しなきゃいけないのは、人の調和である人丁ですよね。いくらお金を儲けても犯罪に巻き込まれたり、健康を害してしまえば、財のための活動もできないですから。

田中　そうなると「乾坤國寶」をまず優先するということですか？

山道　まあそうですね。優先しますね。でも近くに川がある家と、近くに山のある家では使う技法は違って、その地形に合わせて技法が変わるということですね。

田中　次に四柱推命ですが、蔵干表にはいろいろあります。たとえば寅月だと、蔵干が戊、丙、甲と考えるものがあれば、丙、甲、乙で考えるものもあります。

山道　それを出した理論の源泉を見ないとわからないですね。どういう根拠で言っているのか。蔵干表を出して「これだ」と言う人がいても、果たして根拠をわかって言っているのかと。
たとえば、私が使っている蔵干表は、どういう理論から生まれているかという論理をわかっているわけです。過去の人がオリジナルで作ったものもあるので、私は術の原理がわかるまで使わないです。過去の古典に書かれているからという人もいますが、古典を鵜呑みにするのは危険です。
また、古ければ古いほど真実であると勝手に思い込んで、古典を鵜呑みにするのならば、子平以前、たとえば『珞碌子《らくろくし》』の人元は納音《なっちん》を用いていたのであり、蔵干を用いていません。これは現代でも盲派とよばれる推命の流派でも継承され、納音十二長生断事の方法を取っています。そして、最も古い四柱推命での人元が納音であり、その後派生した蔵干説は不要かと問われれば、それはまた体系と用法が異なるため、古ければ古いほど有用で正しいという考え方は単なる迷妄であり、どういった学説を用いるかは、長い歴史の中で検証されてきた鑑定実例となる命譜《めいふ》などを見て、各位がどの時代のどの学説を採用し、どういう体系の中で判断をするかということが大事です。

田中　「扶抑用神」と「調候用神」がありますが、それについてはどう思いますか？

山道　見ているものが違うと思いますね。もともと外格に調候は成り立たないことも多いですしね。「一行得気格」とか。それと同じように調候が見ているのは、内格の世界だと思うんですね。

内格の良し悪しの考え方もかなり意味が変わってきますよね。たとえば、春木無金。春月生まれの木の甲の人だと木が強いのに、庚がないと。それは役立たずだと。木が旺じすぎると庚で抑えたほうがよいという考え方です。こういうのは扶抑と矛盾しないわけです。

鑑定の中で、自分が調候の現象をどう捉えているかが重要でしょうね。でも矛盾する場合もありますよね。たとえば、冬月生まれの金の人で寒く、「寒冷水金」になっている場合、火が必要だけど、身弱なので火はいらなく、官殺になって危険だと。扶抑の観点だと、身弱の人に食傷や印綬がないと、死ぬような思いをしたり病気になったりすることが往々にしてあります。ところが調候の観点だと、その火が必要だというんですね。でも調候はただ火が必要とはいわないんです。庚だと丁の火が良くて、どんな根の入り方をしているかといった細かい作法がありますよね。そこは扶抑と矛盾しないように考えればいいんじゃないかと。身弱の庚だから火が怖いと考えるんじゃなくて、その人が傷官や印星をもっていたら喜ぶんだと。もともと『窮通宝鑑』は、言葉足らずな部分が多い。そこまで付け加えるなら矛盾しないんじゃないですか。

また、解釈をどちらか一方の用神取法のみで行わなくてはいけないというルールはないです。吉の中にも凶はあり、凶の中にも吉はあるものです。

田中　確かに一面的に考えられないですよね。

同一八字や双子についてどう思われますか？

山道　生徒に実際、同一八字がいましたね。似たような人生を歩んでいた場合もありましたし、まったく違う場合もたまにありました。

どこが違うのかというと、さっきも言いましたけど、財でもお金の時と女性の時があるわけです。本質的には近いものがあります。双子の兄弟がいて、どちらも一浪して大学に入って、一方は中小企業で働き、もう一方はコンビニの店長をしていた、と。そして同じ時期に転職をしていたんです。似たような現象が起きているわけですね。一方はコンビニの店長で、もう一方は中小企業で働いているサラリーマンなのだから、全然違うじゃないかという目線で見つめる人もいるけれど、結局もらっている給料が同じくらいだったりするわけです。ですから、価値観を揃えてみていかないといけないと思います。

たとえば、美人の双子がいて、一方は有名なモデルで、もう一方は一般の人だけどいいところに嫁いで収入の良い生活していると、あまり差がないということがあります。

幸せに関して、何において幸せを感じるかは、人によって違うわけです。お金が大事と考える人もいれば、健康が大事と考える人もいる。何において違うのか、目線や価値観の部分を揃えないと、話し合いにもならないです。なんか禅問答みたいですけど（笑）。

目指すもの

田中　今後、ご自身で目指すものは？

山道　「**人がいかに納得いく生き方ができるか**」という根本的なテーマを、快適なライフスタイルとして提唱することが、風水が世に伝えていけることだと思うんですね。

その第一段階を自分的には「大体できたかな」と。第二段階として次に目指しているのは、それが「**日本の文化になる**」ということ。

日本の文化にあるのは「占い」じゃないですか。その占いという世界からでは見えてこないような世界観を、もっと浸透させていきたいですね。

その他には、「中医学」と「仙道」を実践し、自分なりに成果が現れています。そこから先は、晩年期に追求したいなと。なぜなら、〝死〟というものに関係してくるから。だから、私にとって五術は、死ぬまでの暇つぶしみたいなものです（笑）。

目指すものとしては、風水などの古代の知恵に触れることで、自分だけでなく、他人についても理解が及び、それが社会へと調和するかたちで広がっていくことです。

儒教の言葉でいえば、「修身斉家治国平天下」の中の「斉家」ですよね。家をととのえ治めることであり、それが根幹にあって初めて、「治国平天下」という幸せが見えてくる。

手の届くところから始めて、影響力をもっと広げていく。社会を感化したり、風紀を正したりするという志や影響力も、まず自分や自分の手の届くまわりから適応し始めてこそ、意義がある。

それは自分の世界の中から広めていく世界なのだと思っています。だから、生徒たちにいつも言うのは、「**風水を自分に使え！**」です。

それが、古代の聖賢が五術を研究し、自らに用いることから始めて、最終的には願った「治国平天下」という世界のあり方であり、その願いは今も昔も変わらないと思います。

おまけのQ&A 教えて、山道さん

Q 五術の大家の方たちは、その占術の効果が、ご自身にも反映されているわけですか？

A もちろんです。私は、**風水の悪い家に住んでいる風水師のことは、絶対に信用しない**ですね。見かけが立派な豪宅であっても、風水で良いとされる「陽宅」とは違うことがあります。そういう家は立派であっても、破財する人が多いです。

Q 逆のパターンは？ 見るからに古びた古屋みたい家でも、風水的にはすごくいいというケースは？

A ありますすね。田舎に行くと、そういう建物がありますね。巷で盛り上がっている、有名なお菓子メーカーがそうです。都内のたくさんの有名デパートにお菓子が売られてるのに、メーカーの本店を見たら、「あれ？」みたいな建物なんだけど、風水がすごく良かったです。

Q すきま風が入って、なおかつ、地震が来たらグラつきそうでも、風水的には良い家もあるのですか？

A あります。風水では家に対し、使われている建材が立派だとか、高気密住宅が良いとかではなく、**どういったエネルギーがその家に入ってきているか**という、気と人間の「**感応**」が大事です。

Q 住まいを愛すると、住む人のエネルギーで家のエネルギーも良くなるのですか?

A 良くなり得ます。

風水の悪い場所に住んでいるけれども、その場所をすごく愛している人がいるとします。確かに、風水的な影響で、現実面で困ることが起きているけれど、その人はその家の風水的な意味を知らない状態です。そこを愛しているから、そこを動かない。だとしたら、愛しているならいいんじゃない、悪いことが起きても風水のせいにしないでしょうし、ということです。

また、それとは異なり、風水が悪い場所に住んでいることが脅威であるという認識を日本で持つ人は、本格的に学んだことがある人だけであり、この辺りも、風水の正しい知識と認識が日本ではいまだに欠如しているといえるでしょう。

風水の良くない家は、鑑定の前段階で住所をグーグルで調べれば判明します。そのような家に住む人から鑑定を申し込まれても、お断りすることがしばしばあります。なぜかというと、引っ越したばかりだったり、ローンで買ったばかりの家だったりすると、「そこから移る」という発想や決断力、価値観まである人というのは、風水を学んだ人以外には無理であり、とても酷なことだからです。風水知識のない一般人から見れば、「もっと風水による改善策があるはずだ」と思っている、正確には〝思い込んでいる〟人が数多く見受けられますが、凶作用が強すぎる場所における最適解は、その空間に住まないということが大事になります。つまり、改善策などない風水の凶地というのも、またあるのです。それも含めて〝業〟といえばそこまでの話ですが、伝え方ひとつで風水師の業が深くなるのは避けなくてはいけない部分です。

その代わり、そのような人たちには、まずは風水の勉強をすることをお勧めします。知識や技術を身につけて、自らの実践力で、今住んでいる場所の風水の善し悪しを判断し、快適な住まいを勝ち得るだけの知識と鑑定能力を身につける。そうしていただくのが、多くの人にとって、理想的な人生を創造するうえで有効だと思っています。

vol.2 運命鑑定家 天童春樹

運命を変えたければ思いを変えて、感謝を忘れないことです

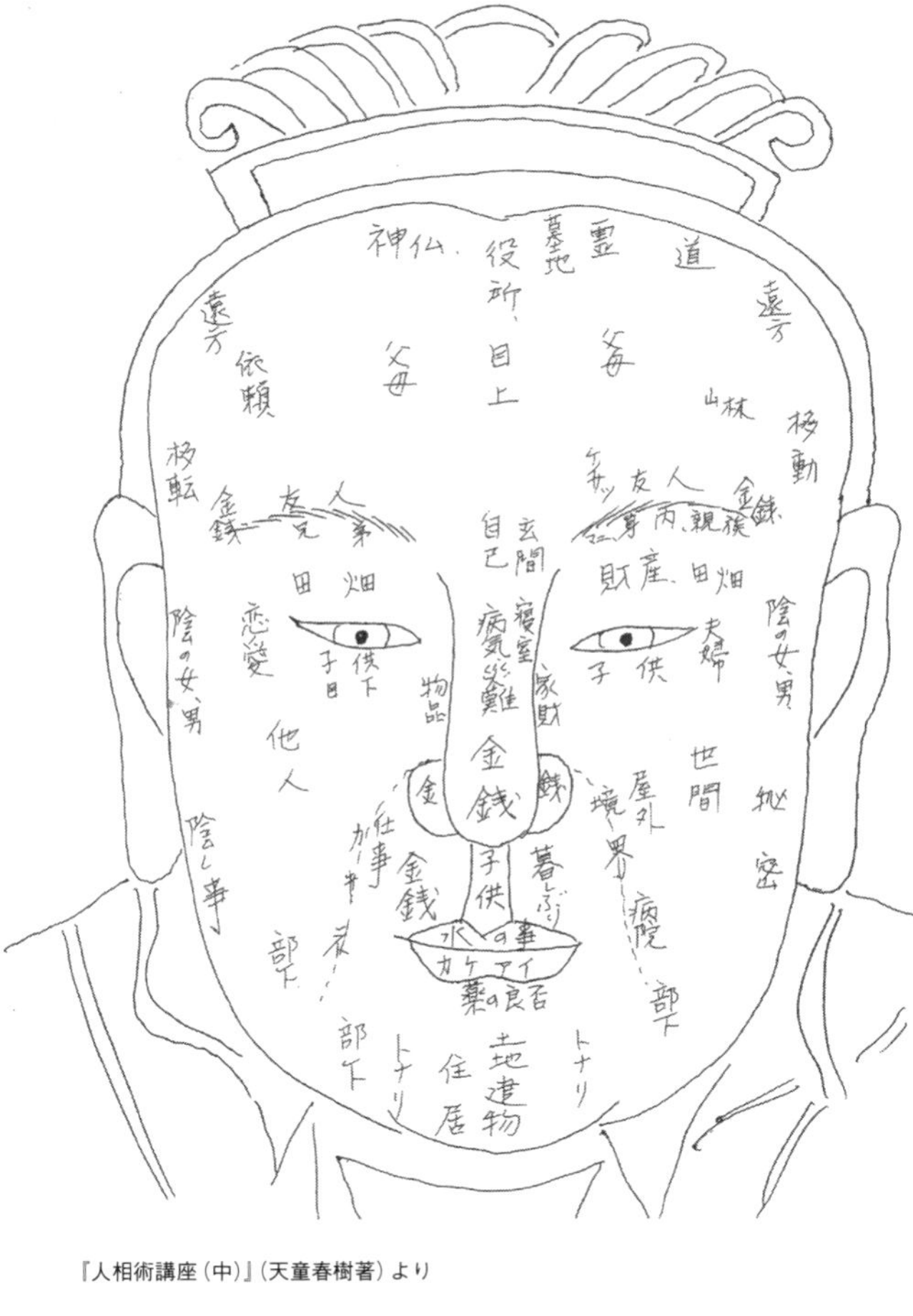

『人相術講座（中）』（天童春樹著）より

天童春樹

てんどう　はるき／昭和22年8月19日申の刻、現在の高知県高知市大津に生まれる。16歳で運命学に出会い、専門書を取り寄せて研究を始める。東京の中村文聡氏の紹介で、八木喜三朗氏の「観相発秘録」の通信講座を受け、19歳で大阪の「八木観相塾」の末席を汚す。以来、運命鑑定と研究を重ねて現在に至る。高知県高知市帯屋町の街頭での運命鑑定、自宅での予約鑑定、出張鑑定に応じている。要望があれば、随時「天童観相塾」を主催して、人相術の普及に努めている。著書『人相術講座・全18巻』(中尾書店)、『街頭易者の独り言、開運虎の巻』(鳥影社)、監修『人生を豊かにする人相術』(説話社)。

http://wwwe.pikara.ne.jp/tendou-haruki/index.html

やる気を買われて特別に教わる関係に

田中　普段は、どこで活動されていますか？

天童春樹さん（以下、敬称略）　高知、東京、大阪です。高知の街頭で40年間鑑定してきましたが、今では東京と大阪を廻って易や人相で鑑定したり、そこで教室を持ったり、頼まれたら執筆もしています。

この歳になると故郷の空気のほうが落ち着くので、自宅のある高知県で、1カ月に20日は鑑定をしています。

田中　僕と天童先生はすごくご縁があるんです。僕は2008年から占いの勉強を本格的に始めましたが、最初は人相や手相から取り組みました。

ある時、テレビに出演することになって、出演の後に「もっと勉強しなきゃいけない」と思い、ネットで調べるうちに、天童先生のことを知ったんです。

先生の書籍の『人相術講座』（中尾書店）が評判だったので、入手しようとしたら品切れでした。そ

天童氏が記した『人相術講座』。元々あった『人相術講座・全18巻』にページを増補して、上中下の3巻にまとめられている

こで、「『人相術講座』はありませんか?」と先生にメールを送ったら、直接ご本人から電話がかかってきて（笑）。

「あなた、勉強してるんですか? 一度、会いに来なさい」と言われて、当時、天童先生がちょうど東京で講座を開催し始めた頃でしたが、都内でお会いすることになったんです。

それ以来、親しくさせていただいています。僕の場合、先生にしては珍しく、1対1のプライベートで特別に教えていただきました。

天童　そうでしたね。通常は1対1で教えたりしませんが、田中さんにやる気がありましたので。

田中　天童先生には1年半、ずっと人相について教えていただいて。最後は「あんたには人相について全部を教えたから」まで言っていただいて。嬉しかったですね。

街頭易者との出会いで占い師を目指す

田中　先生は、占いをいつから始められましたか？

天童　高校生の時に、同級生が手相の本を見せてくれたんです。大和田斉眼先生の『手相の見方を本で覚えたい人に』（日本文芸社）でした。それを借りて読んだら、その日からハマりました。

田中　じゃあ、同級生とか占っていたんですか？

天童　はい。当時、街頭にものすごく当てる先生がいまして、私は毎日、講釈を聞きに行っていたんです。「田舎でも、こんなに的中する人がいる」と知り、「自分は将来、街頭易者になる」と決めていました。

当時も街に街頭易者が4～5人はいました。

田中　同級生を鑑定して、当たりましたか？

天童　私が占いをやっているのを知って、放課後、毎日のように女の子たちが来ましたね。その子たちに対し、見た目どおりのことを言っていたから、当たりました（笑）。

また、たくさんの本を読みました。昔は、手相や人相など、占いの本が古本屋にもたくさんありましたから。手相を覚えたら、すぐに人相の本に移りましたね。その他に、墓相、易や姓名判断、九星なども。

田中　その中でも、やはり人相が一番しっくりきたんですか？

天童　そうですね。でも、難しかったです。特に、**人相の「気色《きしょく》」**を把握するのが。

気色や顔つきに現れる「人生の予兆」

田中　「気色」について書いてある本は、そんなにないですよね？

天童　昔は、林文嶺《ぶんりょう》（1831－1907）先生や、水野南北（1760－1834）先生とかが書かれていました。でも、南北先生の本は難しくて、「気色」を覚えようにも、なかなかわからなかったです。手相の気色に関してですが、大和田和代（大和田斉眼の妻）先生によると、**点滅する気色を持つ人が時々あると**。

手のひらに、ある色がフーッと現れたり消えたりをゆっくり繰り返して、まるで呼吸するかのようにみえます。これは、**24時間から10時間の間に「急変」が起こるサイン**。

人相でも、たまにこの現象が起きている人がいます。**1～5分くらい現れて、消えて、しばらくするとまた現れる**んです。この急変が現れるのは、たとえば、株であれば急落する前兆とかね。損をしないようにしないとね。**明るい気色であれば吉兆**です。

田中　なるほど。シグナルというわけですね。

天童　点滅するなんて、怖いよね（笑）。横断歩道の信号の点滅じゃないけど、そういうお知らせを、人相で読み取るわけです。

田中　時代劇とかで、「あんた、水難の相が出てるね」とかもありますよね。

天童　南北先生によると、溺死した人がいたら、飛んでいって顔を見ていたそうです。「これが水難の相ということか」と。

亡くなった人は、水を口に含んでいるでしょう？　でも、**生きている時でも、水を含んだような口の形をしている人がいて、「そういう人は水難になる」と全部当てていた**そうです。水難で亡くなる人は、亡くなる前から、水を含んだような口元になっていたんです。

ある人相の大家は、火事の現場に飛んでいき、出火した家の主人に対して、「あなたかね、この家の主人は？　確かに火難の相がでている。さらば！」と。私からみると、そこまでいくと、訳わからんくらいの変人ですよ（笑）。

田中　ははははは。現場で、人相を確認したかったんでしょうね。

僕は足を骨折したことがあって。その時に、ちょうど天童先生の懇親会があったので、杖つきながらも参加したんです。その場にいた占い師の皆さんは、「大丈夫ですか？」とは言わずに、「いつ何時くらいに怪我をしたんですか？」「誕生日はいつですか？」とか、そんなことばかり聞かれたんです。星の配置がどうとか、分析ばかりされたので、「なんちゅう業界なんや」と思いましたね（笑）。

顔の一部に意味ある絵が浮かび上がるのを読み取る「画相」

田中　天童先生は、人相術のテクニックの「**画相」という技術を習得していらっしゃいます。これは、**

鑑定する相手を見た時に、顔の一部に意味のある絵が浮かび上がり、その意味を読み取るものです。

例えていえば、水晶球占いで、意味のある情景が浮かび上がるようなものですかね。

天童　顔を見ているうちに浮かび上がることもあれば、最初から顔に現れていることもあります。

その人を見た時に、**その人の顔の一部に別の顔が小さく現れて、その小さな顔が泣いたり、笑ったりしています。**その人の**状況を表したり、意味ある情報を持つシーンが現れる**わけです。

この「画相」を読み取る技術は、吉村観水先生の本などに書かれていますが、私は高校3年の時に覚えました。

田中　うわぁ、高校3年生で「画相」を読み取るのって、ものすごく難しいじゃないですか。

先生から教わって、僕も画相が読み取れるようになったんです。そのあとで、1回、天童先生から自分の人相を鑑定してもらったんですね。

自分の顔を鏡で見ながら人相を鑑定してもらったんですが、**天童先生が人相を見始めると、顔に画相が浮かび上がるのがわかった**んです。〝**自分の画相を引っ張り出されている**〟**ような感覚**でした。

自分だけで自分の画相を鏡で見ている時は、そんなにも浮かび上がってこない。なのに、先生に顔を見てもらっていると、ブワァーって浮かび上がるんです。

天童　何気なく意識を合わせて、引っ張り出すようなことをしているんでしょうね。

田中　いやぁ、あれは不思議でしたよ。

僕は昔、後輩の女性の画相を見ていたら、変な話ですけど、彼女の額にブラジャーが浮かび上がったんです。それで、「ブラジャーが見えるんだけど、何か関係することでもあったの？」と聞いたら、「いえ、何も思い当たることはないですけど」と言われました。

その後輩と2～3日後にまた仕事で会ったら、「失くしたと思って、ずっと忘れていたお気に入りのブラジャーが見つかりました。そのことだったんですね！」って（笑）。

天童　画相というのは、**〝ある出来事が事前に顔に現れる〟**という部分もあります。**予兆として知らせてくれる**んです。

田中　先生が画相を見る時、画相で浮かび上がる人の顔はどれくらい詳細ですか？

天童　目や鼻、口が写真みたいに浮かび上がる場合もあります。誰が見ても、「これは○○さんだな」というくらいに。

たとえば、ある女性の顔に3人の男性の画

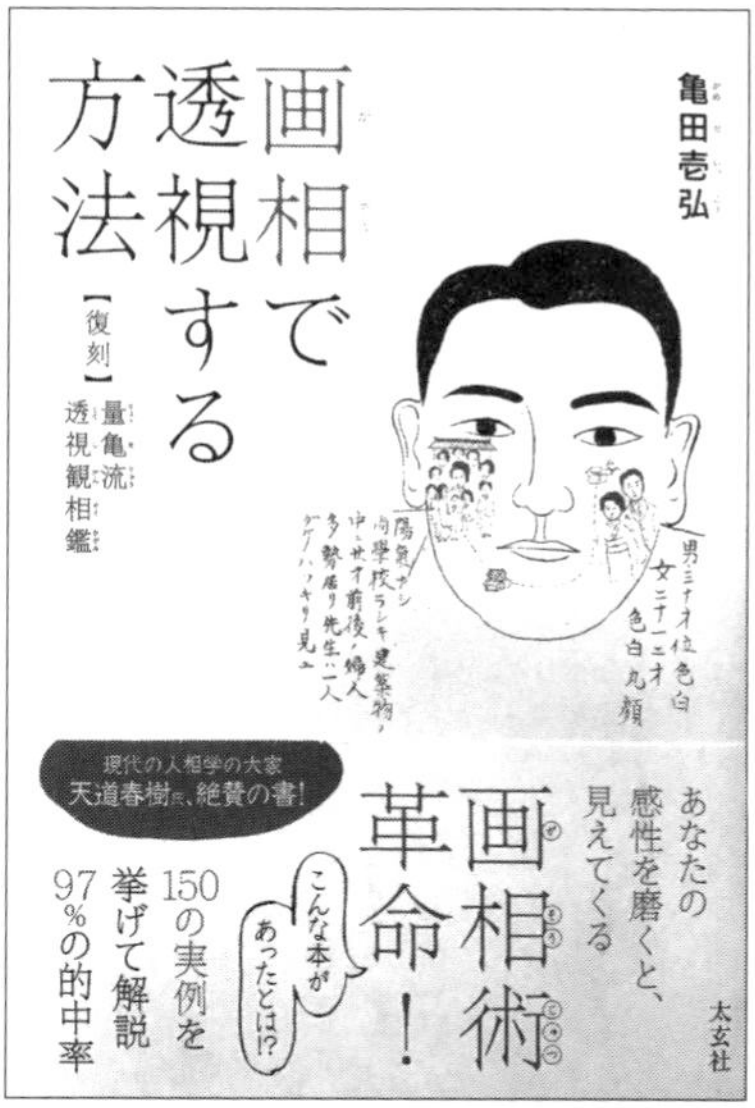

昭和8年に出版された本の復刻版。画相に関するレアな情報が満載

相が浮かんだ場合、「この3人のうち、この男性があなたを好意的に見ています」ということがわかるんです。

画相には、本心が現れます。恋愛であれば〝その人が相手をどう思っているか〟とか、痛い病気であれば〝痛がっている顔〟が画相として現れます。でも、とことん詳しく見る必要はないですよ。問題にあたる部分さえわかればいいだけです。

田中　画相の本は少ないですが、他にはどのような本を読まれました？

天童　林文嶺先生の画相について書かれた本（『林流相法 画相気色全伝』）ですね。鴨書店さんから復刊されたのは、私が33歳の時です。当時としては値段が高かったですね。難しい内容ですが、こういうのが後世に伝われればいいと思います。

あと吉村観水先生が書かれた本（『画相・気色 観相奥秘伝』）も、もう絶版になってしまうと思うので（1936年刊行）、そうなると貴重な本がこの世からなくなってしまい残念です。

太玄社さんから復刊してもらった『画相で透視する方法』（亀田壱弘 著／P64写真参照）は、昭和8年に出版されていた本の復刻版で、これも貴重な大変良い本です。

難解な古典が人生を切り替えてくれた

田中　画相の技術を本格的に身に付けたのは、何歳くらいの時ですか？

天童　20歳くらいです。八木喜三朗（1901−1980）先生についてから、余計に興味持ちました。高校2年生の終わり頃に、尊敬する中村文聰先生に「通信講座はありますか」と手紙で相談したら、兄弟弟子の八木先生を紹介してくれたんです。高校3年生の4月から八木先生の通信講座を受け始め、高校を卒業してから師事しました。

八木先生との出会いがきっかけで、余計に人相に興味を持ちましたね。当時、四国から大阪に行き、10カ月ほど塾に通ったんです。父が大阪で土建をやっていましたので、そこで事務をしながらのことでした。

でも、八木先生の塾は卒業していません。中退です（笑）。1年間通ったら初伝の免状がもらえますが、「免状は何の役にも立たないから、いらない」と思ったんです（笑）。

田中　その後、どうされたんですか？

天童　実践の道に進みました。25歳くらいで故郷に戻り、街頭で鑑定を始めたんです。10年間は食べられなかったですね。自分はヘタやったんですわ、占いが。今でもヘタと言われることがあります。
それで、取り立ての仕事をしたり、キャバレーのマネージャーや呼び込みをしたり。

田中　それでも、毎日、街頭での鑑定はされていたんですか？

天童　水商売の時は出られませんでした。しかも、鑑定を受けてくれる人は月に数人ほどで少なかったので、「何でやろう？」という疑問がありました。今思うと当たらなかったんですよ。

そんな中で、谷村春樹《はるひと》先生が翻訳された古典の『神異賦《しんいふ》』を読んで、「あ、今まで読んで勉強していた本ではダメだ」と思いましたね。今の時代は、人相は「部分」を解説しますよね？　そうではなく、そのまま解釈すること。パターンで見ないとダメです。

谷村先生の本を読むと、どうしても他の先生の本が間違いのように思えてしまい、それまで持っていた専門書を5、6冊だけ手元に残し、残りはダンボール10箱分くらい売りました。「ここからやり直しや」と思って。

そうしたら、街頭鑑定にお客さんが来るようになったんです。37、8歳の頃でしたが、そういう運命だったんでしょうね。

田中　谷村先生は、当時、精力的に古典を翻訳されていたようですね。

天童　谷村先生の本を高校生の時に買いましたが、内容が難しくて全然わからなかったです（笑）。眉だけや目だけで、1冊書かれたものもありました。他にも、古典の翻訳として『神相金較剪』などがあります。

でも、先生本人が一番良いと勧めていたのが、『神異賦』でした。

田中　その本が、ターニングポイントになったわけですね。

天童　それまで、判断の仕方がわからなかったんです。いくら顔のパーツを読み取っても、それをどう組み立てて説明すればいいのかが。

『神異賦』によると〝見たままを言えば良い〟。それは、普通の解説本を読んでも、できないことです。たとえば、鼻は豊かだけど、目も眉も貧弱な場合、どう意味付ければいいかがわかりません。

でも、**『神異賦』で習得したやり方にしたら、パッパッパッと読み取れるようになったん**です。自分流の判断ができるようになり、お客さんが増えていきました。

田中　ところで、数ある占いの中で、人相学に一番惹かれたのはなぜですか？

天童　顔や風体《ふうてい》に興味があったんです。子どもの頃、貧乏な家の子がたくさんいました。ボロボロの服を着て、年中薄着で鼻水を垂らしていて。学校に持っていくお弁当なんて、ありません。

そうかと思えば、親がお金持ちで洋館に住む子もいました。そういう貧富の差というか、**境遇の違いが子どもであれ、人相に現れていたた**んです。

田中　貧富の差が激しかったから、人相の差もはっきりしていたんですね。

天童　そうです。「どうして、こんなに顔つきが違うんだろう?」「人間とは何か?」と疑問を持ち続け、その結果、最終的に人相学へと行き着きました。

小学生の時からそういった疑問を持っていましたね。自分の顔を見ながら、「歳をとるとはどういうことか?」と考えたりしていたんです。1年前の自分の顔と、どう違っているのかと。たぶん、周りからは変人と思われていたでしょうね（笑）。

だから、昔から霊的な世界にも興味がありました。人間の本質を自分なりに追求していたというか。もう亡くなられましたが、当時、本山博（1925–2015）というヨガの有名な先生がいらして、人間には魂があることや、人間の本質や宇宙的なことを説かれていました。

「銀河系のこともわかります。何万光年も遠くで、今、星が生まれました」というようなことを書かれています。お会いしたかったけど、結局、自分の中に葛藤があって叶いませんでしたね。「会いたいけど、自分の直感を信じていたいですから、会うのが怖い」という矛盾した思いがあったんです。

人生の流れをことごとく当てた四柱推命の大家との対面

田中　天童先生は、昭和時代のすごく有名な四柱推命の大家、阿部泰山さんの鑑定を受けていらっしゃるんですよね。おいくつくらいの時ですか？

天童　19歳です。八木先生のとこに通っていた時ですから。阿部泰山先生に会いに、京都に行きました。近くの店で道を聞いた時、店のおばさんが「泰山先生は、これこれ、しかじかで」とていねいに話されたので、「人徳のある先生なんだな」と感じました。お屋敷はとても大きかったです。長い塀があって、門を入ってだいぶ歩きました。玄関を入ると、ついたてがあって、書生さんが「いらっしゃいませ」と迎えてくれました。

田中　予約して行かれたんですか？

天童　いいえ。まぁ、ぶっつけ本番です（笑）。鑑定を待っている人が10人ほどいました。昔のことですから、皆で火鉢を囲んでいました。順番どおりに「次の人」と呼ばれるわけです。自分の名が呼ばれて、いよいよ対面しました。洋室でね。泰山先生は和服で（笑）。和洋折衷ですね。

先生は四柱推命を日本に広めた人ですから、貫禄があります。

「よろしく。何をみますか？」と聞かれましたので、「私の一代の運命を教えてください」と言いました。

でも、先生は座って「万年暦」を見たまま、何も言わない。そして、万年筆で紙に何かを書き始めたんです。全部で5枚くらいでしたね。

「名前は？」と聞かれたので、答えると、私の名前を書いた紙を表紙とし、その5枚ほどの紙の上に載せて留めました。そこに判子をドンッと押して、封筒に入れて、渡されて終わり。

「はい、どうぞ。次の方」という具合です。

田中　何も言われなかったんですか？

天童　何も。問答などなかったですね。〝あなたはこうです〟と達筆で書いてある鑑定書を渡されただけでした（笑）。

でも、渡された紙に書かれていたことは、全部当たっていました。24歳で結婚して、子どもはこういう性格で、その先はこうなる、というような人生の流れが……。

紙には、細かなことではなく、人生の主立った流れが書いてあったんです。

田中　へぇ～！　阿部泰山さんは亡くなってもう何十年も経ちますよね。鑑定してもらったことのある人って、最近では、もうあまりいないんじゃないですか？

天童　そうでしょうね。それに、もし今の若い人だったら、先輩をナメていたかもしれません。「泰山がさぁ」とか言ったりして。先輩を敬って感謝することから入っていかないと、占いの本当のところは伝わらないですね。

心が変われば顔も眼光も変わる

田中　占いの結果についてですが、鑑定で悪い結果を言われたら、どうしたらいいでしょうか？

天童　その場合、鑑定者に「こうしたら対処できます」と、助けになるアドバイスをしないといけないですよね。

人相の中に、その答えがあります。性格の面と霊的な面で。

田中　性格が変わると人相が変わるんですか？

天童　性格はなかなか変わりません。**性格という個性が変わったら本人ではなくなりますので、そのままでいいん**です。

ご先祖に、感謝の思いを向けなきゃいけません。そういう地盤を築かないと、たとえ性格を変えたところでなんにもなりません。

感謝という地盤がある人は、何かあっても倒れないんですよ。

田中　整形に関しては、どう思われますか？　整形すると運勢は変わりますか？

天童　それは、本人にとって良ければいいんじゃないですか？　私自身は、親からもらったものを、あえて変えなくてもいいとは思いますが。

でも、**整形しても「眼光」は変わらない**ですからね。眼光が大事なんです。**眼光は、感謝しないと変わらない**です。

たとえ整形で美男美女になっても、傲慢になったらなんにもならない。人相が気になるなら、変えたければ変えればいい。ただ、自分のこの世での修行を妨げることになる。だから、なるべく現実を受け入れて生きていかなきゃいかん。そう私は思っています。

外見の悩みなど気にせずに、自分の煩悩を取り払っていくのが、この世での修行ですから。もちろん、ヤケドの跡とかあるなら、話は別です。

田中 感謝と受け入れていくことによって、何かが変わっていきますか？

天童 **心が変われば、眼光も顔の色艶も雰囲気も、運命も全部変わっていきます。**キツイ性格で角ばった顔の人がいますが、性格が丸くなれば、顔も丸みを帯びます。鼻頭の形も変わります。

魔女なんかは尖っていますよね。ああいう尖った鼻の形の人は、性格が丸くなれば鼻頭の形も丸みを帯びるでしょうね。

田中 ちなみに、美人というのは、人相学的には運が良くないですよね？

天童 美人でも、人形みたいな美人はダメなんです。整ってキレイなんやけど、冷たそうな無表情がダメなんです。

田中 いわゆる、おかめ顔がいいんですかね？

天童 愛嬌がある顔だから、いいですね。ただし、人相学的には高級な物には縁がないけれど。適性としては、庶民的なことで自分の良さを発揮できます。

今、一番問題なのは、顔の表情がだんだんなくなっている人が増えたことです。そうなると、人と心のキャッチボールができない。人は表情と表情で、キャッチボールをするものです。

そういう無表情な人たちは、気持ちが内側に引きこもっているから、自己中心で他人に関心を向けない人です。

運命を変えたければ感謝を忘れないこと

田中　宿命や運命ってあると思いますが、宿命と選択は、どういう関係にあるんでしょう？　占い師に言われたことに対し、決定的と言う人もいれば、変えられるという人もいますし。

天童　**運命は変えられます**。私が思うに、原理的には心が形になっているんです。画相もそうでしょう？

心の想いが形になるんです。肉体もそうです。自分の想いがすべてを作っているから、運命を変えたければ想いを変えることです。

どう思って生きるか？　それは、**感謝を忘れない**ことです。

田中　となると、小手先のことではないわけですね？

天童　エネルギーの法則の面では、交換条件で運命を変えるようなことも起きます。低級霊だと、その霊と繋がっている人間が欲しがっているものを与える代わりに、何かを奪います。交換条件にするんです。それによって、命さえ取られかねなくなる。

そうじゃなくて、「**自分の中から良くなっていくこと**」と「**周りから応援してもらえるようになること**」。

この2つが、運命を変えるんです。

田中　結局、内面が大切になってくるんですね。

天童　そう、内面です。**自分の内面が良ければ、人にも良い影響を与えます**。人間は、お互いがそうやって成長していかないと。

たとえばこの時代、「子どもを作る」と言うでしょう？　それだと、モノ扱い。「授かる」という言い方はあまりしなくなり、なるべく自分の都合のいい時に、産むようになりました。

昔と違って、家族の在り方が変わりました。一番大切なのは、家族の在り方です。夫婦が仲良くて、いわゆる「狭いながらも楽しい我が家」という土台が崩れると、躾は成り立たないし、目上の人を敬う心が育たない。先祖への感謝も生まれない。
殺伐とした環境で育って、それどころじゃない子もいるんでしょうけど。

田中　若い頃はトンガっていたりしますから、敬えと言われても、なかなかできないでしょうしね。

天童「自分は不幸だ」と思い込まないようにしないと。思いが全部、自分の運命を決めていくわけですから。
親を嫌うと、いずれ自分が家庭を持った時に、家族がバラバラになる可能性が高まります。

田中　そうなると、運を良くするには、やはり感謝の気持ちが大切ということですか？

天童　具体的には、**感謝**ですね。特に、自分に直結している**父母とご先祖への感謝**です。人相学では、一番応援してくれる存在は、ご先祖です。
それと、〝生かされている〟ということへの感謝。生かされていることに、自分もお返しをしている感覚といいますか。
傲慢な人もいますが、そういう人は人相が良くない（笑）。

田中　占い師でも、人相が良くない人がいますよね（笑）？

天童　多いですね、人ごとのように言ってしまったけれど（笑）。街頭易者は悪相か貧相が多いですね。どっちがお客さんなのか、どっちが困っているのかと見間違うくらい。

田中　僕が先生と初めてお会いしたのは、33歳の時です。その時、「あんたがワシの生徒で一番若い」と言われました。３年くらい、そのことを言われ続けましたが、今は若い生徒さんもやって来ますか？

天童　若い人も来ます。大体30歳の手前から40代、50代の人が多いです。今は、占い師があたり前のように受け入れられていますからね。

でも昔は、田舎では特に物珍しがられていました。

田中　かつての占いブームがきっかけで、占い師の社会的な地位も向上したんでしょうか？

天童　そうです。いろいろな先生たちが現れてきたから、それはそれでいいんです。みんなが占いに親しめるようになったわけだから。

だったら、占いを活かしていかないとね。人相なら自分である程度は判別できるようになるけれど、易とかはなかなか身に付けられないものです。そういうのは、専門家に鑑定してもらったほうがいいですよね。

田中　ただ、占い師もピンキリといいますか（笑）。

天童　それは、その占い師の「入り口」で決まりますよね。どうして占い師になったかという。お坊さんもしかりで、親がお坊さんで、自分もお金を儲けたいから跡を継ぎたいと思う人もいるわけですから。

つまり、何がきっかけなのか？　その想いから芽が出ますので。

お金を儲けたいとか、他にすることがないとか、いろいろ理由はあるかと思いますが、「占いが好き」「人が好き」という思いがないと続かないですし、本当のことはわからないと思います。

田中　では、占術の腕と人格の関係を、どう思われますか？　人格が悪くても鑑定では当てまくる人もいると思いますが。

天童　元々の想いがよろしくないものだったら、良いタネは蒔けませんので。たとえ、鑑定したお客さんの状況が良くなっていっても、それが果たして、**良い根を張っているか、大きく花開くかは疑問**ですね。

生きるか死ぬかという時に、悪人でも人を救うことはあるでしょうが、お金をいただき仕事として続けるとなれば、話は別ですね。しかし、いろいろ経験することは大切です。

田中　実力と人格は、関係ないということですか？

天童　腕は関係ないです。人格が悪くても、腕がいい人はいます。結局、お客さんが、満足できればいいんです。悪人とはいえ、みんなに嫌われるわけではないですからね。

田中　不幸な人ほど、変な占い師に当たるような気がします。いい話ではないですが。運が悪いと、そうなるんでしょうか？

天童　祈祷者に1千万円以上、改名でも1千万近く取られた人がいますからね。それは、運が悪いとしかいいようがないですね。開運とお金をかけることは関係ありません。

田中　見分け方はないんですか？

天童　そこに引っ張られるということは、背後の守りが弱いんです。霊的な守りがしっかりしていれば、跳ね除けますから。

他の占いに比べ、**霊的な影響が一番敏感に現れるのが、人相や易**ですね。**人相には、〝気〟も現れます**。私の生徒さんで滝行している人がいますが、滝行から帰ってきたら、気が3倍くらいに大きく強まっています。

田中 先生は気が見えるんですか？

天童 見えます。その生徒さんに関しては、彼に手をかざすと、気がいつもの倍くらいに熱く感じられます。滝行で体からいらないものを放出して、本来の力が出るからです。

田中 一般的に、気が体からグワ～ッと放出されると、どうなるんですか？

天童 そんなに良いことでもない（笑）。気が体から出すぎて調子が悪くなる場合もありますからね。

大いなる存在に寄り添う生き方を

田中 占いを学ぶ人の〝今と昔〟の違いってありますか？

天童 「習おう」という気持ちが強いですが、その気持ちが強いほどダメです。「最後まで先生についていこう」なんて、そんなんじゃダメです。昔は、先生から本を渡されたら読みながら街頭でやっていました。

先生というのは、自分の型があり、ひらめきがあるので、判断の仕方なんか教えられないです。実験もせずに、「習いたい、習いたい」と頭でっかちになって、「あれもやりたい、これもやりたい」で、結局、独立できない人がけっこういます。

そのうちに、「やっぱり、占いはダメだ」と訳のわからないことを言いだしたりします（笑）。

だから「週に2回でも実地に出なさい」と生徒には言います。でも本を読むのが好きなら、それはそれでいいですよ。

田中　本に書かれていることを実験せずに鵜呑みにするのは危険ですね。疑わない人がいますので。

天童　だから私は「街頭に出なさい」と言っています。

技術について

田中　技術的なことをお聞きしたいんですけど、パーツで占う場合、矛盾することがあるじゃないですか？

たとえば、アゴや耳たぶは晩年を表します。アゴは貧相なのに、耳タブは肉付きがいいという場合、矛盾がありますが、どう判断したらいいですか？

天童 人間は矛盾だらけです。ですので、人相を鑑定する場合、感性でみます。たとえば、鼻の形を丸いと感じるなら、丸いと判断しないといけない。そのパーツの雰囲気や、そこに力強さが感じられるかどうかでも判断します。

だから、あまり形は関係ないです。形にこだわるのではなく、そのパーツに力強さがあるかないかのほうが大切なんです。

水野南北先生が、「形にこだわると外す」と言っています。たとえば、目の形がどんなにきれいでも、力のないボーッとした目だと……ということです。そういうのをみるのが肝心なんですね。目と雰囲気が、最も重要です。

田中 僕も最近、「ずいぶん人相が変わったね」って言われるんです。

天童 ちょっと笑ってみて。

田中 はい。（にこっと笑う）

天童　（頬を指し）これが、家を2件持つ人相です。皮膚が厚いでしょう？　どんどん厚みが出てきているでしょう？

田中　確かに、厚みが出てきていますね。

天童　**忍耐力が強くなると、厚みが出てくる**んです。今の若者は、皮膚が白くて神経も細くて無表情が多いでしょう？

田中　僕は以前に比べて、耳たぶも上に向いてきたんです。耳たぶは厚いほうがいいとされますが、下に下がっているとダメなんです。上のほうに向いていて、米粒が乗るくらいがいいといわれますよね？

天童　**耳たぶが上に向いてきたのは、本人の持つ運の影響と、物事に集中して取り組んでいる証拠**です。それが弱いと、耳たぶはふにゃっとなるので。

だから、今は運勢に力強さがある証拠です。あなたが齢をとって、肌の色が日焼けしたように黒くなって、シワがぐーっと入った貫禄のある雰囲気になると、運勢がかなり伸びますよ。

田中　そうですか。

天童　何かのきっかけがあったら、パーツの形は変わっていきます。心の想いで変わります。

田中　昔、僕の鼻をみた天童先生に「37、8歳で良くなる」と言われましたが、ちょうど太玄社さんで本を出版した歳だったんです！
人相は、漫才を辞めてから良くなってきて、顔や耳たぶの肉付きがかなり良くなりました。あと、目つきが優しくなりました。以前はキツかったですね。

天童　キツネ顔そのものやった。

田中　お稲荷さんにお参りによく行くので。僕のおばあちゃんも、豊川稲荷を祀っていたんです。

天童　お参りすると、その神社の御眷属《ごけんぞく》（神の使い）に顔が似てくるんですよ。私の場合は、龍神系。お不動さんの顔に似ている人に、お参りしているかどうかを聞いたら、「不動明王にお参りしています」と言われました。想いの力で、不動明王に似てきたんですね。
病気もそうでしょう？　人の肝臓病の心配ばかりしていると、自分の肝臓に影響するんですよ。想いが転写されて、肉体に入ってしまうんです。だから、心配するのが一番いけません。

田中　人相って、未来のことだけでなく、つい最近起こった過去のことも残ったままの場合があるじゃないですか。その過去の残りと未来の見分け方って何ですか？

天童　それは林先生も言っていますが、なかなか理屈どおりにいかないと。そういう場合は確認すればいいんです。

たとえば、火難の相が出ていたら、「火難に遭いましたか？」と。遭ってなかったら未来です。南北先生は火事が起こる一週間前にまず顔に煙が見えると。そのあと火が出ると言っています。確認が大事ですね。盗難の相が出ていたら、「盗難に遭いましたか？」と聞く。盗難に遭っていなかったら、「一週間以内は気を付けなさい」と言います。

田中　画相は手相に出ますか？

天童　手の甲を見たら画相がどっさり出ていたりしますが、その研究は手相見にお任せしています。

田中　ではホクロについてですが、吉だと言う方がいたり、凶だと言う方がいたりと、意見がバラバラですが、どう考えていますか？

天童 ホクロで盛り上がっていて、ツヤがあれば、吉と考えます。でも基本的にはホクロは凶です。

田中 あと人相の流年法にはいろいろあるんですが、どれを使いますか？

天童 私は水野南北先生のものです。私は60までいったら、61には最初（額の生え際）に戻します。流年というのは流れる年と書くでしょ。だから上から下に流れないかん。

田中 なるほど。

天童 飛び流年ってあるでしょう？ 飛んでいるから、本当は〝流年〟とは言わんわね。

田中 『神相全編』（古代中国の相法の秘伝書）に収録されている流年は飛んでいますね。手相の流年と人相の流年は、一致しますか？

天童 まあ一致するけど。流年について思い出すのは、大和田斉眼先生の流年はものすごく当たったけど、他人には伝えなかった。奥さん（大和田和代先生）には伝えたみたい。大和田先生の弟子の田口二州先生が「どうしても教えてくれないんだよ」と、あの大御所が嘆いてた。

占いは進化する

田中　今後、占いというものは、どうなっていくんでしょう？

天童　これからも、ずっと残ると思います。新しいものも生まれてくると思いますが、それも進化ですからね。いろいろな流派に分かれていくのも、進化です。「これが正しい」なんていうものは、ないと思います。

ですので、占いの未来は明るいと思っています。

私から言えることは、**人はすべて天命に任せるということが大切**ですね。

本山先生が、「結果を求めずに、一切を天命に預けて、ただよかれと思う道を行く」とおっしゃったように、大いなる存在に寄り添う生き方をしたいものです。そうすれば、必要なものはすべて授かりますから。

おまけのQ&A 教えて、天童さん

Q 食べ物を変えたりすると、人相は変わるんですか?

A それよりも、一番影響するのは「**その人の想い**」です。食べ物であれば、感謝していただくことです。
それが、皮膚の厚みにも現れます。**心の想いが強まると、皮膚も強くなる**んです。

Q それなら、「皮膚が厚くなる、厚くなる……」と、強い想いで自己暗示をかけるのはダメなんですか?

A それはダメですね。結果を求める祈りや想いはダメです。

Q 女性のお化粧に関してですが、ナチュラル志向がポリシーで、素顔で過ごしている方もいます。お化粧するのと素顔では、どちらがいいのでしょう?

A 女の人は、「飾ったほうがいい」と思います。自分をきれいに見せることをしたほうがいいですね。うちの家内は全然そうじゃないですけどね。相談者で「結婚できません」と言う人で、身なりに無頓着で髪がボサーッとした雰囲気の方がいらっしゃいますが、山姥《やまんば》じゃないんですから(笑)。
男女問わず、顔は出したほうがいいです。「顔を売る」と言いますが、ここ一番の時は絶対、顔を髪で隠さないほうがいい。耳も正面から見えたほうがいいし、額も見えていたほうがいいです。

Q ということは、ヘアスタイルはオールバックくらいがいいんですか?

A 多少、髪をまとめるなどして、顔はあまり隠さないほうがいいです。髪で隠している人には、「あなた、顔が髪に負けとるで」とお伝えします。でも、顔の印象が強い人は、少々、髪がかぶさってもいいですよ。バランスさえ良ければ。

顔を出すほうがいいと言っても、芸術家は別です。別の世界ですから。かといって、暗い小汚い感じのする芸術家は、伸びません。**名を上げているのは、小ぎれいな人たち**です。

Q コンプレックスがある人は、なかなか顔を出せないと思いますが。

A そういう苦手意識を消さないといかん。**「どうなってもいいわ」くらいのほうが、運が開く**んです。

Q ちなみに、人生の後半の60代、70代から人相が良くなる方もいらっしゃいますか?

A いますね。**人相というのは、「最終的な人相が良ければいい」**んです。

若い時は、少々はみ出したりしても、最終的に顔つきがよくなっていればいい。この世を離れていく前の心持ちが、顔に現れるわけですから。

vol.3 占い・精神世界研究家

伊泉龍一

タロットカードはキーワードよりも
絵柄のほうを読み取ってください

伊泉龍一

いずみ りゅういち／タロット・カード、ヌメロロジー（数秘術）、占星術、手相術、ルーンなどをはじめとして欧米の多数の占いを紹介している。朝日カルチャーセンター、ＮＨＫ文化センターなどで講師としても活躍中。著書は『タロット大全　歴史から図像まで』（紀伊國屋書店）、『数秘術の世界』（共著、駒草出版）、『西洋手相術の世界』（共著、同）、『完全マスタータロット占術大全』（説話社）。訳書に、レイチェル・ポラック著『タロットの書一叡智の78の段階』（株式会社フォーテュナ）、ジョアン・バニング著『ラーニング・ザ・タロット』（駒草出版）、ジリアン・ケンプ著『ラブ・マジック・ブック』『フォーチュン・テリング・ブック』（同）、ベネベル・ウェン著『ホリスティック・タロット　全2巻セット』（水柿由香 共訳／株式会社フォーテュナ）がある。
http://www.unmeinosekai.com/contents/profile.html
http://wwwe.pikara.ne.jp/tendou-haruki/index.html

占うことより、占いの背景にある世界感に注目

田中 伊泉さんはご自身で書かれた本の他にも、翻訳書が多くて。注釈がすごく充実していますよね。

伊泉龍一さん（以下、敬称略） たまにね（笑）。

田中 いやいや、あれだけの注釈を入れていただくと、ありがたいですよ。翻訳でチョイスされるのは良書が多いですが、選ぶ基準は何ですか？

伊泉 「日本に紹介したいな」と思えるものです。その基準は、しっかりと体系的に書かれていること。入門者向けのような簡単な本だと、他に上手に書かれる方がいるので、自分ができることとしては、もう少し専門的なものにしようと思って。
そういう思いが、昔からあるんですよ。「**自分が今、手がけているような翻訳本を全然知らなかった頃に、読みたかった本にしたいな**」というのが。
だから、昔の自分に宛てて書いている感覚がありますね。

田中　なるほど、そういう基準なんですか。
いわゆる、「**モダンクラシック**」といってもいいような名著ばかり手がけられていますが、ご自身が書かれた本でも、歴史的な部分にアプローチされていますよね。

伊泉　そうですね。そっちのほうが好きなんです。
僕はもともと占い好きでも、占いファンでもまったくなくて。こう言ってはなんですが、占いの結果自体にまったく関心がない。誰かを占ってあげたり、自分のことを占うことも。
普通、占いを習得すると、自分なり、誰かなりを鑑定したくなりますよね？　僕の場合、そういうことに関心がなくて、「**これって、どういうしくみになっているんだろう？**」**と探求するほうに気持ちが向く**んです。占いの背景にある世界観や過去の歴史が、どうしても気になってしまうんですね。

田中　「しくみを知りたい」というのは、人生のしくみを知りたいのとは、また違うんですか？

伊泉　うーん、どうなのかなぁ。僕の場合、「昔の人はこう考えたのではないか？」みたいな部分なんです。
昔、好きで読んでいた本のジャンルのひとつは「科学史」で、科学の歴史みたいなものです。その科学史の中に占星術が登場するので、「昔の人は、人間と宇宙の関係をこんなふうに考えていたのか……」と思えるのが面白くて。

僕は普段、人を占うことはなくて、講座で教えるばかりですが、その内容も占い的な部分は少なくて、**占いの背景にある話**のほうが多いですね。

田中 ということは、占いでどう解釈するかとか使い方とかは、あまり教えていない？

伊泉 そうなんです。でも、そっちのほうが要望は多いので応えたりするけど、好きなのは、そっちのほうじゃないんです。

目的のない人生の中で出会った占いの世界

伊泉 もともと、田中さんは人生まっすぐに生きてましたか？

田中 まっすぐじゃないです。今でも脱線してますから（笑）。

伊泉 僕の場合、学校を卒業後、人生で何もやりたいことがなくて、ダラダラ生きていたんです。そんな中、たまたま出会った先輩方がいて。
これは、けなしているんじゃなくて、僕にとっては褒め言葉なんだけど、彼らは〝ダメな人たち〟なんですよ。要するに、普通に社会に適応できない人たち。
それで、「あぁ、こういう人たちがやっていける世界なら、俺、ここがいい」と思ったんです。「ダメな人たちだから、自分もなじめる」みたいな。

田中　それは何歳くらいの時ですか？

伊泉　25歳の終わりくらいかな。当時、最初にタロットを習った人が、イーデン・グレイ（アメリカで「タロット占いの母」と呼ばれていた／1901－1999）の日本語訳の監修をされている幸月シモンさんと、現在、占いの学校『アカデメイア・カレッジ』の学院長をしておられる森信彰雄さんでした。

田中　そうだったんですか！

伊泉　普段、こんなことしゃべらないですけど（笑）。

タロットへの情熱から書き上げた本格的な本

田中　下積み時代はあったんですか？

伊泉　もちろん、ありましたよ。30代になって**最初の書籍『タロット大全』**（紀伊國屋出版）を出版するまでは、何の肩書らしいものもありませんでしたから。

田中　『タロット大全』は、確か600ページくらいありますが、書き上げるまではどうでしたか？

伊泉　あの本は、若気の至りで、勢いで書いちゃった感じです。時間をかけて下調べしたので、7カ月くらいで書き終えましたね。意外にスラスラスラッと。

その合間に、周りの人にタロットをちょこっと教えたり、あとはダラダラしていました（笑）。

600ページにも及ぶ、伊泉氏の初の著書『タロット大全』

田中　えぇー！　勢いだけで、あの本は書けないですよ。タロットの歴史や図象を詳細に説明してくれていますし。

参考文献に挙げられているのは数多くの英書ですが、英語は習得されていたんですか？

伊泉　そんなに得意じゃないですけど、好きだとやっちゃうところがあって。

僕は小さな頃からＳＦが好きで、10代の頃には日本語で訳されている本を読み尽くしていたから、読んでない未訳の本を読みたくて英語を学んでいたんです。

田中　そうだったんですね。これだけの参考文献を読まれたということは、洋書を買っていたんですか？

伊泉　そうですね。本は何でも買っちゃうほうなので。特に、**タロットと名の付いている本を全部買う**、みたいな（笑）。そんな勢いで、アメリカの Amazon で買っていました。

田中　じゃあ、けっこう送料かかりますね。たぶん1冊で３０００円くらい……。

伊泉　かかりましたね。船便でいつも安い値段で送ってもらっていましたが、昔はそれしかなかったですよね。でも、今よりも感動がありました。「あ、アメリカから届いた!」という感動が(笑)。

田中 それ、わかります(笑)。

現代《モダン》占星術より伝統占星術がしっくりきた理由

伊泉 ちなみに、僕が**占星術を始めたのは、タロット占いを身につけたのよりも後**です。タロットをやっていると、占星術も出てくるからです。

特に19世紀末の「黄金の夜明け団」(イギリスの魔術結社)の教えになると、タロットと占星術を結びつけているので、「占星術もやらなきゃ」と思うようになって。

そこで、先ほどお話しした、森信さんや幸月さんに少し教えてもらったんですけど、全然身にならなくて。なんだか、あまり好きじゃなかったんですよ。

田中 今は、バリバリやっていらっしゃいますけどね(笑)。

伊泉 牡羊座がどうのこうのとか、ああいう性格分析に全然興味がなかったんです。まったくやる気にならなかったけど、でもやらなきゃいけなかったので、一応やってはみたものの、２回くらい挫折しているんです。「やっぱ、好きじゃないわ」みたいな。

これ、現代の占星術を批判するわけじゃないけど、**本の中で言っていることが人によって違っていて、根拠もなくて**。

それこそ、専門的な話をすると「アスペクトのオーブを何度にするか？」といった場合、人によってまちまちなんです。なぜ、オーブがその角度なのかについての記述を読むと、「私の経験では〜」とか書いてあって、「あなたの経験ですか⁉」って思っちゃう。

そういう**裏付けのないのはダメ**なんですよ、僕の性格的に。それもあり、現代占星術《モダン》は僕にとってダメだったんです。

田中　裏付けが欲しいと思うと、伝統的なものになりますよね。伝統的な占星術の方向に行かれたのは、何年前ですか？

伊泉　ケヴィン・バークの本（『占星術完全ガイド』フォーテュナ／伊泉氏の翻訳により邦訳は２０１５年刊行）が出版されてからなので、２００５、６年くらいかな。

でもあの本では、伝統占星術と現代占星術《モダン》の線引きがわからなかったから、自分で調べていったんです。その結果、「あぁ、こういうしくみなんだな。ずいぶん違うじゃゃん、本来の占星術は星座で占えないし」とわかって。

田中　そうです。伝統占星術の本では、星座は現代《モダン》占星術と比べるとそこまで重要視されていないですよね。

伊泉　その代わり、重視してたのは「惑星」ですよね。惑星のディグニティ（「惑星がどこの位置にあるかで、そのコンディションの良し悪しを見る」というルール）や、ハウスとか。
星座別の性格描写とかは昔の占星術にはなくて、「**身体的特徴**」とかですからね。

田中　あとは、「**それが意味する場所**」とか。たとえば、物をなくした場合、その落とし物を表すのが牡羊座だとすると、牡羊座が意味する場所に注目しますよね。

伊泉　だから、**性格分析みたいな要素は少ない**し、「いつ死ぬか」みたいな話もいっぱい出てくるし（笑）。

田中　やたら、死に関する記述が多いですよね。

伊泉　そうそう。うんざりするような不吉な予言がやたら多い。何ででしょうね。たぶん、時代を反映しているんでしょう。昔は人が簡単に死ぬようなことが多かったので、死を意識してたんじゃないでしょうか。

田中　ケヴィン・バーク以外で読まれた本はありますか？

伊泉　ケヴィン・バークの前に、まず現代《モダン》占星術を最初に学ぼうと思って、伝統占星術ではないんですが、アラン・オーケン（アメリカの占星術師／1944-）の本も読みました。彼の『Complete Astrology』にはずいぶん影響を受けましたね。他の現代《モダン》占星術の本はピンとこなかったんですけど、彼の本はわりと好きで。日本ではあまり注目されていないんですけどね。アラン・オーケンはエソテリックな雰囲気があっていいんですよ。

タロットカードに正しい占い方は存在しない

田中　タロットには何種類ものバージョンがありますが、たとえば、カードの種類によって、同じ絵柄でも意味が違いますか？

伊泉　違いますね。その部分を皆、よく間違えて解釈します。

「恋人」というカードがあり、どの時代でも同じ意味だと思われているけど、**歴史によって絵柄がまったく違う**んです。それは、〝**そのカードに込めた意味が違う**〟ということです。

その点で、「トート版タロット」は面白いですよね。考案者のアレイスター・クロウリー（イギリスの魔術師／1875–1947）の思想が反映されているので。

たとえば、「力」のカードなら、「ウエイト版」だと優しい女性がライオンを手なづけています。「トート版」だと、女性がライオンに馬乗りになっています。

田中　ははははは。そのカードの意味としては、より女性上位的なことを表すわけですか？

伊泉　そういうことなんでしょうね。もっている意味合いが変わってきますから。

田中　「ライダー版」だと、使う人にわかりやすいよう小アルカナを絵柄にしてくれていますが、それより古い「マルセイユ版」だと、絵柄がなくてトランプのような見た目なので、すごくわかりづらいですけど。

伊泉　それは逆に、こう言えます。

現代人の中には、**数秘術的な数の意味も読み取りたい人もいる**ので、そういう人には、いいんじゃないでしょうか。**絵柄に限定されない数秘的な使い方ができる**ので、使いやすいと思います。

田中　タロットでは、1枚のカードをめくった時に、「正位置」か「逆位置」かで意味が変わると考える方と、「正位置」でも「逆位置」でも同じように考える方がいると思いますが、これに関してどう思われますか？

伊泉　**好きなほうを採用すればいい**と思います。もともと、**タロットは「これが正しい占い方」なんてないいん**です。

ゲームとして生まれたカードを、皆が工夫して使うようになったものなので、逆位置の意味を採用するかどうかは、自分の好きにするといいと思いますね。

ただし、マルセイユ版のように古いタロットだと、逆位置の解釈は存在してないんです。そもそも、絵柄に上下がないので。

トート版も、逆位置の解釈がありません。カード同士の元素のディグニティで判断するからです。そのディグニティが悪いと、逆位置のような意味になります。

その意味で、**逆位置の解釈を取り入れたい方は、ライダー版タロットを使うといい**と思います。

田中　じゃあ、伊泉さんが好きで使っているのは、マルセイユ版という感じですか？

伊泉　そうですね、ユーモアがあるので。

トート版だと、考案者のクロウリーの思想がガンと反映されているし、ウエイト版も考案者のウエイト（イギリスの文筆家／1857-1942）の真面目な思想というか、説教くさい感じがあるけれど、マルセイユ版の場合、背景になっている絵柄は風刺画でウィットに富んでいます。そこがいいんです。「愚者」のカードなんて、お尻が出ていますからね（笑）。シニカルなデザインなのに、メッセージ性があるのが面白いですよね。

講座では、トート版もウエイト版も全部扱いますが、一番多いのがマルセイユ版です。タロット好きな人は「私はトート派です」みたいになりがちでしょ？　僕の場合、もともとタロット占いを始めた頃から、カードは何でもよかったんです。「カードの絵柄は何に由来しているんだろう？」というところに興味があったので、特定のカードにこだわっているわけではないし、歴史を俯瞰して見ているので「特にこれが好き」というのもないんです。

カリスマたちが打ち出した独自の世界観

田中　ライダー版タロットでは、考案者のウエイトが買いた『ザ・キー・トゥ・ザ・タロット』という小冊子がありますが、現状、そこに書かれている意味がほとんど使われていないようですが。

伊泉　あの小冊子、あまり読まれていないですよね。

田中　そこから現在のタロットの意味は変質していますよね。その流れが、60年代に、イーデン・グレイから変わったと言われますが。

伊泉　というよりも、そもそも占い方が載ってない本がけっこう多くて。つまり、イーデン・グレイ以前のほとんどのタロットの本は、**占い方が書かれてない**んです。その代わりに、カードの絵柄に託されている哲学や思想を解説していて。その流れの中、イーデン・グレイは、英語圏で初めて一般的にわかりやすく占い方を解説したんです。

田中　彼女は、どうやって意味を定義していったんですか？

伊泉　ウエイトが書いたテキストを絶対に参考にしているんですよ。ウエイトのテキストが皆に参考にされないのは、ウエイト自身に責任があるんです。そもそも彼は占いに興味がなかった人でした。「このカードは占いにも使えるけど、それは2次的な使い方だよ」みたいなノリというか。

田中　そうなんですね（笑）。

伊泉　当時のウエイトもクロウリーも、**占いに使うことが目的ではなくて、自分の思想の表現手段**でした。だから、複雑な絵柄にしていったし、絵柄の解説をしながらも、スタンスとしては「私はこういう世界観をもっている」みたいな感じで。

なので、カードを占いに使う前提ではないんですよね。

ただ、出版事情もあって、ウエイトは占いに使える形の小冊子を付けたわけです。それには簡潔な占いの解説が載っているけど、占いの意味と絵柄が全然合っていないんですよ。

彼は占いに興味がないから、フランスですでに作られていたタロット占いの本の解説から、意味を適当に引っ張ってきたんです。

田中　それは、レヴィ（隠秘学の著書を残したエリファス・レヴィ）ですか？

伊泉　エテイヤの系列です。適当にその意味を載せて、絵柄も変えているんで。特に小アルカナの絵柄と意味がほとんど合っていなくて。解説の書き方も「〜と言われている」みたいになっていて（笑）。

田中　あはははは。

求めるものは運命を決定づけない占い方

伊泉　なので、彼のカードの意味は〝使えない〟ものなんです。

そこでイーデン・グレイは、１９６０年代の時代に合ったタロットカードの意味を、自分で作っていったんですよね。それはすごく画期的で、イギリスやアメリカの、その後のタロットの世界を変えるきっかけを作ったと思います。

田中　ポピュラーにしたということですね？

伊泉　そうです。それに彼女の思想のバックボーンは「ニューソート」（19世紀アメリカで始まった霊性運動）だったので、一般人が思うところの占い、たとえば、**未来を予言するみたいなことに対して、真っ向から反対**しているんです。

ニューソートの考え方だと、**未来は予言するものじゃなくて、創るもの**だから。イーデン・グレイとしては〝未来を予言することは意味ないでしょ〟というスタンスでした。

だから彼女は本の中で、しばしば「決して不吉な未来を予言してはダメです」と繰り返しました。

相手の心に予言された言葉がひっかかると、その人は予言を自己成就してしまうからです。

田中 自己暗示にかかるようなかたちになるというか。

伊泉 そう。引き寄せの法則的に、**ネガティブなことを引き寄せて**しまいます。なので、彼女が始めたタロットでは、未来のことについてのカードは出すけれど、「今こうしたら、未来はこうなっていく」とか、「今の状態ならどういう未来になりうるか」にフォーカスしています。

このことには、僕も共感できるところがあって。もともと僕が占いに興味がなかったのは、何でもかんでも、決定論的に「未来は決まっている」という考え方が、自分の性格的に全然合わなくて。子どもの頃から「がんばれば、うまくいくじゃん」と思っているし、大好きな映画はロッキーなので（笑）。

田中 ロッキーは、がんばる映画ですよね（笑）。

伊泉 そうそう。それって、決定論とは相容れないじゃないですか。

田中 となると、伝統的な占星術は、けっこう決定論的な部分もあると思いますが、ご自分の中で矛盾は感じませんか？

伊泉　「潜在的にそういう可能性・傾向がある」というふうに読み替えています。**「絶対にこうなる」という観点での読み方はしていない**ですね。

自分に向き合う「リヴィジョンタロット」は面白い！

田中　伊泉さんの「**リヴィジョンタロット**」って、占い方が独特ですよね。ご自分で編み出したんですか？

伊泉　僕のタロットの出発点は、翻訳を手がけたこともあるレイチェル・ポラック（「現代タロットの巨匠」と呼ばれるアメリカの女性タロット占術家／1945－）なんです。

田中　『タロットバイブル』（鏡リュウジ監修、現代タロット研究会 翻訳／朝日新聞出版）の著者ですよね。

伊泉　その本よりも前に書かれたデビュー作の『タロットの書』（伊泉龍一訳／フォーテュナ）が、僕の占い方の原点みたいなところがあって、そこからインスピレーションを受けている部分があります。でも、「リヴィジョン」という言葉は、ジェイムズ・ヒルマン（アメリカの心理学者／1926－2011）からきています。彼はユング派の流れを組む人で、自分の心理学を説明する時に、リヴィジョンという言葉を使っているんです。それを、僕はパクっているんですよ（笑）。

田中 そうなんですね。でも、やり方の部分はご自分で考えたんですよね？

伊泉 はい、自分で。

田中 「リヴィジョンタロット」、面白いですよね。一般的には、質問の後にカードを引きます。でも、それとは逆で、〝**カードを見てからもう一度質問を見つめる**〟というやり方が面白いです。

伊泉 ありがとうございます。

質問に答えるんじゃないんです。何らかの問いかけをするということは、その**問いかけが出てくる背後の動機がある**ということ。そこを見る感じです。

田中 あの本は、日本のタロットの書籍の中でも斬新で、独特のポジションにあると思います。決して従来の占い的なものではないですよね。**自分で自分に問答している**といいますか。**自分で自分を知るきっかけになる**といいますか。

伊泉　そうです、自分に向き合う感じです。**自身がとらわれているものに、気づくきっかけになるん**です。

その際に、**カードは1枚引くのが一番いい**です。基本的には何枚引いてもいいですけど。一般的に1枚引きをやるのは、あまり人気ないですよね。みんな、派手にやりたがりますから(笑)。

悪いカードに見えてもプラスの力を引き出せる

田中　では、ひとつアドバイスをいただきたいんですけど、悪いカードが出たら、どう捉えたらいいですか？

伊泉　それを、悪いカードと捉えず、〝**気づきを与えてくれるもの**〟と思えばいいんです。

「悪い結果が出てしまった」と捉える人は、タロットを予言のようなものにみなしている前提があると思うんです。だから、たとえば「悪魔」のカードが出たなら、それを「自分に何らかの気づきを与えてくれようとしている」と思えばいいだけの話です。

田中　「あなたは、執着していますよ」という？

伊泉　そうそう。「**自分が囚われているものは何か？」に目を向ければいいだけ**なので。

まぁ、でも、タロットというものは、「怖い」くらいのイメージにしておいたほうがいいんだけど（笑）。子どもの頃は、「呪われるんじゃないか？」くらいの怪しいイメージだったじゃないですか。懐かしいあの時代に戻ったほうがいいんじゃないかな。

田中　最近はドロドロ感がなくなりました？

伊泉　そうなんですよ。東京とかで占いをやっている方って、ちゃんとしている方が多くて（笑）。怪しくない、というか。

僕が26歳くらいで占いを始めた頃は、占いが怪しいイメージだった頃ギリギリで、「占い師をやっている」と話したら、「え〜、どうやってなるんですか？」だったのに、今だと「私の知り合いにも占い師の人いたかな」みたいな感じですからね。全然、恐れるべきものじゃなくなってしまった（笑）。ちょっと残念ですよね。

勘違いしないよう自分を戒める努力を

田中　普及という面で、最近、タロットは一番か二番手ということを聞いたことがあります。

伊泉　一番手は、占星術じゃないでしょうか？　タロットと占星術はファンが重なっている部分がありつつ、案外分かれますよね。

占星術をやっている人はタロットに興味ないという人がいて、「なぜ？」と聞くと、「タロットって偶然出てくるカードだから、信頼がおけない」みたいなことを、よく言われますよね。

田中　教わりに来る生徒さんが多いと思いますが、今こうして伊泉さんとお話していて感じるのは、教わろうとする生徒さんの考えと、教える伊泉さんの考えにギャップがあるんじゃないですか？

占いで将来が読めるよう学びたいのに、全然そうじゃない方向を教わることになるという。

伊泉　最初はそうですが、うまく乗せるんです（笑）。「そういう考えだから、冴えない人生になるんだよ。目覚めなさい」みたいなことを、僕から諭されるわけですから。

田中 よく、「運を良くするにはどうしたらいいですか？」とか、聞かれませんか？

伊泉 僕にはあまり聞いてこないですね。僕が答えるなら、「**運を考える前に努力しなさい**」。

田中 あはははは。そうですよね。

では、占い師の実力と人格の関係についてですが、人間性が著しく低い人でも、占いを扱うというのはどうなんでしょうか？

伊泉 そういう人は、相談者に有害だと思うから、占いをやらないほうがいいんじゃないかな。だからといって、完璧な人間などいないしね。

多少、性格が悪いくらいならまだしも、著しく悪いとなると、占いを悪用するかもしれないし。「人を支配したい」という思いを持っている人だと、ヤバいですよね。

田中 依存させたい人のことですね。

伊泉 教祖願望がある人だと、問題を生むでしょうね。でも、誰の中にも教祖みたいに偉ぶりたいとか尊敬されたい欲望って、大なり小なりありますから。

周りからそういう扱いを受けていると、勘違いして気持ち良くなっていくから、**占い師は、自分で自分を戒めなきゃいけない**でしょうね。自分の中にあるそういう欲望に気づいて、どう在るべきかに目を向けないといけないですね。

田中　そうですよね。

伊泉　僕も教えていると、偉ぶっちゃって、大先生のフリをしてしまいますからね。それで、「いかん、いかん」みたいな（笑）。

宿命論にとらわれず現状を切り開く方向へ

田中　人にとって「宿命」として決まっている部分と、「選択」できる部分は、どのくらいの割合なんでしょう?

伊泉　まったくわからないなぁ……。でも、宿命というものをどういう意味で使うかによるので、難しいところだと思いますが。

変えられないことって山のようにあるじゃないですか。生まれた時の遺伝子レベルかもしれないし、自分の親や、生まれた環境や社会とか。そういうことは自分では選べないので、それを宿命というのなら、その初期設定の条件は変えられないけれど。でも、その環境の中で**どういう選択をしていくのかは、少しは変えられますよね。**

田中 西洋占星術の業界では、よく宿命論と選択のことをいわれますが、結局、答えは見つかってないですよね。

「ある程度のことは選べますが、ほぼ決まっているんだよ」と言われたりしますけど、僕としては、「**人生の流れの中で、どこまでが決まっていることなのか？**」と思ったりするんです。

ただ、欧米の占星術家の中には「なんでも可能にできるなら、占いは必要なくなるでしょう？」と批判する方もいらっしゃいます。

伊泉 それに反しちゃうかもしれないけど、**僕は未来を予言することに、まるで興味がなくて。**

だから、僕の講座で「未来を当てられるんですか？」という素朴な質問をされると、自信満々に「できるわけないじゃん」というところから、講座の内容を組み立てますからね。

「できない」ということを前提にして（笑）。

占いの神髄が伝わる質の高い本を世に出したい

田中　最近、『タロットの宇宙』（アレハンドロ・ホドロフスキー、マリアンヌ・コスタ著　伊泉龍一監修・黒岩卓翻訳／国書刊行会）という、ぶ厚い本の監修を手がけられましたよね？　依頼されて手がけられたんですか？

伊泉　そうなんです。編集者の方が、ホドロフスキー監督のファンでした。僕も20代のときに、彼の映画は観てましたし。８００ページくらいあるので、２年くらいかかって完成しました。

田中　２年もかけて大変でしたね。ところで、次の本の予定は？

伊泉　今度は、『ホリスティック・タロット』（ベネベル・ウェン著　伊泉龍一・水柿由香翻訳／フォーテュナ）の翻訳本を出します（※２０２０年7月に刊行）。

田中　その原書、知ってますよ。ぶ厚いですよね？　僕もちょっと興味があったので、「誰か訳してくれないかな?」って思っていたら、伊泉さんとは。

伊泉 原著が上下巻で800ページくらいあるので、翻訳するのに2年半かかりました。2人で手分けをしましたけど。

田中 2年半でよく完成しましたね。いや～、すごいですね。翻訳って地味な作業で、大変ですよね。ずっと座り仕事ですしね。

伊泉 僕は一人でコツコツやるのが好きな性格だからいいけど、そうじゃないと、できないでしょうね。

ところで、田中さんが監訳を手がけられた『クリスチャン・アストロロジー』の続きはどうなっているんですか?

田中 もう発売しました。すべて完成しまして。

伊泉 すみません。存じ上げなくて。しかし、よくやり遂げましたね。これはもう快挙ですよ。出された出版社も素晴らしい。みんなが待ち望んでいましたから。

田中　ありがとうございます。反響が大きかったのが良かったです。夕方6時くらいに〝『クリスチャン・アストロロジー』を出版します〟とツイートしたら、誰かが常にリツイートしてくれていて、その際のベルの音が、朝方までずっと鳴り止まなかったんです。ものすごいリツイートの数で、今まで経験したことのない出来事でした。

伊泉　それだけ待ち望まれていたなら、もっと古典の講座に生徒が集まればいいのにな。

田中　古典は参加者が集まりづらいんですよ（笑）。

伊泉　僕は、現代占星術《モダン》も古典の占星術も講座をするんですけど、関西はだいぶ浸透してきたみたいで「古典のほうがいい」という人が増えたんです。

田中　良い傾向ですね（笑）。でも、東京はまだまだですよね？

伊泉　東京はやはり、現代占星術《モダン》のほうが、参加者がドン！と来ます。「心理占星術」とか開催すると、たくさんの参加者がいらっしゃいますよね。

僕としては、「占星術は古典も面白いのになぁ」と思いますけど。

技術について

田中　技術についてお聞きしたいのですが。タロット占いでカード一枚を「シグニフィケーターカード（質問者を象徴するカード）」として選ぶというのがあるんですが、採用する方とまったくしない方に分かれると思います。これについてどう思われますか？

伊泉　あまり流行っていないですね。なくてもいいし、使ったほうが面白い占い方法もあるし。さっき紹介した『ホリスティック・タロット』は、全部の占い方法でシグニフィケーターを使います。著者がシグニフィケーターを使うのが好きなので。

田中　そうなんですね。

伊泉　すでに亡くなっていますが、ポール・ポスターケースという人がいます。ゴールデン・ドーンの流れをくむオカルト結社を、20世紀前半にアメリカで作った人です。このポール・ポスターケースの影響を、『ホリスティック・タロット』の著者は受けているので、今までの日本のものとは違っていて面白いと思います。

田中　楽しみですね。

タロットのケルト十字などで、場に出ているカードが、時々すべて人物カードの時がありますよね。読みづらいと思うのですが、どう読むといいでしょうか?

伊泉　確かに読みづらい(笑)。切り方が悪いのかな?(笑)

田中　鑑定でそういった場合、大体いろいろな人が関わっていて、人間関係に苦労しているなぁということが多いのですが。

伊泉　「こんな人物やこんな人物があなたに関わっています。問題は人との付き合いですよ」って答えますかね。「人との関わりが重要ですよ」と言うとか。

田中　なるほど。

あとカードの解釈ですが、どこまで自由にやっていいのかが気になっていて。タロットの場合、占い師によって、カードの意味の解釈を変えてしまっています。

たとえば、「隠者」のカードは、そもそも恋愛だとプラトニックなことや、孤独さや孤立というイメージが強いんですけど、僕が聞いてびっくりしたのが、「不倫になる」と解釈した方がいたことです。おそらくその占い師は、カードの「隠れる」という意味から、人に隠れて恋愛をしている、と解釈したんでしょう。でも、そこまで解釈を変えてしまっていいんでしょうか？

伊泉　多々あるパターンです。結局、英語のタイトルを訳した日本語に引っ張られて、「えっ？」って思うような、関係ない意味をもたされていくんです。

だから、皆がもっと**カードの絵柄を大事にしたほうがいい**です。**頭で考えすぎ**なんです。

田中　中には、意味を覚えなくてもいいように、カードに意味が書かれているものもありますよね。

伊泉　だったら、絵柄がなくて、メッセージだけ書かれていればいいことになりますよね。でも、**大事なのは絵柄**のほうなんです。

「審判」のカードも、そういうことが起きています。このカードは人々が復活することを意味しているから、恋愛だと「復活愛」と解釈されて広まっています。でも、そもそも、〝彼氏とヨリが戻る〟という意味合いの絵柄じゃないんです。「審判・復活する」というキーワードから、復活愛も意味すると思い込まれてしまった。こういうことが多すぎるんですよね。

田中　「審判」のカードの別の解釈としては、「解放される」という意味もありますから。彼からやっと解放される、みたいな（笑）。

伊泉　そういう意味もあるでしょうけど（笑）。

田中　だから、伊泉さんとしては、「もっと絵柄から読み取ることを大事にしましょう」ということですね。

伊泉　そうですね。絵柄に自分の置かれている状況を重ね合わせるといったほうが良いかもしれないですね。これ、ちょっと詳しく話すと講座になっちゃうんですが（笑）。

「あなたの状況は、この〝絵〟みたいじゃないですか？」と紐づけるんですよ。

たとえば「愚者」のカードが出ていると、自由な感じがしますよね。「いろいろ彼氏や仕事のことで悩んでいるかもしれませんが、あなたの状況カードで見ると、この〝絵〟みたいなんだよ。いろいろ言っているけど、この〝絵〟みたいに自由にできるんじゃないの？」と答えるんです。

そういうふうに〝絵〟から実際の状況を見直してもらう。そうすると「そっか、私とらわれていたのかな、もっと自由にできるかも」って質問者はなっていく。

言葉にとらわれると、「愚者」だから「あなた馬鹿でしょう」ってなってしまう。「あなた間違っているんじゃない」って。

絵のイメージに重ね合わせるんです。この感覚でやると、タロット占いをやっていても疲れないいんです。疲れる人って言葉で考えすぎているんです。〝絵〟に状況を重ねるのって、遠くを見る感覚に似ているんです。もっと広がっていくイメージというか。だからカードの意味は覚えなくていいんです。

田中　意味にとらわれないようにするということですね。次は占星術についてです。ハウスシステムは何を使ってらっしゃいますか？

伊泉　ホールサインシステムです。一番簡単だし。

田中　サインとハウスがずれないですね。

伊泉　ホロスコープが読みやすいし。

田中　ホールサインを使うことに抵抗のある方っていらっしゃいません？

伊泉　現代《モダン》占星術をやるなら、好きなハウスシステムを使えばいいと思うけど。僕は古典といってもウィリアム・リリーの時代（17世紀）よりも、プトレマイオス（古代ローマの学者）の時代辺りの古典なんです。ヘレニスティックな占星術は、ホールサインじゃないですか。だからこれでやるという感じですね。

田中 時代に合わせるということですね。

伊泉 そうやって生徒にねじ込んでますけどね。

田中 なるほど（笑）。あとアスペクトはどれを使ってらっしゃいますか？

伊泉 アスペクトは、古典占星術を教える時は６０度、９０度、１２０度、１８０度です。

田中 メジャーだけなんですね。モイエティは使いますか？　それともホールサインアスペクトですか？

伊泉 ホールサインアスペクトです。シンプルですからね。
昔、ウィリアム・リリーのようなアスペクトの講座をやったことがあったんです。でも生徒はみんな難しいってなっちゃって、ついてこれないんですよ。それで古典嫌いになる人もいて。けっこう昔は、古典占星術の講座をやると、脱落する生徒が多かったんですよ。でももうちょっと広めたいと思って、できるだけシンプルなかたちにしようと思ってシンプルにしたら、関西のほうでは古典占星術がずいぶん浸透していきました。シンプルなものを入口にして、もっと複雑なものに慣れていってくれたらなぁと思いますね。『クリスチャン・アストロロジー』を読んだりして。

田中 ありがとうございます（笑）。

伊泉 多分講座を聞いてくれている方なら、この本に入っていけると思うんですよ。いきなり入るのってなかなかハードル高いじゃないですか。

田中 確かにそうですね。

では、外惑星は使わないですか？

伊泉 はい。土星までしか。

田中 あとヘッドとテイルくらいですか？

伊泉 はい。

田中　惑星には「エッセンシャル・ディグニティ」がありまして、初学者にとっても非常に複雑な印象を持たれる方がいると思うのですが、毎回計算されていますか？

伊泉　いえ、メジャーなディグニティしか取らないです。細かくやると、生徒がついてこれないので。

田中　やはり難しいんですね（笑）。「アクシデンタル・ディグニティ」はどうですか？

伊泉　以前は講座でやっていたんですが、最近は基礎コースではあまり扱わないです。こういうのがありますよ、というくらいにしています。

田中　ではエッセンシャル・ディグニティで、惑星の質の意味を変える感じですか？

伊泉　そうですね。そこがメインです。そのホロスコープの中で、力を発揮できる場所にある惑星かどうかを見ていきます。そしてそこに関連するハウスかどうかも見ていきます。

田中　あとはハウス・ルーラーの兼ね合いですね。

伊泉　そこを重要視しています。

田中　結局はハウス・ルーラーが決め手になってきますよね。何ハウスを支配していて、どこにあるかというのが。

伊泉　そうそう！　まさにそれです！　そこをしつこくやっているんです。案外、現代《モダン》占星術はそこが抜け落ちていますからね。

田中　僕は西洋の伝統占星術をする前にインド占星術をやっていて、今ももちろんやっているんですが、西洋伝統占星術はむしろそっちの見方に近いというか。だからすんなり入っていけたようなところがあったんです。

伝統占星術で多くの人はエッセンシャル・ディグニティの高い低いで、吉か凶で判断しようとするんですが。

伊泉　そういう見方はしないですね。それは関係ないです。

田中　同感です（笑）。

伊泉　タロット占いって占星術と似ているんですよね。タロットカードのシグニフィケーターを使うという考え方そのものが、占星術から来ていますから。

田中　たとえば、カードが逆位置だと、ディグニティが低いと考えたりしていいんですか？

伊泉　そうですね。

田中　それ面白いですね。カードが逆になると、悪い意味になったり、意味が強調されすぎたり、弱くなりすぎたり、極端に振れてしまう感じがありますね。
予測法は何を使われますか？

伊泉　とてもシンプルだという理由で、プロフェクションが好きです。

未来の占い師は希少価値になる可能性がある

田中　占い業界の未来について、どう思われますか？

伊泉　今、占い師がすごく増えているけれど、僕が死ぬ頃には、占い師が減るのかなって思います。なぜなら、**若い子は占いにあまり興味がなさそう**だと思いませんか？

田中　それ、講師をされる多くの占い師の皆さんがおっしゃいます。「下の世代は、興味がないのか勉強しない」と。

伊泉　今の30代後半から50代までの人って、子どもの頃に豊富に占い雑誌があって、しょっちゅう目にする機会があったし、昔は雑誌を読んでいること自体、占いを学んでいるようなものでした。

今の20代の人たちって、それがないから。小学校レベルで占いの刷り込みがないまま、育ってきたから、占いに関心がないし、学ぼうなんて考えもしないと思います。だから、占い師は減っていくんじゃないでしょうか。

田中　現在は、電話占い会社とかたくさんあって、鑑定士はたくさんいますが。

伊泉　多分、今は一時的に占い師が増えすぎているだけだと思います。でも、今後減っていくと、逆に希少価値が出てくるから、それはそれでいいんじゃないかな。昔の時代みたいに。

だから、占いはなくならずに細々と生き延びるでしょうね。「先のことが見えない」というのは、誰でも気になりますからね。

おまけのQ&A 教えて、伊泉さん

Q 自分でタロット占いをして、同じカードが何回も出たとしたら、その都度、絵柄に感じるインスピレーションで解釈すればいいんですか?

A インスピレーションというよりも、〝絵柄のイメージに、その人の状況を重ね合わせていく感覚〟なんです。**〝その人の状況を、絵柄のイメージに変えてしまうイメージ化〟**とでもいえるでしょうか。

Q その人の状況と絵柄のイメージを、紐付けるんですね?

A そうです。「あなたの状況は、この絵みたいになっているんじゃないですか?」という、**〝みたい〟という感覚**です。

それはつまり、たとえば「愚者」のカードが出たとします。「愚者」の絵柄は自由を表しているように見えます。

相談者が、彼や仕事のことで悩んでいたとしても、「でもね、あなたの状況をカードで見ると、この絵みたいなものなんだよ。そう言ってるけど、本当は自由にできるんじゃないの?」というふうに、**カードの絵から、自分の現実を改めて見つめ直してもらいます。**

すると、「そうかぁ。私、とらわれていたのかなぁ。もう少し、自由にしていいのかなぁ」みたいになっていきます。

絵のイメージに質問者の状況を重ね合わせていく感覚になると、あまり疲れなくなります。というのも、タロット占いをやっていて「疲れる」と言う人が多いんです。そういう人は、キーワードの意味を考えすぎています。

そうではなく、逆に、〝**絵柄のイメージを元に、相手の状況を遠くから眺め見る感覚**〟です。誰かを占ってあげる時は、**自分の視野が広がっていく感覚**になるといいんですよ。

Q そういう感覚で取り組めば、カード占いが断然、楽しくなりそうですね。やはり、「カードの意味を覚えなきゃいけない」と思っている人が多いでしょうから。

A 覚えなくても、大丈夫なんです。

vol.4 占星術家＆タロット鑑定師

いけだ笑み

ホロスコープでリリスの位置を調べれば、
自分の中の“社会不適合になりやすい部分”が
判明します

いけだ笑み

いけだ えみ／占星術家＆タロット鑑定師。宇宙のからくりと人間存在の謎について、物心ついた頃から考え続け、古代占星術と錬金術思想にたどりつく。1999年からプロの占星術家としての活動を開始。主にホラリー占星術の研究と実践に取り組みながら、東京、大阪、仙台、福岡などで講師活動やイベントを行っている。著書に『基本の「き」目からウロコの占星術入門』『続・基本の「き」目からウロコの占星術入門』『ホラリー占星術』（以上、説話社）、『フレンドリー・タロット』（太玄社）など。
http://astro.secret.jp/
https://twitter.com/emi0711

長年の情報収集で増え続けた占星術の蔵書

田中　いけださんと知り合ったのは、『クリスチャン・アストロロジー第3書』を出した後でした。そもそも僕は東洋系の占いを学んでいたので、西洋系の占いの知り合いがいなかったんです。それで、自分を知ってもらおうと、3年ほど前に、いろいろな方にお会いしました。「『ホラリー占星術』の本を出された、いけださんにも、ご挨拶したいなぁ」と思って、いけださんが東京にいらしたときに、知り合いの方に声をかけてもらってお会いすることになったんですよね。

いけだ笑みさん（以下、敬称略）　そうでした。

田中　現在は、鑑定よりも講義や執筆が中心ですか？

いけだ　はい。鑑定は、ゆるゆるとやっています。事務所という拠点がないので、メールかスカイプ、あるいはイベントで。ですけど、鑑定はしたいんです。

田中　したいんですね。研究者の方は講義や研究のほうをしたいという方が多いですが。鑑定をしたいのは、新たな発見をしたいからとか？　人と知り合うことでいろいろな人生を知りたいとか？

いけだ　いやぁ、自分は占い師だから、やりたいんでしょうね（笑）。

田中　生徒さんも、たくさんいらっしゃいますしね。

いけだ　そのおかげで、最初から「先生」と呼ばれる、ぬるま湯でやらせてもらえています。だから街頭で見知らぬ人と向き合っていらっしゃる人を、尊敬しています。

田中　では、自宅にいる時は、ほとんど占いの研究をされているんですか？

いけだ　研究というほどには……。研究されている方って、ラテン語や中国語などの原書にも目を通されていますよね？　私、そこまではできないんですよ。アラビア語もラテン語もダメで、英語もブロークンです。

私は帰国子女だから、英語を読めなくはないですけど、結局、日常会話の延長レベルです。なので、学術文献の研究みたいなのではなく、**自分がその時に直面していることを追求**します。

たとえば、恋愛や人間関係で「好きな人の『月』が10ハウスにある。では、『10ハウスの月』ってどんな意味があるの?」となって、松村潔さんや鏡リュウジさんの本を読むことになります。それをすると、もっと知りたくなるんです(笑)。

基本的に情報がいっぱい欲しいタイプなので、Amazonで買えるような洋書を買い、「月が10ハウスにある場合」の解説部分から読み始めます。そこだけ読んで終わり、というパターンも。

田中 ははは。

いけだ その時に気になっていたこと、たとえば「リリス」の情報なら、そればかり読んでいるから、「その本、持っているでしょう?」と突っ込まれると、「いや、数行しか読んでないです」って言う場合も多く(笑)。そういう本が山積みで、本棚には洋書がバーっと並んでいるから、本棚を見た人は「うわぁ!」と驚きます。

田中 そうですか(笑)。でも、いけださんは帰国子女ですから。

いけだ その経験があるから洋書を読んでいるだけのことで、誤解されて、占星術を研究していると思われがちなんです。本当はそんなことないのに。

アメリカと日本の行き来で培ったシンボリズムへの感性

田中　生まれはどちらですか？　何歳の時に海外へ？

いけだ　生まれたのは大阪です。父の仕事の関係で、7歳でアメリカの東海岸で暮らすことになりました。父の任期が終わったので、1年半ほどで帰国しましたが、小学1年生の期間が抜け落ちていたので、日本語が書けなくて。

　向こうでもそうでしたが、〝ついていかれへんのが当たり前〟という中でやっていたんですね。父は言語学者だったので、実験的な意味もあり、私も姉も向こうでは日本人学校ではなく、現地の公立学校に放り込まれたんですよ。

　学校での私は、「声を聞いたことがない、しゃべれない子」とみんなから思われていました。急に英語がしゃべれるようになったのは、日本に帰国するちょっと前です。

田中　英語を吸収したんですね。

いけだ　なんとなく。最初に覚えた言葉は「ブランコに乗る」というセリフですけど。ある日、公園に座っていたら、「ワニゲラスィング」とずっと言われたんです。「ワニゲラスイ、って何？」って思って父に聞いたら、「Do you want to get on the swing = ブランコに乗りたいですか？」と教えてくれました。東海岸の英語は、youが聞き取れないんです。

田中　英語は国や地域によって、会話での音が変わりますよね。

いけだ　あの時、相手は私の意志を確認したかったんですね。〝ワニゲラ〟が私の英語の始まりでした（笑）。

これが、「**象徴言語」というシンボリズムの世界につながっている**んです。わからないものを〝**雰囲気でわかっていく**〟というのは、向こうに行った時も、帰国してからもそうでした。わからない単語を、逐一辞書を引いていたのでは、その場のノリについていけないので、わかる単語を糸口にして、表現を大枠でとらえる訓練も自然と身についていると思います。

ホロスコープを読み解くとき、バラバラに点在する象意には、ある程度の文法があるのですが、文法を組み立てて解釈したところで、唐突な散文のようなリーディングにしかならない。それを統合したり、全体としてのニュアンスやコントラストを捉えるために苦労する人も多いのですが、私の場合は、特殊な言語的バックグラウンドを持ったことが役に立っていると感じます。

高校は1年だけ日本に通って、そのあとアメリカに行って、いったん帰国して、また向こうの大学に行って、みたいな繰り返しでしたから。

タロットカードの景品が占いの世界へと導いた

田中　占いの世界に入ったきっかけは？

いけだ　西洋占星術です。子どもの頃からシンボルやサインが好きでしたが、本格的な「ハウス」や「アスペクト」を学んだのは97年くらいです。

田中　向こうの大学から戻ってきて、何もしなかった時期もあったんですか？

いけだ　大学はついていけなかったから、遊んで日本に帰ってきて、23歳で結婚して。バイトくらいはしたけど、就職はしたことなくて。

田中　タロットはいつくらいから？

いけだ　小学生の頃から。私、「バックギャモン」というゲームがすごく好きで、小学生の時に大会に出まくって、景品をもらうのが趣味だったんです。大体の場合、景品はジグゾーパズルやルービックキューブ、UNOなんですけど、そのうち大会でもらえる景品は総なめしてしまい……。

主催していたキディランドに並ぶ輸入おもちゃを、もらい尽くして飽きてきた頃に、ライダー版のタロットを持ち帰りました。普通のカードゲームの感覚で持ち帰って、箱を開けたら小さな小冊子が入っていて。

田中　英語の小冊子ですよね。

いけだ　そう。それを見て「占いやんか〜！これで未来がわかるねんや！」と、めっちゃトキメキました。

「骸骨だったらどうしよう」って、**ビビりながらカードをめくっていたあの時期が、人生で一番当たりまくっていましたね**（笑）。ビギナーズラックというか。

田中　占い師って多くの方がそうですよね、あの現象、何なのでしょうね？　初めてやる時、めちゃくちゃ当たるじゃないですか。占いの道に引っ張り込むような感じで（笑）。

いけだ　小冊子を読みながらいろいろなことを占っていましたが、ドンピシャでものすごく具体的なことを的中させました。だから余計にのめり込み、そのうちアレクサンドリア木星王先生の御著書を買ってきて、愛用してました。

田中　本格的な趣味になっていったんですね。

松村潔さんの本を読んで占星術にのめり込む

田中　占星術を覚えたきっかけは？

いけだ　結婚後、占い師として働こうと思って。理由は、あまり言えないですけど……（笑）。私、通勤電車に乗れないんですよ。それに、朝は早く起きられないし、子どもをどこかに預けたりしたくないんです。大好きなんです、子どもと一緒にいるのが。だから、占いなら短時間で収入になるかなと（笑）。

田中　ちょっと稼ぎたいという動機だったんですね（笑）。

いけだ　いまだにその延長線上でやっています（笑）。占いを勉強しようとした当初、本屋に行って、数冊買いました。そのうちの一冊だった松村潔先生の『**最新占星術入門**』（学研プラス）を読んで、**カミナリに打たれたような衝撃を受けた**んです。

田中　じゃあ、占星術の世界に入ったのは松村先生がきっかけなんですか？

いけだ　そうです。のめり込んで月に1回、講座に通いました。

田中　では師匠は、松村さんなんですね。

いけだ　完全にそうです。

何を知りたいかで自分にとって適切な占いは異なる

いけだ　田中さんって東洋の占いから入ったんですよね。

田中　そうです。東洋から入ったんですが、そこからいろいろと繋がっていったんですよ。中国系の占いをやっていくとインドに繋がって、インドをやっていると、今度は中近東やギリシャ、西欧に繋がって。結局ユーラシアで繋がっているんで、すべてやりたくなって（笑）。だからこんなに勉強するとは思ってなかったんです。

いけだ　勉強していて感じるのは、ユーラシアは広すぎというのと、ギリシャ、ローマ、アラビアと、あっちに行ってまた戻って来て、みたいな。どっちも威厳付けに使っているんですよね。『クリスチャン・アストロロジー』が発売された時、「うわーっ！訳したのはどんな人やろう？」って思っていたら、「やはり東方から来はった、東方の博士や」と思いましたね（笑）。

田中　僕の場合、占いの古典の勉強は、中国の七政四餘という占星術の『果老星宗』から入ったんですよ。特殊なケースだと思いますが。

それを読んでいたため、占星術の漢訳に慣れていたというのがあります。

いけだ　アラン・レオ（イギリスの占星術師・神智学者／1860–1917）とか興味ありました？

田中　現代《モダン》占星術に関しては、当時の日本語のものはひととおり読んだんですけど、それほど興味が湧かなかったんです。占いって、自分が一番知りたいことから勉強するじゃないですか。僕はそもそも芸人なので**「この先、どうなるか?」「いつ売れるか?」**のタイミング**が知りたかった**んです。

いけだ それなら、「プレディクション(予測法)」で占うことになりますよね。

田中 そうです。それは、当時読んだ、現代《モダン》占星術※の本ではあまり書かれていなくて……。

※著者による付記:「現代《モダン》占星術と古典占星術」の違い
『クリスチャン・アストロロジー』の原書が出た約50年後の1700年前後くらいに、占星術の伝統が急速に衰退していきました。18、19世紀半ばまでどんどん廃れていく中、1900年の20世紀初頭の前後に、アラン・レオが占星術を復興させました。しかし、それは古典的な占星術とは違っており、要素がかなり減らされていて、心理描写が多くなっていました。それが、「現代《モダン》占星術」です。

古典占星術だと、星座や惑星の配置により、その人の生まれや外見、仕事や伴侶も含め、人生全般が具体的に表現されます。

現代《モダン》占星術だと、記述の仕方が古典の占星術と違います。「あなたはこういう人で、こういう傾向があります」という感じです。

1900年あたりからずっと、現代《モダン》占星術の流れにある中、1985年あたりに『クリスチャン・アストロロジー』がイギリスで復刻されました。それにより、伝統占星術を研究する人たちが、さらに増える流れとなりました。

僕はこの本の日本版を手がけましたが、日本での古典占星術の展開は始まったばかりだと思います。

いけだ　それでいうと、私が占いで知りたいテーマは、「彼が私のことを好きかどうか？」なんですよ。それに始まって、それに終わります（笑）。「嫌われたかな？」「好かれたかな？」に関して、洋書を取り寄せてまで、ずーっと調べていたわけです。だから、「何を知りたいか？」なんですよね。

田中　僕の場合、「プレディクション」が知りたくて、日本語の文献を買いました。でも、**「あなたはこんな性格です」というような心理描写ばかり**なんです。

いけだ　性格の解説はいらんねん（笑）。

田中　**〝いつ、何が起こるか〟に答えてくれたのは、現代占星術《モダン》ではなかったん**です。

いけだ　それなら、今流行りの「開運」や「年運」を組み入れた占星術で読み取るのがピッタリじゃないですか？

田中　インドの「**ダシャー・システム**」もそうですよね。西洋伝統占星術だと、「**フィルダリア**」や「**プロフェクション**」とか。

いけだ　私、今年（2019年）は「木星の年」なんです。「プロフェクション」でみると、めちゃがんばらなきゃいけない年で、しかも世の中的に「射手座・木星の年」なので、より一層がんばらないと(笑)。「プロフェクション」が最近注目されたのは、良かったですよね。

田中　「プロフェクション」を、アメリカの占星術家のクリス・ブレナンが今年（2019年）の年明け頃にツイートしたのがきっかけで広まって。今までも何度かしていたのに、なぜ、このタイミングで広まったのかという。

いけだ　やはり、射手座・木星の年の影響じゃないですか？　彼の「テーブル」（一覧表）の解説は、パワフルです。

私にとって、占星術の本を購入するときの決め手は「テーブル」が魅力的かどうか。意味がわからないまま、テーブルを眺めているだけのこともあるくらいです。ヨダレが出ます。

鏡リュウジさんに「あとがき」をお願いしたホラリー占星術の本が誕生

いけだ　私の場合、現代占星術《モダン》から入りましたが、同時に古典占星術も面白いというスタンスだったんです。

古典復興の流れの中で、最初の頃、対立構造ができていた時期が何年かあって、復興の代表的な幾人かの人たちが、「本当の占星術はこうなんだ」「本来の占星術はこうなんだ」「今の占星術は嘘だ」というアプローチがありました。そのおかげで、太陽占星術や心理的アプローチの占星術が弾圧されるような流れもあったんですよ。

私は現代占星術《モダン》から入った〝古典占星術寄り〟なので、自分が否定されながら、古典も同時に面白いという、コウモリのような立ち位置だったんです。

私がなぜ、大急ぎで『ホラリー占星術』をまとめたかというと、私は星占いが好きすぎて、いわゆる**「ガチガチの古典派の人からモダンを否定されて、〝これこそ秘伝です〟と言われたくない」「〝これはウソ〟と否定するアプローチは絶対したくない**」という思いが、すごくあったからです。

それと同時に、この本を出すにあたって、「あとがきを鏡リュウジさんに書いてもらいたい」という強い直観がありました。

鏡さんに書いてもらう意義が自分の中にすごくあって、震えながら電話したんです。たまたま中耳炎だったらしく、次の日にイギリスに旅立たれるというバッドタイミングで。

私の声が聞き取りづらい中で、「ホラリー占星術の本のあとがきを書いてほしい」とお願いしたら、「書きます」と即答してくださって。

「今すぐ原稿を送ってください」と言われてファックスを送ったら、予定していたページの何倍ものボリュームで思いの丈が書かれていて、感動で泣きました。占星術の流れをまとめてくださったんですが、日本の占星術界を長年背負ってこられた鏡さんの気迫が伝わってきて震えました。いまだに忘れられない、すごく感動した出来事です。

私の中では、星占い大好きなおばさんが、「古典」を書くことに意義があると自負しているんです（笑）。モダンと古典が対立し合ったり、互いの技法を偽物だと吊るし上げ合う意味なんて、どこにもないから。だって、どちらも「占い」ですもん！

田中　イギリスでもモダンと古典が批判し合うという時期はありましたが、今ではそういったことは少なくなってきていると思います。興味のあるなしはありますが。

古典派（伝統派）という方でも、多くはモダンから学習されていますし、学習人口でいうと、**現状は圧倒的にモダンを学習されている人のほうが多い**です。

最近の欧米では、モダンの人でも古典の技法を取り入れたりしますが、ただ、取り入れ方はしっかりしないといけないですね。結局、心理傾向に改変してしまう人もいるので。

私は古典派ではあるんですが、上から目線の偏狭でドグマティックな態度を取っている人を見ると、少しげんなりしてしまいます。

ところで当時、ホラリー占星術の本を日本人が書いたのは珍しかったんじゃないですか？

いけだ　私としては、情熱だけで書いたので、紹介しきれなかったことも多々あります。

田中　あの本を書かれた当時と今では、考え方に違いがありますか？

いけだ　違いは、圧倒的な実証の差です。当時は、研究してはいたものの、理論だけで突っ走っていました。

田中　今は事例がたくさん溜まったわけですね？

いけだ　はい。しかも、当時は大して意義を見出せなかった技法が、じつはすごく重要だったと気づいたり。だから、ワークブックとかを作りたいですね。

ウィリアム・リリーの本の内容は、圧倒的な実感を伴っている感じです。リリーの場合、「そう言っておいて、その結論？」みたいに、ロジックが破綻することが多々あります。でもあれは「そうしたほうが当たる」という、本人の実感からきているんですよ。

私は自分の本ではロジック破綻させないように押し切っているんですが、のちにまったくアスペクトがないのに、パラレルだけで結婚したりなどの実例に出会ってしまうこともあります。そういうのが、実例でさまざまなケースとしてあたってゆくうちにわかってくるんです。それを突き詰めていくと、リリーみたいに散々理屈で教えておいて、実践では唐突に別の回路を使ってチャートを読み解くという「技」を繰り出すようになる。

田中　確かにそうなんです。伝統占星術が陥りやすいところは、そこだと思うんです。見ていると、理論だけでつじつまを合わせようとして、結局、外す場合があるのかなと。

いけだ　私が鑑定し続けたいのは、そこなんです。「実例として、こういう結果が出た」という部分の楽しさ。「天体の配置を、この人はこんな感じで事象化しているんだ」という部分。
　要するに、大宇宙の天体ばかりじゃなくて、人間という小宇宙のほうも見るということ。「私という小宇宙側では、こういうふうに体現しています」という実例を見るのが、私は好きなんでしょうね。『クリスチャン・アストロロジー』の日本語版が出てくれたおかげで、ホラリーを勉強する人が増えてきました。

田中　増えてきたんですね。皆さん『クリスチャン・アストロロジー』を読まれていますか？

いけだ　「絶対読むように」と言っています。

田中　ありがとうございます。

いけだ　翻訳で、植物の名前とか大変じゃなかったですか？

田中　かなり大変でした。すべて翻訳し終わった後、占星術家でもあり、ハーバリストでもある岸延江さんに翻訳のチェックをしてもらいました。というのも、翻訳の過程でいろいろと問題があったからです。まず辞書によって植物の翻訳名が違っていたんですよ。和名の場合もあれば学術名の場合もあったり、統一されていないんです。

すべて翻訳してチェックしてもらってわかったんですが、現在イギリスからハーブが直接輸入されているので、日本語に翻訳しなくても英語のカタカナ表記でよかったりしたんです。あとイギリスと日本では土壌が違っていて、イギリスの土壌には石灰が多く含まれているので、同じ植物であってもイギリスと日本では成分が違うということがあるようなんです。ですから同じものではないので、英語の表記のままのほうが正しいのかもしれません。これはもう、専門家に聞かないといけないレベルですよね。

いけだ　『クリスチャン・アストロロジー』では、鉱物、植物、動物と惑星の支配関係を徹底的に分けてくれていて、量が膨大なので、こういう翻訳作業は本当にしんどいことだったと思います。

田中　岸さんに、植物の翻訳をチェックするという大変な作業をやっていただけて、ありがたかったですね。

タロットとホラリー占星術のそれぞれの良さ

田中　タロットとホラリー占星術をされていますが、使い分けをしていますか？

いけだ　私にとって、**タロットは〝対話〟**なんです。「じゃあ、もう一枚引いてみましょうか」みたいな感じで、ひたすら引いていくというか。

問題がすごくこじれているときに、**夜中に親友に電話して何時間もしゃべるみたいなノリ**というか。私自身は長電話は苦手なので、人をわずらわせるよりも、自分でひたすらカードを引いていくんですけど。

ホラリーはどちらかというと、**現在地を地図のように眺めた視点での情報が得られます**。星は時間軸で動いているので、その時に切り取った時間軸に対し、マクロとミクロの視点から、今どうなっているのかがわかります。なので、ホラリーは、**〝今の自分を鏡で確認できる感覚〟**です。

タロットとの〝対話〟は、そのときによって繋がる相手（対象）が違うかもしれませんが、私の場合、ひたすらカードをめくります。テーブルクロスもロウソクも使わず、シャッフルもほとんどしないです。

田中　僕もそうです。シャッフルはしますが、スプレッド（カードの展開方法）は関係ないです。結局、**尋ねたいことを心に思ってカードを引けば、答えが出ます**から。２枚引きをして、ひとつの文章にしたり。

鑑定のときは、タロットとホラリーのどちらを行いますか？

いけだ　どちらもです。多分、相談者はタロットをめくってほしいんです。

鑑定では、まず占星術のトランジット（特定の日時の天体配置）でタイムテーブルを作って、具体的なアドバイスをします。

ネイタル（出生図）の性格判断は、最初の５分くらい。「あなたは金星の影響が強いから、調和を重んじる人ね」「火星の人だから、戦う人生ですね」みたいな感じです。

その後に、タロットカードを切り始めたら、顔がパァーッと変わってワクワクした感じで、前のめりになる方が多いです。

私はタロットでは、自分で編み出した「**オルタナティブ法**」というのをするんですね。オルタナティブって「選択肢」という意味で、選択肢のある質問に関してはホラリーで聞けないんです。ハウス回しではうまくいかないんですよ。鑑定終了の10分前くらいからタロットで占います。A案、B案、C案など、複数の可能性に対し、どれにフォーカスしたらどうなるかをタロットで導き出します。

田中　ホラリーはいつ使いますか？

いけだ「この人と結婚しますか？」のような、関係性にまつわる質問の時に使います。ホラリーは、どの惑星が何を示しているかをはっきりあぶり指す技法に満ちているので、登場人物の関係性と動きをみることに、とても適しています。

自分の「リリス」＝かわいげない面を知ると女性は生きやすくなる！

田中　講座では、**月の遠地点であるブラックムーン「リリス」**（※詳しくは、文末のQ＆Aで解説）についての講座が大人気のようですが、そもそもリリスについて研究されたきっかけは？

いけだ　**付き合っている人のことが知りたかったん**です。その人のリリスが、私の金星と「合」（惑星同士の角度が０度であり、惑星の意味が強まる）で、私のリリスが相手の月と「合」。そういう動機でした。

「〝合〟同士ってすごくない？」と思って、もっと知りたかったけど、そんなに資料がなくて。Amazonでたまたま買ったリリスに関する洋書『Lilith: Healing the Wild』（Tom Jacobs著）が、私にとって大当たりでした。この本には、従来のリリスに当てはめられた「性的嗜好や、性愛を示すポイント」という解釈には収まりきらない、女性が内包する動物的本能に切り込むことが書いてありました。

田中　では、鑑定でも「リリス」の位置するハウスを調べますか？

いけだ　聞かれたら調べます。「リリスがこうだと、○○な性的傾向」みたいな解釈が多いかと思いますが、積極的な性衝動は、火星をみたほうがわかるのではないかと。また、好みのタイプは、月のコンディションのほうが適任。

ではなぜ、リリスを調べなくてはならないかを、私としてはすみ分けたい。

リリスは惑星ではなく月のアポジーポイント（遠地点）なので、能動的な性衝動を担う火星と、真逆の受動的性を担うと推測することができる。つまり、何に欲情するかではなく、**どのように欲情され、何が相手を挑発し、何が相手を怒らせるかを示すポイント**になるはずです。

またリリスは、パートナーには言えない秘めたる変態性（フェチズム）という部分まで、切り込まなければならなくて。

その変態性とは、性的な部分に限らず、ある分野において一般的なレベルを超えるくらいの過激さを表していて、〝**その人が社会不適合になりやすい部分**〟です。

当人のリリスが顔をのぞかせた時、社会が持つ「オッサン的側面」の逆鱗に触れたり、摩擦や衝突を引き起こします。「オッサン的側面」とは、たとえば、縦社会における「暗黙の了解」などです。そういった暗黙の了解に対して、**迎合できないポイントを教えてくれる**のが、リリスかもしれません。この部分は、特に女性が社会進出した時に大きな影響を与えます。

女性には相手の言うことをどうしても聞かない「聞かん坊」「跳ねっ返り」な部分があり、それが人生の中でいつも繰り返すパターンとして現れます。

リリスがもたらす特有の「かわいげのなさ」が、結婚生活を破綻させたり、会社を辞めたりするのを招く場合もあるんです。

女性にとって、「ある特定のことになると迎合できない」という部分は、リリスの影響を受けている可能性が高いといえます。ホロスコープ上で「リリスが位置するハウスが司るテーマ」が、「男性社会=縦社会が求める秩序や序例」に対し、不適合を起こしやすい分野を示しています。

だから、リリスが示す、どうにも御しがたい自分の中の野性を直視できれば、社会とのフリクション（摩擦や衝突）を回避できたり、ある程度コントロールできるようになるかもしれませんね。

開運とは覚悟を決めて別のステージに行くこと

田中　では、運を良くするには、「まずはホロスコープで自分を知って、コントロールする」ということとですか？

いけだ　田中さんはどうされてます？　そもそも芸人として花咲きたくて、占いの世界に入られましたよね。私は相手に好かれているかを知りたくて、この世界に入ったので、運についてはあまり考えたことはないです。

田中　僕は中国系の占いもやっているので、風水や方位学ですね。占星術なら日時選定《エレクション》です。開運法の定義にもよりますが、「**運の底上げ**」なんですよね。これはあくまで僕の意見ですが。だから、凶を吉に変えるまではいかなくて、〝**悪い状態を普通くらいまでに持っていけるもの**〟と考えています。

いけだ　じゃあ、お薬みたいなもの？　病気は治らないけど。

田中　ほどほどにはなるけど、という感じですね。命術を否定するまでには至らないと。あと、〝**良い状態をさらに良く**〟もしますね。

いけだ　私は強迫的に、開運することには躊躇があるタイプで。開運してしまったら、他の部分で帳尻があっていくから。

要するに、お金持ちになったら、それ相応の努力を強いられるわけで、今みたいに大好きな編み物ができなくなってしまうのはイヤだし、「お金が欲しい」と願ったがために健康を損なうのはイヤだし、そこのステージに行く気がないというか。

田中 "何かを得れば、何かを失う"という感覚ですか?

いけだ 失うとは思わないけれど、それ相応の生活になるから、覚悟ができてない限り、そのステージには行きたくないです。そう考えると、私は開運のために占いはやったことがないかもしれない。

悪い結果が出たとしても通過点にすぎない

田中 鑑定で悪い結果が出た時は、どう対応されますか?

いけだ 結局、**悪い結果とは何かというと、「通過点」**なんです。そのことをお知らせします。

西洋占星術では、「火星の影響下にある間は、こういう出来事に見舞われるけど、それが○月○日の○時○分までです」というように、分刻みで判明させられます。

私はそれに対し、けっこうな使命感を持っていて。たとえば、医者に行って、何が聞きたいかというと、まずは病名を明確にしてもらうことと、何日間薬を飲めば治るのか、ということです。

だから、**その影響下にあるのがいつまでかを判明させれば、「なんだ、通過点にすぎないのか」と理解してもらえる**と思うんです。

田中　タロットで鑑定しているとたまに、占う対象ではなく、自分の気持ちがタロットに現れる時がありますよね。鑑定相手のその時の気持ちとかも。

いけだ　それ、ありますよね。たまに、自分の中のネガティブなサイクルに入り込んでいる相談者がいます。**マイナスな感情が優先している人は、その不安さばかりが、めくったカードに現れる**ことがあります。

ですので、タロットは私からすると、**ラジオのチューナーのようなもの**です。何につながるかはその人によるので、停滞したスパイラルの低次意識に繋がりやすい人だと、「何回占っても、今は混乱したカードしか出ないなぁ」って。

田中　その人が落ち込んでいる時は、何度引いても悪いカードが出て、その人の気分が上に向いてくると、良いカードが出てきやすくなる時もあります。

だから、タロットは当たらないということではなくて、相手の心と繋がってしまうという。

いけだ　運の強い人は、何回カードを引いても良いカードしか出ないし、そういう人は、自分がヘマをするイメージを一切思い描いていません。

その辺も含めて、タロットはコンスタントに6～7割の安定した的中率を叩き出せるので、占いのツールとして優秀だと思います。

その点、西洋占星術のホラリーは、テクニカルな部分に溺れたり、読み手のコンディションで的中率が変わります。読み取る際の要点を見逃すと、的中率が下がるんです。

ただし、答え合わせをした時には、**圧倒的にホラリー占星術のほうが当たっています。星は、地上活動の映し鏡だから**です。

田中　「過去を辿っていくと、そのとおりだった」ということですね。

芸能人とかが事件を起こすと、占い師が後読みで検証すれば、占いの理論的に当たっているじゃないですか。でも、その芸能人が事件を起こす前に占い師のもとに来ていたら、その時点で、結果を言い当てられたのか？ということですよね。

いけだ　そこなんです。ひとつのシンボルには、意味がいくつかありますから。

田中　その中からひとつが現象化するので。過去を見ればどれが現象化したかわかるんですが、これからのことについては、その中からどれかが現象化することになるので、どれかを言うか、あるいはどれとは言わず、「ここからこの範囲で出ます」と言うか、ということになったりします。

いけだ　そのシンボリズムの指針になるのが『クリスチャン・アストロロジー』なんです。古典的な原形に近いシンボルの意味が書かれています。「この惑星はこれを表しています」という、共通認識としての意味が書かれている教典じゃないですか。この意味は誰かが勝手に考えたものではないので、絶対に当たっておかないといけない原典のひとつなんですね。

だからこの『クリスチャン・アストロロジー』が翻訳されるというのは、すごく意義があります。

近代以降の占星術はサイン重視になって、サインの意味が豊富なんですが、惑星については手薄になってしまったんです。逆に、古典を見れば、サインの意味はスカスカなんですけど。

田中　場所やどこの町とか。

いけだ　古典だと惑星のほうに意味がたくさんあって。

田中　性格判断でいうと、古典ではサインにもどんな性格かという記述はあるにはあるんですが、かなり少なくて、性格の意味は圧倒的に惑星のほうが多いです。

運命が変わるのは別の自分へとテレポートすること

田中　宿命と選択（自由意志）の関係性について、どうお考えですか？

いけだ　宿命はあると思います。生まれた時の星の配置は動かず、星の軌道は決められていますが、それに対してどう反応するかは、果てしなく自由です。

だから、私は「起こる出来事は意味がないもので、意味を与えているのは人間にすぎない」と考えているんです。どういう意味を与えるかは、自由です。

たとえば、雷が鳴りました。これを宿命とすれば、ある人は怖がるし、ある人は光っているのを見に行きたくなるかもしれない。だから、本人が宿命と自由意志を一緒に捉えたら、混乱すると思います。

田中　出来事に対し、どう対処していくかは自由意志という？

いけだ　そうですね。たとえば、パラレルワールドがあり、**どの次元に自分をフォーカスするかに**

よって、人生の次元や路線が切り替わることがあると思います。

そういう意味での選択肢はあるけれど、同じ次元にある世界での選択肢は、ほとんどないと思っているんです。遺伝的なことも決まっているし。だから、私としては「この世界で生きることは、ものすごく不自由である」と認識しているんです。

でも、「テレポート」は瞬時瞬時に繰り返しているんじゃないでしょうか。**運の分かれ道は同じ世界の軸上には存在しないけど、次元を切り替えることならできる**というか。

たとえば、〝働きかけや気の持ちようをほんの少しズラしただけで、ある瞬間に、パッと目の前が開ける〟という、運命が変わる瞬間ってあるでしょう?

田中　あるかもしれないですね。

いけだ　それを私は、〝**別の世界へとテレポートしてる**〟と思っているんです(笑)。波長の違う、別の自分の人生のほうにテレポートして、それまでの過去は、新しい世界の軸上にはないんじゃないか、って。

だから、先ほどの話の〝開運する〟ということは、そのことを意味すると思っています。本気で開運しようと思ったら、ハンパない働きかけが必要なはずです。「過去は古い世界に捨ててきた」。それくらいの勢いでないと運命は変わらない。

ということは、考え方も生活習慣も変えられる人というのは、その時点で、別の世界軸へと乗り換えて、テレポートしてきたからなんじゃないかと（笑）。

たとえば、人間同士の関係性なんていうものは非常に流動的で、言葉の選び方ひとつで相手に与える印象も、二人の間に流れる空気もガラッと変わります。

昔、山Ｐ（山下智之）と長澤まさみが出ていた『プロポーズ大作戦』というドラマがありましたが、結果がわかっていても、過去の自分を変えることの難しさをうまく描いていたと思います。もうちょっと崇高なところでは、リチャード・バック、フィリップ・Ｋ・ディックやケン・グリムウッドなどの作家が、そういったテーマを扱った小説をいくつか書いていますよね。

占いの精度と占い師の人格の関係

田中　占いの精度と占い師の人格は、関係あると思いますか？

いけだ　その人の人生観やボキャブラリーを超えたものは提供できないでしょうね。ただし、たまに「幸せな人生を送っている占い師でないと、占ってもらってはいけない」とか、「不幸そうな占い師にいいアドバイスができるわけがない」という説を耳にしますが、私はそれには否定的なんです。

占い師はむしろ、ホームレスでも不自由な人生でも、なんでもいいんじゃないかって。

私は鑑定の際には、〝**受け取り手がその時必要な情報を必要な分、持って帰る**〟**ということに対して、ものすごく信頼しています**。逆にここを信頼していないことには、何も言えない。人様の人生に口出しなんて、恐ろしくてとてもできないです。

それが犬や小鳥の引いてくる神託だろうが、道端に落ちている新聞紙の切れ端だろうが、メッセージを受け取れれば、発信者が何かは関係ない。占い師はただの「媒体を通訳するマシーン」だからです。

そもそも、**集合意識や宇宙意識、あるいは下位意識のようなものに繋がるアンテナを扱う仕事をしている人が、まともな人生を送っているというのも、おかしな話**じゃないですか?　まともな人生送れるくらいなら、占い師なんてやってないわい、という。

それに、受け取り手がちゃんとアドバイスを受け取ってくれないと、どんな優秀な占い師が何時間説明しても、不毛ですね。

変化を受け入れる準備がない人は、誰に何度占ってもらっても、変わることなんてできないでしょう。

技術について

田中　技術についてお聞きします。ハウスシステムは何を使っていますか？

いけだ　ネイタルを読むときは、広く浸透しているという利便性から「プラシーダス」です。ホラリーでは「レギオモンタヌス」かな。最近では必ず、「ホールサイン」も併用します。

田中　アスペクトは何を使っていますか？

いけだ　5つのサイン間のアスペクトと、30度、150度のアスペクトです。

田中　外惑星は？

いけだ　使います。でもルーラーシップとしては、補足的にしか使わないです。

田中　7つの惑星のディグニティはどう解釈されていますか？

いけだ　「エッセンシャル・ディグニティ」で価値とか健康状態とかを見て、「アクシデンタル・ディグニティ」で稼働力やどの惑星が主導権を握っているかを見ます。

エッセンシャル・ディグニティは品質で、アクシデンタル・ディグニティは使用頻度や使いやすさなんです。

結婚式の引き出物で、桐の箱に入ったすごく切れるハサミをもらっても、引き出しの中に入れていると使わないいじゃないですか。これはエッセンシャル・ディグニティが良くて、アクシデンタル・ディグニティが悪い状態です。でも100円ショップのハサミは毎日使います。これはエッセンシャル・ディグニティが悪くて、アクシデンタル・ディグニティが良い状態です。だからエッセンシャル・ディグニティとアクシデンタル・ディグニティを足して合計するんではなくて、それぞれで考えるんです。

田中　アクシデンタル・ディグニティが高いと、凶星は良い意味が出ますか？

いけだ　惑星が持つ吉意や凶意そのものは変わりませんが、アクシデンタルが強い惑星は、それより弱い惑星に対して優位性を持ちます。

田中　ホラリーで外惑星は？

いけだ　使います。

田中　効いていますか？

いけだ　外惑星はアクシデンタルだけ使います。でもドミサイルのサインにいる時だけは、ドミサイルにいると考えます。たとえば、海王星が魚座にいる時はドミサイルにいると考えて、牡羊座に移った時は魚座の支配星が牡羊座にあるというふうには考えないです。

田中　そういう使い方をされているんですね。

あとホラリーで、質問のテーマのシグニフィケーターになるハウスルーラーと月で矛盾する場合、どちらを優先しますか？　たとえば、月の状態は良いけど、ハウスルーラーの状態が悪いといった場合ですね。

いけだ　優先順位だと、最優先はハウスの支配星、二次的に月です。でも体調とか占うときは月だけど、基本的にはハウスのほうが優先ですね。

田中　予測法は何を使っていますか？

いけだ　主にトランジットと、セカンダリー・プログレッションですが、最近は流行りのプロフェクションで年運を。

占いの情報はどんどんオープンになっていく

田中　占いは今後、どうなっていくと思われますか？

いけだ　占いは基本的に、廃れることもなければ、メインストリームになることも絶対にないと思います。ずっと、**まがまがしく怪しい世界**というポジションでありながら、性風俗と一緒で、絶対になくならない。ですので、**未来永劫、安泰**です（笑）。

今後の占い界は、情報を共有する速度と広がりがどんどん加速してゆくでしょうね。これまでのような、囲い込みや情報の専有は難しくなると思います。

田中　西洋占星術業界は、かなりオープンですよね。

いけだ　だから、ますます西洋が強くなるというか、**研究結果を共有する速度がハンパない**です。たとえば、クリス・ブレナン（アメリカの若手占星術家）は、ネットを通じてデンバーから全世界にアストロロジー・ポッドキャストを膨大に配信していますが、ツイッター上でも「私のハウスを教えてください」という少女の要望に対しても、いちいち答えているんです。どこまで答えるかを見ていたら、全部答えていました（笑）。

田中　欧米では、古典占星術を教える30代から40代半ばの人が増えて、Zoomなどで英語の講義を行っていますね。値段も安いことが多く、その講義に何千人と参加している時もあります。だから最近ネットの時代になって、英語の需要が増えてきているように思えます。読むだけではなくて、聞いて話せることもですね。

今は申し込んだら郵送で送られてくる時代ではなくて、申し込んだらすぐに映像が観れて、ＰＤＦもダウンロードできるようになっていて、すぐに勉強できるようになっています。

いけだ　ちょっと前ならアメリカの占星術専門のネット書店の「astrology center of America」で注文して、３週間待ってやっと届いて、という時代だったんですよね。届いたときはもう宝物が届いた感じで。でも今はAmazonですぐに届きますし。

田中　送料も今は２５０円ですし（笑）。

いけだ　「astrology center of America」の店長のデイブさんが、数年前に亡くなりました。ひとつの時代が終わったなぁと思って。彼の書く書評があるんですが、それしか参考になるものがないので、デイブさんが「この本良いよ」とか書いていたら、それを信じて高額な本を買うという。

田中　本を買う基準でしたよね。ネットのおかげで、占星術の研究とその結果を共有するスピードが速くなりますよね。

いけだ　情報の共有が加速化している中でも、突出した貢献をされたのが、ベンジャミン・ダイクスさんです。彼はアラビア語やラテン語などの重要な古文献を、次々に英語に翻訳しています。

その人の本を、さらに田中さんが日本語に翻訳※されましたよね（※『現代占星術家《モダンアストロロジャー》のための伝統占星術入門』太玄社が刊行）。

そのダイクスさんが、今年（２０１９年）６月に、ナチュラルスピリットさん主催でワークショップをされることになり、私は通訳をすることになりました。ダイクスさんの研究から始まる、ペルシャ語・アラビア語・ラテン語↓英語↓日本語↓口語という流れの、最後の部分の大役を担わせていただきます。それに恐れをなして、毎日震えています（笑）。

田中　彼は伝統占星術では、世界的にリードする人物の一人で、講義のレベルが高くてわかりやすく、人気があります。本が発売されたばかりなので、ぜひ読んでください。「占星術の哲学的な部分」についても書かれています。

いけだ　今日の取材は「魚座の月の日」なので、〝話がとめどなく広がりがち〟な星の配置でした。しかも、田中さんと私の太陽星座と月星座は、どちらも60度なので対談が盛り上りました。60度という角度は、とにかく煽り合うんですよ。
　空の月が田中さんの太陽星座と180度にあったことも、エネルギー値が上がる要因になるので、興奮したんでしょうね。

田中　確かに、星の配置のとおりに盛り上がりましたね。

おまけのQ&A　教えて、いけださん

Q　占星術で「リリス」は独特の位置づけにあるようですが、そもそも、どのようなものなのですか？

A　近代になってからのリリスの扱いは、「性的衝動・性的嗜好」の部分を読めるものというアプローチが多いようです。
　だから私は単純に「肉体的な相性も、これでわかるんや。自分と相手の星の相性を調べねば」と思って、調べ始めたんですけど。
　どうやらユダヤ教におけるリリス神話の扱いは、日本の鬼子母神みたいに男児を害する魔女み

たいな位置づけにあるようです。

女神として崇められる一方で、とても恐れられていて、ユダヤ人は男児が生まれたら、7歳まで髪を切らずに伸ばしているそうです。リリスにたぶらかされないよう、女の子に見える服も着せて、3つの天使を意味するお守りを持たせるのだとか。

聖書におけるリリスの扱いは、葬り去られたのか、描かれていないロールを担います。神話によると、新約聖書で一般的に広く知られているアダムとイブ以前に、もう一人の女性の元型があったようです。

はじめ、神さまは同じ土から対極を創りました。世界に二人しかいない男女のペアは、互いを愛し強く求め合いますが、リリスは、アダムが性行為においていつも優位なポジションどりをすることに抗議して、対等を主張しますが、物別れとなり最果ての島へと飛び出しました。

アダムはリリスに「戻って来てほしい」と懇願しましたが、戻らなかったリリスは最果ての地で、たくさん子ども（リリム）を産みました。帰ってこないことに激昂したアダムは、リリスの子どもリリムを次々に殺し、絶望したリリスは海に身を投げて自死を試みました。説得に派遣されていた天使たちは、リリスを憐れみ、リリスの姿をウミヘビにして蘇らせ、リリスはアダムとイブの末裔に対する「生死の決定権」を握ることになったんです。

自分とアダムの対等を譲らず、目には目を返した女性の象徴がリリスなのかもしれません。

一方でアダムの肋骨から生み出されたというイブは、一説には蛇に姿を変えられたリリスが知恵の実を食べさせるまでは、男性に従順な頭がからっぽな女性の象徴のような扱いです。アダムとイブの創世記は、フェミニストたちには受け入れがたい神話ですね。

リリスが本当にいたかどうか、新約聖書がそこの部分を削除したかどうかが、論争の元になっています。

近代になってから、「男性は女性の染色体が突然変異して男性になる」ということがわかりました。遺伝学的に「女性ありき」と判明したとき、キリスト教社会の女性たちは、やっと新約聖書のイブがアダムの肋骨から創生されたという呪いから解放されたのかもしれません。

アマテラスのような女神が天のトップである日本人と違い、創世記の部分での劣勢を押し付けられていた西洋の女性たちは、まずはそこから闘わなければならなかったわけです。

考えてみれば、リリスが「とんでもない凶星」とみなされていることも、フェミニストたちにとって激怒な話なんです。

「そこを見ずに、リリスは語れない」ということを指摘していたのが、私がたまたま最初に買ったリリスの洋書でした。

なので、占星術的内容の部分よりも、そっちの前置きのほうに面白みを感じてしまい、日本でもこういう前提を共有したいなと思って、私なりに「フェミニズムの種類」と「星座別リリス」を区分けしたりし始めて、講座をやってみたら、驚くほどの反響があったんです。

vol.5 占星術研究家 芳垣宗久

『ピカトリクス』にのっとり、
特別なタイミングで星の力と繋がれば、
願いを叶えることができます

『The Complete Picatrix』(John Michael Greer & Christopher Warnock) より

芳垣宗久

よしがき　むねひさ／占星術研究家、鍼灸治療家。ホロスコープを人間の創造力を引き出す思考ツールとしてとらえ、古典から近代のテクニックまで幅広く研究。個人相談や原稿執筆のほか、セミナー・講演等も積極的に行っている。占星術スクール「ヘルメス学園」主催。著書に『女神からの愛のメッセージ 小惑星占星術』(説話社)、『超開運 ダウジングでどんどん幸せになる本！』(芸文社)、共著に『もっと深く知りたい！ 12星座占い』(説話社)がある。
https://munehisa-yoshigaki.com/
https://twitter.com/astrohund

噂を呼んだ学生時代の手相とタロット鑑定

田中 生まれはどちらですか？

芳垣宗久さん（以下、敬称略） 東京都大田区の、映画の街・蒲田です。

田中 占いに興味を持ったのはいつからですか？

芳垣 中学生のときでした。父親が買った雑誌に、手相の袋とじ企画があったんです。天下取りはこんな手相だ、みたいな。弟の手相をその場で見て、「これは面白いなぁ」と思って。

その場で丸暗記したら、次の日から占い師になっちゃったんですよ。学校に行って、「おまえ、手相見せてみろよ」って。

田中 はははは！

芳垣　「おまえは受験に失敗して浪人する」とか、ひどいことといっぱい言いましたね。でも、みんなが手相を見せに来て噂が広まったんです。そして行列ができ始め、いい気分になって「どれどれ、う～ん」と預言者気取りでした（笑）。

それが、わりと当たったんです。「おまえは芸術家だ」「あぁ、やっぱり」とか。そのうち先輩や先生とかも来るようになって、「**占い師**」というあだ名になったんです。それがきっかけですね。

田中　へぇ～、そうだったんですね。

芳垣　ある時、先輩が「占い好きなの？これあげるね」と、タロットカードをくれたんです。その日から、タロット占いを始めました。

田中　どんなタロットでしたか？

芳垣　マルセイユ版だったと思います。簡単な説明書がありましたが、どうせ覚えられないからと、**絵柄で読み解いて**いました。でも、今思うと、**それは正しい占い方**でしたね。3人が描かれた絵柄だと、そこから受け取るインスピレーションで、ライバルを表していると感じたり。

死神とかの不吉な絵柄が出ると、みんな怖がりますが、「安心しろ、もう1枚引けば解決策がわかるんだ」とか言って。そうやって引いた解決策のカードの意味が当たっていたので、我ながら「よくやっていたなぁ」と思います。

田中　ははは。

芳垣　私がいた学校はヤンキーの怖い先輩がいて、目立つといじめられたんです。自分は中一の夏休みくらいから目立っていたので、ついに呼び出しが来ました。逃げてもいじめられるので、行くしかないなと。剣道部の部室が怖い先輩の溜まり場で、そこに行ったら、待っていたわけです。「おまえ、占いができるんだって?ちょっとやれよ」と机に座らされました。やるしかないので、「じゃあ、手相を拝見！」と先輩の手相を鑑定したら、いろいろと当たったんです。

「すげー！彼女呼んでくるわ」と言われて、女の子が来てくれたら少しは和やかになるだろうから「あぁ、助かった」と思って。先輩たちは次々と手を差し出すので、その手相を見て、タロットでも鑑定して。「おまえ、すごいなー！当たってるよ」と言われて、仲良くなったんですよ。

田中　はははは！

芳垣　「占いの力はすごいな」と思いましたね。でも、一番怖い先輩がやって来たんです。目つきも強烈だし、体格もでかいし、「俺は信じない。インチキを暴く！」と言い出して。

質問もすごくて、「俺は今までの人生で1回だけ引っ越しをしたことがある。それがいつだったか当てろ」と言われたんです。
「ここで外れたらずっといじめられるかもしれない」と思って、パニックになりながら、まずは手相を見て、「タロットに聞きます」と言いながら、どうやって切り抜けたらいいかを数分間考えました。そのとき、彼が幼稚園の夏休みが終わって、みんなに「バイバイ」って言っているシーンを、なんとなく感じたんです。
「幼稚園の年長さんのときの夏休みですよね」と答えたら、「なんでわかった？」と言われました。本当にそうだったんです。多分、何らかの事情で引っ越しして、大変な時だったんでしょうね。シーンとなって、その先輩から「おまえは本物だと思う。今日から俺がおまえのマネージャーだ。芳垣に占ってもらう時は俺を通さないといけない」と言われました（笑）。

田中　それはそれで怖いですね（笑）。

芳垣　それからは、すごくよくしてくれたんです。気配が近づくと皆が逃げるくらいのヤンキー集団なのに、私だけには「遊ぼうぜ」って声をかけてくれて、ある意味、幸せでしたね。
そこで味をしめました。占いって、**相談事にのるカウンセラー的な役割でもあり、いろいろな人と仲良くなれる**んです。

2年間のひきこもりと占いの現場を知ったショック

田中 それから、ずーっと占いを学校でやっていたんですか？

芳垣 高校生の頃には疲れてしまい、大々的にはやらなくなりました。それに、高校を卒業してから、2年ほどひきこもりになったんですよ（笑）。

田中 そうだったんですか。

芳垣 アルバイトをする気にもなれず、オカルト系の占いの本を読む生活でした。

田中 2年間もひきこもりに？

芳垣 その時は、この先、どうしたらいいのかを深刻に考えていたんです。「どうしよう、どうしよう」って、半分ノイローゼに近かったですね。親も悩んじゃって。

当時は80年代の占いブームで、テレビにたくさんの占い師が出演していました。今と違うのは、**怪しそうな雰囲気の占い師がいたこと**。肩にカラスがとまっていたり、パフォーマンス的な占いをされる方が多かったです。それを目にして、「会社員は無理だけど、占いならできるかな」と思いました。

そこで、どうやって占っているのか、友人の口コミを頼りに、占いブースがいくつかある建物に偵察に行きました。出会ったのは、ひどい占い師で。

おばちゃんのいるブースを覗いたら、「座りなさい。何を悩んでいるの？」と言われたので、「将来、何をしていいのかわからない。自分が何者かもわからない。自信がない」と話しました。

おばちゃんは「なるほどね」と言って、九星気学の本を出して、そこに書いてあることを読み上げたんです。「あなたに向いているのは、結婚式の司会、弁護士、金物屋」って。一生懸命メモったけど、何の脈絡もなくて（笑）。

「あんた、生まれつき運が悪いから、これ買いなさい」とラピスラズリのペンダントを差し出されて、「それで運が良くなるならいいかな」と催眠にかかったように買って、身に付けて帰りました（笑）。

でも、そのペンダントを誤って洗濯したらボロボロに崩れたんです。偽物でした。その時に、「二度と占いには行かない。占いってひどい！自分は絶対、占い師にはならない」と決めました。

そんな自分が、今は占い師ですからね（笑）。

田中　ははは。

夢の中で松村潔さんに導かれた占星術への道

芳垣　あれ以来、「あんな変な人を負かしてやるくらいになればいい」という動機も生まれて、結局、占いの本をたくさん読むようになりました。でも、占星術は難しくて。自分のホロスコープを調べたら、水星がコンバストで〝知能が低い〟と書かれていて落ち込みましたね（笑）。

他にいい本がないかと本屋に行ったら、**松村潔先生のサビアン占星術の本**が目に入ったんです。ざっと目を通して、「何、この内容。頭がおかしいんじゃない？ こんな本を読んだら、変な人になっちゃう。占星術はやめよう」と思って、本棚に戻したんです。

当時は暇だったので、毎日夢日記をつけていて、その夜に見た夢はこんな内容でした。

夜道を歩いていたら、地震が起きて、ビルが崩れました。煙がもうもうと上がって、「えらいことになったなぁ！」と思っていたら、その煙の中から松村潔先生が現れたんです。

田中　松村先生が⁉（笑）

芳垣　雑誌で顔を見て知っていたので、「あれ⁉ 松村先生ですか？」と話しかけたら、片腕がなくて、水木しげる先生と合体しているような姿でした。先生は、昨日本棚に戻したあの本を持っていて、私の胸に押し付けてきました。

「え、くれるんですか?」と聞いたら、**「あげます。占星術はまだ使えるんですよ」という謎の言葉**を残して消えたんです。

朝、起きて夢日記を書きながら、「夢の意味を知るには、あの本を読むしかないな」と、本棚に戻した本を買いに行きました。そうしたら、内容にハマってしまい、しばらくしてから先生のもとに入門したんです。1999年の27歳のときのことです。

あの夢を見てなかったら、今の自分はいないかもしれないです。

田中　へぇ〜、そうだったんですか!

芳垣　松村先生のもとで勉強しているとき、先生が初心者コースの講師を募っていたんですが、名乗りをあげたら認めてもらえて、いきなり講師として教えることになったんです。

占いオタクの自分としては、「受講者には、絶対負けない」という自信があったけど、その学校にはかなりのオタクたちがいて、難しい質問をされるので対応しきれなくて。そこからさらに、勉強するようになりましたね。

たとえば、水星は言葉とコミュニケーションの星ですが、「なぜ、その意味を持つのか?」と質問されると、答えられない。調べると、こういうことでした。

水星の動きは行ったり来たりを繰り返していて、言葉やコミュニケーションも行ったり来たりしている。これは、〝「天でなされることが地でもなされる」〟というヘルメスの教えからきているということがわかったんです。

それがきっかけで、占星術の古典を読み始めて、さらに道が拓けてきました。日本の先生で、惑星が持つ意味をちゃんと答えてくれる人は、ほとんどいなかったですね。

「昔からそうなんだから、深く追求しなくていいんです」とか、すごい回答だと「私がチャネリングで星と繋がって聞いた意味だから」とか。でも、そういうものじゃありません。

占星術や魔術の法則は、自然現象を哲学的に考察して導き出されたのであって、適当な思いつきで作られたものではないんです。

大ピンチを迎えたオーストラリアで占い師デビュー

田中　ところで、占い師として現場デビューしたのはいつですか？

芳垣　26歳の時、「日本には帰らない」と言って、1年間オーストラリアに行ったんです。それがデビューのきっかけになりました。

ケアンズという観光地に滞在したんですが、所持金が8万円しかなかったので、すぐに路頭に迷いました。帰りの航空券も持っていない状況なので、どうしようと困り果てて。

アルバイトするにも募集があまりなくて、帰りの航空券も買えないし、知り合いがいるわけでもない。あまりにつらくて公園で泣いていたんです。

そのとき、公園にシートを敷いてタロット占いをしている女性が目に入りました。「あ、そうだ、自分は占いができたな。それでお金をもらえばいいんだ」と思って。彼女にその占いがお金になるか聞いてみたら、「その日にケバブを食べてクラブで遊ぶくらいにはなる」と言います。

早速、タロットカードを買って、ジャパニーズマーケットで「占いやります」という張り紙を出したら、たくさんの人が来てくれたんです。

田中　ジャパニーズマーケットというのは？

芳垣　現地に日本人がやっているマーケットがあり、オーストラリアにいる日本人が食材などを買いに来ていました。少々お金を払うと、その場所に「シェアメイト募集」「ヘアカットします」とか、張り紙を貼っていいことになっているんです。

私の張り紙を見た人たちからは、「すごい人が来ているらしい」と噂になって（笑）。次から次へと人が来て、けっこうなお金になって、家賃も払えたし、帰りの航空券も買えました。

田中　占いって身を助けますね！（笑）

芳垣　あれが、占い師デビューになりました。それまでは、お金をいただくという発想すらなかったですし。現地のミニコミ誌の編集長から依頼されて、12星座占いの原稿を書いたのもオーストラリアでした。

田中　日本に帰ってきたのは？

芳垣　1年後の1998年です。それから接骨院に勤めて、鍼治療の仕事をしながら占いの執筆もするようになりました。

そのあたりから、仕事をシフトしようと考えたんです。治療の仕事も好きで始めたことでしたが、どんなにつらい状況になっても続けられるのは、占いのほうだと思いました。

その頃に母が病気になったので、見舞いに行ったら、「副業として占いをやるのはいいけど、鍼灸の仕事は辞めないように。これは遺言ですから」と言われました。その数日後に亡くなったんです。54歳でした。

まだ若くして亡くなったことにショックでしたが、年を取ってから占いをやろうという考えはダメだと思って、亡くなった3週間後には遺言を破って、職場に退職したいことを伝えたんです。その後、母が3回くらい夢に出てきて怒っていましたけど。

小惑星好きが高じて熱海との運命的なご縁に気づく

田中　最初に書かれた本は、『愛の小惑星占星術』（説話社）でしたよね？　なぜ、そのテーマで書こうと思ったんですか？

芳垣　小惑星が好きで、個人的に研究していて、デメトラ・ジョージが書いた『アメリカ占星学教科書第６巻―小惑星占星学』（魔女の家ＢＯＯＫＳ）がきっかけになりました。

田中　デメトラ・ジョージさんは神話に造詣が深く、先祖はギリシャ人なんです。そういったこともあって、当初は小惑星占星術で有名でしたが、古典的な占星術を研究するようになっていったようです。

芳垣　あの本を訳した方の解説に、「**小惑星はじつは４つだけではなくて、いろいろある。その中に、小惑星『熱海』がある。将来は熱海占いも可能になるだろう**」とありました。

腹を抱えて笑いましたね。それがきっかけとなり、知人に頼んで熱海の天文歴を作ってもらい、冗談半分でメールマガジンに「あなたの熱海占い」の記事を書きました。惑星記号を温泉マークにして、「小惑星・熱海であなたの保養運を占う」みたいなノリで。

友人に見せたら、「これ、絶対うける」と言われて。

田中　ははははは。

芳垣　それで、ふと気になったのが「**小惑星・熱海は自分のチャートのどこにあるのか？**」ということでした。調べてみると、**第9ハウス**にありました。

そのハウスは「**専門教育**」を意味するので、「あ、自分は**熱海にある鍼治療の専門学校**に行っていたじゃないか！」と（笑）。

じつは、ひきこもりの後、鍼灸の学校に3年間行き、その後、オーストラリアに行き、戻ってきてから、鍼灸と指圧と臨床を8年間やりました。

自分の人生と第9ハウスのテーマの一致に「これは何かあるぞ」と思い、小惑星について調べましたね。小惑星には「オーストラリア」のような地名天体もあって、それも第9ハウスにありました。

熱海の鍼灸の専門学校を卒業してからオーストラリアに渡りましたが、第9ハウスは**海外も**意味するハウスなので、「これは研究する価値がある」と思いました。

田中　それは面白いですね。ひきこもりの後、鍼灸の学校に行っていたんですね。

芳垣　中学生の時、父親の持っていた指圧の本を読んでいました。家に電子針治療器があったので、学校に持ち込んで、占いとは別にみんなにやっていたんです（笑）。**占いと針治療を学校でやっていたの**で、変わった子だと思われていたと思います。

高校卒業してから2年ひきこもっていた時に「何か仕事しなきゃいけない」と思って、自分の興味のある仕事をすればいいんだと思いました。占い師はどうやってなったらいいのかわからなかったので、鍼灸の専門学校に行ったんです。

田中　自分のチャートにある小惑星が、自分の現実とマッチしているのがわかると、かなり興味が湧きますよね。それで、小惑星を研究していったわけですね。

最初に書かれた小惑星にまつわる本は、出版社から依頼が来たんですか？

芳垣　日本では小惑星について言及している人があまりいなかったので、編集者が目をつけてくれたんです。初めての本だったので、気合いを入れすぎて、ノイローゼになりましたね。「こんなこと書いて、偉い先生に見られたらどうしよう」って（笑）。

弁護士兼・占星魔術師のアメリカ人の師との出会い

田中　それ以降、芳垣さんの現在の師であるクリストファー・ワーノックさんに出会ったのは、どういう流れですか?

芳垣　ワーノックはアメリカ人の占星術家で魔術師です。本業は弁護士ですが、じつはそちらは「仮の姿」と言っています。

２００７年頃、たまたま連絡を取り合っていた占星術関係の人から、「魔術と占星術が合体した占星魔術というのをやっているアメリカ人が来日するみたいよ。行ってみない?」と誘われました。名前を聞いたら、以前から見ていた伝統占星術の巨大サイトを公開していた占星術家で。

その人に対し、「なに、このおじさん。魔術とか組み合わせてやっているんだ、怪しいなぁ。この人からホラリー占星術は習いたくないな」と思っていたんです。

でも、セミナーは面白そうだったので、参加しました。彼は日本が大好きで、髪を後ろで束ねてチョンマゲにしていました。

通訳は優秀な方でしたが、難しい専門用語のところで、ときおり解釈に誤りがあったので、私がその都度、正しい言葉を教えながらサポートしたんです。
師匠からは「キミも横に来て通訳を手伝ってくれないか」と言われ、結局「三位一体」のセミナーになって、本当に楽しかったです（笑）。

田中　ははははは。内容のチェック係ですね。

芳垣　セミナーが終わった後、スタッフの人に師匠を交えた食事に誘われたので参加しました。その時に、「ルネサンス占星術をやらないか？」と言われて、タリスマン（惑星の力を得る魔術護符）をその場でいただくことになり、彼が教えるコースを申し込みました。タリスマンに興味が湧き、勉強することにしたんです。

伝統的な占星術に不可欠な魔術の知識「ピカトリクス」

田中　芳垣さんの師匠にお会いしたことがありますが、体型が華奢で日本人っぽいですよね。
魔術というと黒魔術、かつ悪魔信仰のイメージがありますが、本当はそうではなく、**異端ということで弾圧されてきた**と考えられます。

芳垣　だって、ウイリアム・リリーもタリスマンを使ってましたからね。彼の遺品の中にあったそうです。

田中　リリーが仕えた商人の最初の妻が亡くなったとき、そのカバンの中から「シジル」（印章）が出てきたという記述が自叙伝にありますし、１６３４〜３５年に「オランダ人の内科医と良き目的のためにシジルを作った」ということが書かれています。

近年、欧米で伝統占星術が復興してきていますが、**ルネサンス期の伝統的な占星術には、魔術も付随していますよね。**

芳垣　そうです。分けるほうがおかしいんですよ。生理学や解剖学と同じです。どちらも同じ医学じゃないですか。

魔術と占星術、錬金術は、ヘルメス学（※詳しくは文末のQ＆Aを参照）という神秘思想を構成する三本柱の学問であって、互いに密接な繋がりがあるんです。私が興味を覚えたきっかけも、そこにあります。ルネサンスの哲学の研究者で、魔術や錬金術にすごく詳しい方と出会った時、こう話されました。

「みなさん、よく勉強されているけど、**日本の占星術家のおかしなところは、誰も魔術や錬金術を理解していないこと**です」

そのとおりだと思いましたね。それがきっかけで、私はのちに、魔術に詳しいアメリカ人の師匠とのご縁ができたんです。

田中　そうでしたか。

芳垣　魔術を理解できれば、占星術がさらに理解できるんじゃないかと思ったので。

田中　中世の魔術書である**『ピカトリクス』**は、占星術の知識がないと活用できないですよね？

芳垣　まったくできないですね。

田中　『ピカトリクス』の書物ができたのは、いつくらいですか？

芳垣　12世紀にイベリア半島で編纂されたようです。その頃、ヨーロッパはイスラム教徒に侵入されていました。現在のスペインにあたる地域にカスティーリャという国があり、そこのアルフォンソという国王が、**アラビア人の学問があまりに優れているので、学者に命じてアラビア語の学術書をラテン語に翻訳させました。そのひとつが、『ピカトリクス』**だったんです。長らくヨーロッパで失われていた神秘哲学を学び直したんですね。

田中　『ピカトリクス』の序文には、ピカトリクスという人物が書いたとされていますし、また数学者のアル＝マジュリーティー（950–1007）が書いたともいわれていますが、結局、作者は？

芳垣　不明です。いくつもの文献を寄せ集めたような作りで、誰が書いたというわけではない位置づけです。

田中　内容には、アリストテレスやプラトン的な部分がありますね。

芳垣　ヘレニズムの学問を、アラビア人が継承したんです。でも、お世辞にもよく編集されているとはいえなくて、とても読みにくいです。同じような内容、たとえばムーン・マンションの知識が何箇所にも分散していたり、章立ても前後関係がよくわからないところがあったり。

『ピカトリクス』の原典日本語訳版

実践家の視点

田中　これは占星術の本の翻訳に全般的に言えることなんですが、大学の学者の方が翻訳で使われる言葉と、我々実践家が使う言葉に乖離がありますよね。

たとえば、我々は「ハウス」という言葉を使いますが、学者の方は「家」と訳されたりする場合が多いですね。これはもう、しょうがないことだと思うのですが。

芳垣　連携できれば一番いいんでしょうけども。あと学者さんは実占をしませんし。

田中　「僕は占星術を信じないんだよ」というスタンスですよね。そういう方は欧米でも多いです。大学の先生は一線を引きますよね。

芳垣　客観性を保たないといけないんで。

田中　中国でも易などの五術を大学機関で研究しようという動きがありますが、あくまで伝統文化として研究するという立場です。

芳垣 でもある程度連携しないと、深刻な誤訳も生まれるでしょうし。私の師匠は実践家ですけども、『ピカトリクス』を翻訳する時に、オカルティスト、作家であり、翻訳家でもあるジョン・マイケル・グリアと一緒に組んだんです。やはり実践をした人でないとわからないこともあるので。

たとえば、江戸時代の料理を研究する時に、当時のレシピがあっても、もし研究者が食材を切ったことも調理したこともない人だったら、研究できるのかというのと同じで、無理なんですよ。

田中 パソコンでホロスコープを見る時に、現在実践をやられている方は、実際の天上がどうなっているかって見ないですよね。紙の上でやってしまっているというか。

芳垣 見ないですよね。でもルネサンス時代に、そういった問題がすでに出ています。カルダーノ（イタリアの数学者、占星術師／1501－1576）が「私は天文学ができる」と自慢しているのは、天文がわかっていない占星術家もいたからです。フィチーノ（イタリア・ルネサンス期の人文主義者、哲学者／1433－1499）はおそらくできていないでしょう。間違ったホロスコープをもてはやしたりしていましたし。

田中 観念的なんですね。

芳垣　でもケプラー（ドイツの天文学者／1571－1630）のような人もいて、天文学と占星術はそれほど乖離していない人もいたと思います。

今は深刻なレベルですよね。天文がまったくわかってない人もいますから。天上の運動が頭でシミュレーションできないんです。猫を研究する人が実際の猫が毛づくろいをしたり、丸くなったりするのを見ないで、写真だけで研究するようなものです。

それと同じで天体・宇宙も生き物なので、命あるものとして接しないと絶対に理解できないですね。

田中　ストア哲学のような考えですね（笑）。

芳垣　ちょっと近いかもしれないですね。影響されちゃって。

魔術も天体を生き物として考えます。ホロスコープを読むときも、サインとか惑星の記号を見ているんじゃなくて、その奥にある霊的なパターンを見るんですね。

田中　有機的なものとして見るわけですね。

芳垣　そういう感覚を持つとある種のリスペクトが生まれてきますし、愛着も出ますし、宇宙観が変わってきますね。

私の占星術も変わってきました。私の20代は〝キーワード占星術〟なんですよ。文字遊び、言葉遊びなんです。たとえば、キローンだと「傷」というキーワードだけで考えるようなことですね。

田中 勉強し始めの頃はワンタッチ式のような、「この位置にあったらこうでしょ」に陥りやすいですね。

芳垣 そういうキーワードを繋げるだけのやり方を「アルファベット式」と言いますよね。最初はそれでできるようになった気になるんですよね。

田中 最初はいいんですが、それを破っていかないとダメなんですよね。そこを破れる人と破れない人に大きな差があって。破れる人が少ないですよね。クックブック式で満足しているというか。

芳垣 破れないまま続けている人が怖いんですよ。

田中 でも占星術の教科書が、クックブック形式で書かれている場合が多いので、しょうがないのかなとも思います。古典でも一部そういった書き方がありますし。

芳垣 アフォリズム（格言）がそうですよね。古典をあのまま受け止めている人はどうかと思います。どういったことが書かれているかじゃなくて、どういう発想でそう書かれているのかというエッセンス、考え方が欲しいんですよ。

田中　アフォリズムには、条件がすべて書かれているわけではないじゃないですか。一部の条件が抜けていたり。あのまま当てはめても、うまく機能しないということがあります。

でも全部が全部間違いかというと、そうではないですし。それ一個取って、「古典は意味がない」という人もいます。でもそこまで言い切っていいのかとも思います。

芳垣　古典を書いている人もわかって、「こう書くしかない」と思って書いてますよね。

指輪とペンダントは中世の魔術を駆使したタリスマン

田中　はめていらっしゃる指輪はタリスマンですか？

芳垣　この指輪は**恒星アンタレスの護符**で、16世紀のコルネリウス・アグリッパの『オカルト・フィロソフィー』という魔導書に書かれているレシピどおりに作りました。

使用しているアメジストは、蠍座の心臓を表すアンタレスと関係する石で、**身に付けることでアン**

郵便はがき

恐縮ですが切手をお貼りください

1 0 1 0 0 5 1

東京都千代田区神田神保町3-2
高橋ビル2階

株式会社 太玄社

愛読者カード係 行

フリガナ お名前		性別 男 ・ 女
年齢	歳	ご職業
ご住所	〒	
電話		
FAX		
E-mail		
お買上 書　店	都道 府県　　市区 郡　　書店	

ご愛読者カード

ご購読ありがとうございました。このカードは今後の参考にさせていただきたいと思いますので、アンケートにご記入のうえ、お送りくださいますようお願いいたします。

●お買い上げいただいた本のタイトル

●この本をどこでお知りになりましたか。

1. 書店で見て
2. 知人の紹介
3. 新聞・雑誌広告で見て
4. DM
5. その他（　　　　　　　　　　　　　　　　　　　　　　　　　　　　　　）

●ご購読の動機

●この本をお読みになってのご感想をお聞かせください。

●今後どのような本の出版を希望されますか？

購入申込書

本と郵便振替用紙をお送りしますので到着しだいお振込みください（送料をご負担いただきます）

書　籍　名	冊数
	冊
	冊

●弊社からのDMを送らせていただく場合がありますがよろしいでしょうか？

□はい　　□いいえ

タレスと繋がれるんです。アンタレスのパワーはいろいろありますが、主に血行を促して健康状態を改善し、体を強化できます。その他には、悪霊や呪いなど、外敵から身を守れます。
私は旅行中に何度か金縛りに遭っていて、何かが体に乗っかってくるんです。今度、遭遇したら、この指輪をはめた手でパンチしようかと思っていて（笑）。

田中　ははは。

芳垣　でも、この指輪をつけていたら、悪しき者は部屋に入ってこないといわれます。
こういう指輪は、アンタレスの星の配置が理想的な状態になるタイミングでないと、作れません。**時間（タイミング）とデザインと素材の全部が揃わないといけない**んです。
しかも、**石に魔術の恒星記号をダイヤモンドペンで刻んで、ようやく完成**します。私は今回、ぶっつけ本番で作ってみましたけど。

田中　石をはめる台座は、前もって作っておくんですか？

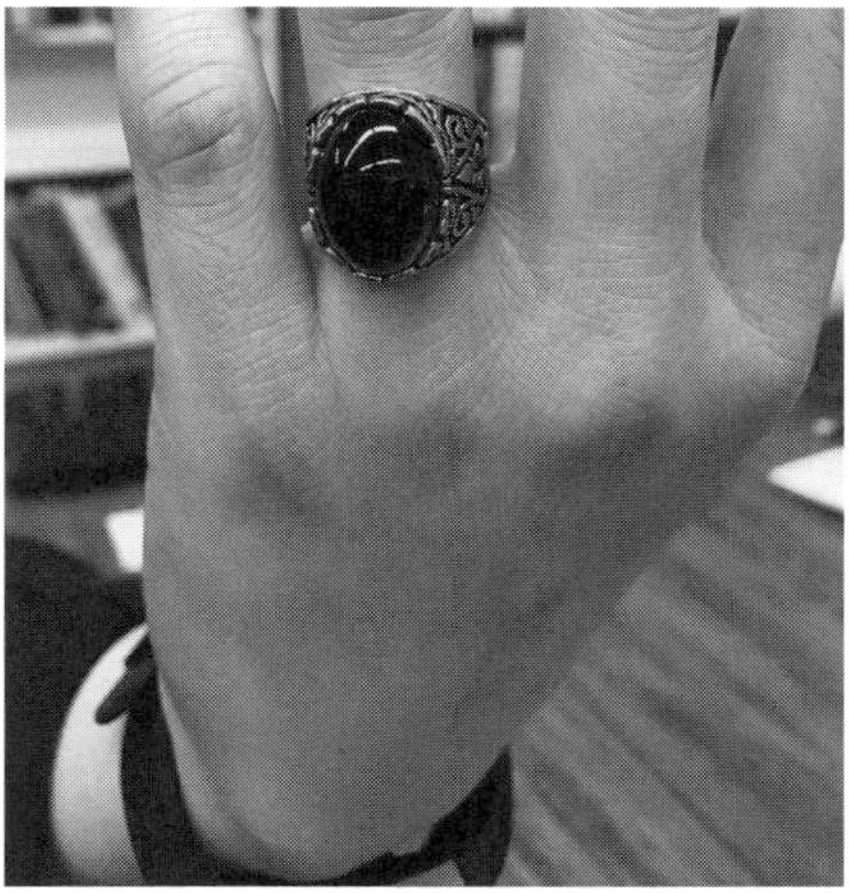

芳垣さんが自ら作った、こだわりの指輪のタリスマン。生命力を高め、悪しき者を遠ざけるパワーを持つ逸品

芳垣　そうです。日時に関しては〝**恒星の力が強まる特定の日時に魔術記号を刻む**〟とか、〝**台座と石の間に、恒星と照応するハーブを挟む**〟とか、指示されています。この指輪は、アンタレスに照応するハーブを接着剤に練り込んで、それを石と台座の間に挟んであります。

田中　あと、そのペンダントもタリスマンですよね。

芳垣　はい。これは**土星のタリスマン**なんですが、「鹿の頭を持ち、龍に乗り、矢とカマを持った人物」を表しています。このペンダントの作り方は、『ピカトリクス』の中に書いてあります。身につけなくても、**置いておくだけでも効果があります**。祭壇に飾っている人もいますし。

龍に乗り、矢とカマを持った人物を表す、ペンダント型のタリスマン

田中　こういうタリスマンは大量生産できないですよね？

芳垣　さすがに無理ですね。工場とかでガチャンガチャンと作るものではないですので。

私の研究グループでは、1人がそれぞれ自分のタリスマンを作るかたちをとっています。

田中 最近、占星魔術のタリスマンを作る職人やデザイナーが欧米では出始めています。だから日本でもそろそろ出てきてもおかしくないのかなぁと思いますね。

芳垣 私のところにもタリスマンのデザインについて聞きに来る人がちらほらいますね。

古典占星術を現代にどう取り入れるか

田中 芳垣さんのスタンスとして、古典とモダンのどちらですか?

芳垣 〝派〟という考えはないです。あえて言えば、複数の西洋占星術をやっているというスタンスです。分ける必要はないし、いいものは取り入れるし。

田中 皆さん、カテゴライズしたがりますからね。

芳垣　少なくとも、原理主義には陥らないです。ロバート・ハンド（アメリカの占星術家／1942－）は古典派ですが、自分のやっている占星術のことを「修正された古典主義」って言っていますよね。トランスサタニアン（冥王星・海王星・天王星のこと）だって、チャートに取り入れていますし。

現代の心理学的な占星術は、主に「自己観察」とか「自己成長」などを目的としていますが、それらはいつの時代でも重要なテーマだと思うので、古典的な占星術のフレームの中でもどんどん扱ってほしいと思います。

田中　伝統占星術をやると、**「象意」について、現代的に解釈し見直さないといけない**場合がありますよね。

芳垣　そのとおりですね。当時の人たちとは人間観、世界観も違いますから。

田中　**時代を経て、ハウスの意味も変わってきている**じゃないですか。古典では「12ハウスは悪いハウス」と言われていますが、そういう悪い意味ばかりでもないですし。

芳垣　**善悪の意味とか見方が違う**ので。たとえば、エアコンの修理をしてくれる人の場合、「第6ハウス」を読み取ります。第6ハウスは、昔は「奴隷と小間使い」という意味がありましたが、現代はそこまでの階級社会でもないので、「ハウスの意味は昔のままでいいんだろうか?」と思いますね。

田中 現代占星術《モダン》を取り入れるにしても、その解釈はいろいろありますよね。「何でこんな意味になるの?」みたいなものも。

芳垣 そうですね。

2万個以上ある小惑星をユニークな方法で個人と紐づける

田中 小惑星は、どのくらいの数が存在するんですか?

芳垣 名前付きのものだけで2万個以上あります。でも、ほとんどの占星術家は**4大小惑星**だけを使っています。

なぜかというと、19世紀に入った数年で4つの小惑星が発見されたあと、30年くらい見つからなかったからです。天文家は「もうない」と判断し、「4大小惑星」という枠組みが作られました。そのあとに、いろいろ発見されましたが、ホロスコープに導入されているのはごく一部ですね。

田中　小惑星「カイロン」はなぜ、世間的に人気が出たんでしょうね？

芳垣　カイロンの発見は1977年で、占星術家の間でもすぐ研究が始まりましたね。あれが大流行したのは、まず、カイロンというキャラクターの普遍性にありますね。あれが、アンパンマンと命名されていたら、まったく違った話になっていた。実際、アンパンマンという小惑星がありますが（笑）。

カイロンの占星術的な解釈は、「親に捨てられた孤児が心の傷を乗り越え、長じて人々の精神的な指導者《メンター》となる」というギリシア神話のエピソードに基づいています。現代の映画やコミックなどにも登場する教師の元型《アーキタイプ》ですね。カイロンのブームの背景には、多くの人々が魂の導師《グル》を求めていたことがあったのでしょうね。

田中　なるほど。

芳垣　ホロスコープを読み取るときは、4大小惑星だけではなく、**他の小惑星を使うやり方**もできます。

私の場合、ある著名な占星術家の考え方と同じですが、**相談者のプロフィールや相談内容にあわせて、つながりのある小惑星を当てはめます。**

たとえば、「たこ焼き」という小惑星が実際にあります。もし、たこ焼き屋さんが相談に来たら、小惑星「たこ焼き」がホロスコープのどの位置にあるかを見てアドバイスするといいんです。オペラ歌手が相談に来て、『アイーダ』を歌うことになったと言われたら、小惑星「アイーダ」から、相談者に関係することを読み取ります。

膨大な数の小惑星の中から、当てはまるものを探すわけですが、現代はＰＣの検索機能が使えるので、わりと素早く探せるんですよ。

田中　それは面白いですね。

鑑定アドバイスは相談者のタイプに寄り添うかたちに

田中　鑑定で良くない結果が出たら、どうしますか？　魔術での対応法を教えることもありますか？

芳垣　ありますね。良くない結果を知ったとき、相談者がどういう状態かによります。つらいことがあって落ち込んでいる人もいれば、自信満々で何を言われても平気という人もいますし。傷ついている人であれば、オブラートに包んで話したり、意図的に明るい話をします。人によってはパワーストーンをお勧めしたり、開運法をアドバイスします。

旅が好きなら、アストロマップで吉方位を教えてさしあげたり。アウトドアが億劫なら、役立つアイテムを家に置くことをお勧めしたり。

正確に伝えていても、ときには意味が届かないこともあります。こちらがいろいろアドバイスしても受け手次第なので、私は相談者に対し、「伝えたことをそのとおりに実行する人」「考える材料にする人」「自分の答えを持っていて、そのとおりにする人」「チャレンジする人」などに分けているんです。まずは、それを見抜くことから始めます。

田中　占星術で、「人生の宿命の部分」と「自由意志で変えられる部分」について、どう捉えていますか？

芳垣　それは、紀元前からの哲学論争と同じテーマですね。答えを見つけようがないですよね。ずるい言い方ですが、「半分」でしょうね。人は、その間を泳いでいるようなものというか。

〝宿命論寄り〟を自称していても、すごく努力している人はいますし、自由意志が大きいと言いながら、他人の意見に振り回されているだけで、自分の意志を発揮してない人もいますし。

最終的には、**個人のそれぞれの直感しかない**んでしょうね。ある程度の歳になると、「運命と自由意志のバランスは、この程度のものなのかな」となんとなくわかってくると思うんです。そういう限界がわかるのは、チャレンジした人だけなんでしょうね。

自分の限界を知らない人は、どこまでが運命かも感じられないでしょうし。

田中 欧米の方はこういった議論が好きなんですよね。欧米に行くと、日本人だと流してしまう部分でも議論する場合が多々あります。だからビックリするときがあります。「そこをそう考えるんだ」「そこを突っ込むんだ」って。

芳垣 針治療で陰陽五行論を使う場合があって、当たり前のように使っていたんです。早い話が、哲学で診断して、哲学で治しているんですよ。欧米でいうと、ヒポクラテスをそのままやっているような感じです。オーストラリアで針治療した時に、「非科学的だ」って言われたことがあったんです。

理屈っぽいんですよ。突き止めなければいけないという。「自分はプラクティショナーだから、そういうことを考えていると日が暮れてしまう。目の前の患者を治さなければいけない。謎は謎のままで良い。そこに立ち入るのは趣味でしかない」って、鍼の師匠に教えられたことをそのまま受け売りで答えたんですよ。そうしたら食って掛かってきて、「非合理的だ」と。

私はヒポクラテスの立場に似ています。ヒポクラテスは「自分は患者を治さないといけない。タレスの言っているような哲学論争は放っておけ。臨床に何の役にも立たない」と言っているんです。物質の根源は何か、世界の根源は何かといったことですね。

田中　我々も暑い時にはエアコンを使いますが、エアコンがどんな仕組みかは知らないで使っていますから。涼しくなるから良いということで。

芳垣　中国医学が発達したのは、中国人が功利主義だからです。効いたから良いという考えです。ただ、西洋哲学からいわせると、効くから良いという考えは怠惰らしいです。どれが正しいということではなくて、考えをすり合わせていかないといけない。

田中　東洋はあまりそういったことはしないかもしれません。

芳垣　風水をやったら、「売り上げが上がった」で終わりですから。まさに臨床ですね。

田中　鍼灸をやっていたけれど、東洋系の占いはやらなかったんですね。

芳垣　四柱推命とか、すべて挫折したんですよ。なぜかやる気にならなくなって。スポーツと一緒で、向き不向きがあるのかなぁ。中国の占術は心から尊敬します。やっぱり技としてすごいなと。ホラリーと易ができたら何も怖くないなぁって思います。易は占いしなくても、哲学として学ぶだけでも大変な価値がありますよね。

田中　易は術数の部分と哲学的な部分の両方から成り立っているので、哲学の部分ばかりする方がいたり、術数ばかりの方もいらっしゃったり。

芳垣　私もいろいろ勉強しましたが、あっちいったり、こっちいったりと、ヘルメス的な感じですね。

占い師の人格・実力の関係と日本での占いの位置付け

田中　いわゆる、人格の著しく低い占い師がいたとして、そういう人でも的中させることができると思いますか?

芳垣　はははは。まぁ、当てることはできるんじゃないですか。占いのシステムはいろいろとありますから。性格に難のある占い師がいたとして、人として最低限の良心や敬意があればいいのかなって。人格者なら当たるわけでもないと思いますし。

田中　この業界には時々、ニュースになるような人もいます。一人そうなると、全員が冷ややかな目で見られるのが残念ですよね。他の業界で悪事が起きても、全体が責められるようなことにはならないのに。

芳垣　私たちはマイノリティーですからね。一人が悪事を働くと「あいつらは！」というレッテルを貼られてしまいますよね。一人ひとりが地道に良心的な仕事をしていくしかないですよね。

でも、日本の占い師はまだ、安全なところにいると思います。吉日が書き込まれた暦とか、神社のおみくじもそうですが、**日本では占いが文化に組み込まれていて、占いに寛容な社会**ですから。

アメリカだと、特に南部の州なんかは保守的なキリスト教徒が多くて、子どもたちの害になるからといって、『ハリー・ポッター』を置かない図書館があるそうです。

田中　では、運を上げるにはどうしたらよいでしょうか？

芳垣　いわゆる開運法にあたるものとしては、私はイレクショナル占星術をよく使っています。あと、アストロマッピング（占星地図法）とか。ローカル・スペースという中国の風水のような分野も研究しています。これらはタイミングとか場所を選ぶことによって、天体の力をなるべくポジティブなかたちで受け止めようとする知恵です。

しかし開運といっても、その人がもともと持っている可能性を最良のかたちで最大限に引き出すというのがゴールであって、それ以上のものではないですね。長い目で見れば、毎日繰り返している習慣のほうが、良くも悪くもよほど大きく人生を変えると思います。

技術について

田中　技術についてお聞きします。使っているハウスシステムは？

芳垣　プラシーダスです。なぜかというと、勉強した本がだいたいそれを使っていたので。でもハウスシステムの論争が昔ありましたけど、結論が出なかったでしょう。

私としてはこれまでずっと、プラシーダスで問題なく仕事ができてきたので、これでいいやと思っています。

でもホラリーの時は、レギオモンタヌスなんですよ。なぜかというと、ホラリーを勉強した本がレギオモンタヌスを使っていたからなんです。ただそれだけです。

田中　欧米では最近、伝統派はホールサインを使いますが、レギオモンタヌスかプラシーダスを併用する方が多いです。ひとつに絞っていないですね。日本人はどうもひとつに絞りたいようで。

芳垣　併用は決して新しいスタイルではないですよね。ヘレニズム期もホールサインとポーフィリを併用していますから。どちらかを当てものに使って、もう一方を惑星の力量を測るのに使います。システムによって意味が違います。

田中　クリス・ブレナンの研究だと、2世紀にはすでにホールサインと、もうひとつのクオドラントシステムを併用していたようですね。だからなぜ、現代の我々がひとつにハウスシステムを決めないといけないのか。

芳垣　コンビネーション・メソッドですね。使っているハウスシステムそれぞれに意味を見出したらいいなと思います。中国なんかそうじゃないですか。羅盤なんかはコンビネーション・システムですよね。使えるものは使って、結果、羅盤は重層的なものになって。

プラシーダスを使っていても、ホールサインで考えていると、この惑星はこのハウスを支配しているなというところに関して、ホールサインは働いていると思いますね。

田中　欧米だと、伝統派についてはホールサインを使う人が圧倒的に多くなってきています。

芳垣　なんなんですかね。あの変わり身の速さは（笑）。

カルダーノなんかはルネサンス時代の人ですが、アセンダントを基準としてチャートを12等分するイコール式のハウスを使ったりしてますよ。彼は数学ができることを自慢しているので不思議なんですが。

田中 アスペクトは何を使っていますか?

芳垣 プトレマイオスのメジャーアスペクトだけです。これだけで十分だと思います。オーブも古典式で広く取っています。ルミナリーズ(太陽と月)なら確実に10度以上取れるでしょう。

田中 ディグニティについてはどうでしょうか?

芳垣 使います。でもホラリーとネイタルで使い方が違うと思います。別物ですから、捉え方を変えないとおかしいと思います。ネイタルは一生なんですが、ホラリーはその時だけですから。たとえば、リリーはホラリー・チャートでディグニティの低い木星を「倫理観の低い人」と解釈したりしていますよね。しかしネイタルで木星のディグニティが低いからといって、その人の倫理観が低いとか、人格レベルを判断してしまうのはおかしいです。人間性のレベルは心がけの問題であって、そもそも性格が良いとか悪いとかも、周りの人が勝手な都合で語っているだけですから。ホラリーではその時のあなたにとって悪い人と考えることができるとは思います。
伝統的なネイタル占星術ではディグニティが高い惑星に関連した仕事をすると成功できると考えた

りしますよね。得意なものをやったほうがいいという考え方です。でも成功のパターンにおいて、苦手なことにチャレンジするうちに第一人者になってしまうということもあります。子どもの頃、虚弱体質だった人が反動で体を鍛えてスポーツ・チャンピオンになるとか、その典型ですね。そういうパターンは少なからずあるので、占星術家はその可能性を否定してはいけないと思います。

たとえば、水星が魚座にあるとエッセンシャル・ディグニティが低くなります。ディグニティを生徒に教えると、「私は水星が魚座にあるんですけどダメですか？私ライターをやっています」って聞かれます。水星のディグニティが低くても、水星に関する仕事をやっているんですよ。「そんなにクヨクヨするんなら、水星が魚座にある人を100人でも200人でも集めて検討しようよ」って言って、やってみたんです。そうすると口下手だけど文章は上手くなったりとか、何かが欠けていると代替えの能力が発達したりするんですよ。

田中　なるほど。

芳垣　魚座の水星でいうと、エドガー・ケイシー（預言者・サイキックリーダー／1877−1945）がいます。あの人は言語障害があったんです。あと学習障害で勉強した内容が記憶できなかったんです。でもその時、教科書を枕にして寝たら、全部その内容が頭に入ってしまったらしいんです。要するに水星が意味する「記憶」や「言語」に問題が出るんですが、心や前世、病気の原因を読む能力に目覚めたんです。極端にアフリクトされた惑星って、王道は行けなくても、そういうあまり一般的ではない方向で活用できる可能性があるんです。その現象は、ネイタルであるなぁって思います。もちろん安全策としては、ディグニティが高い惑星に注目したほうがよいとは思いますが。

田中　そのほうが楽ですよね。

芳垣　20代の人には、ディグニティが低い惑星に関連した活動を勧めることもあります。水星が弱くて、実際に口下手なら、あえて演劇にチャレンジしてみるとか。

田中　外惑星は？

芳垣　小惑星使っているくらいですから、もちろん外惑星も使っています（笑）。ホラリーでもです。でも使い方は気を付けないといけないなぁと思います。冥王星の意味は、教科書だと「核エネルギー」とか「大量殺戮」とか「ファシズム」とか書いてあるじゃないですか。でもそういう象意はマンディーンならわかりますが、ホラリーの質問でまず入ってこないじゃないですか。そういう劇的なイメージに振り回されないように気をつけないと。ホラリー・チャートでちょっと冥王星が目立ったからといって、すぐに破滅するとか破産するとか解釈する人がいますが、そういうことって日常では滅多にないですから。昔、失せ物を占ったことがあって、月が冥王星に向かっていました。その冥王星が失せ物の在り処を示していると考えたのですが、家の中には放射性物質とかないですし、死体も暴力団の事務所もないでしょう。でもゴミ捨て場とかトイレとか、不浄な場所にあるかもしれないとは考えられるんです。そうしたら、失くしたものは剝製の近くにあったんです。その人は「先生は『家に死体はないだろう』って言ってましたが、剝製がありました」っていうんです（笑）。冥王星は死の象徴ですが、確かに剝製は死体ですよね。

田中　あははは！

芳垣　ネイタルでも異常な冥王星の読み方をする人が結構いますね。トランスサタニアン恐怖症みたいな方もいます。

田中　いますね。

芳垣　不安になって「どうしましょう、どうしましょう」って占い師に聞いてまわっている人がいたりします。外惑星を抜いて、シンプルに7つの惑星のチャートを見せて、「大丈夫でしょう」って言ってもダメでした（笑）。

田中　あははは（笑）。頭に元のチャートがありますもんね。

芳垣　みんな「海王星ってスピリチュアル」って言いますけど、化学とか石油、麻酔、色彩、ファッションや映像美術、社会主義なんかにも関係します。

海王星がネイタルで目立っているだけで、「あなた占い師に向いているわよ」って簡単に言ってしまう人がいますけど、占いとかスピリチュアルに向いている人なんてそんなにいないですよ。

田中　単純に考える人っていますよね。私のチャートでは、プログレスの太陽が43、4歳の時に天王星に来るんですが、ある占い師の方がそれを見て、「田中さん、この年離婚しますよ」って言ったんです。

芳垣　それしか頭にないんですよ。

田中　確かにあるかもしれないですけど。

でもある本に「天王星は占い師にとっては良い」って読んだことがあって、「それはないんじゃないの」って思ってたんです。

芳垣　実際どうでした？

田中　その時に、『クリスチャン・アストロロジー』のすべての翻訳が終わって出版したんです。

芳垣　ああー。そっかぁ。

田中　それで環境がガラッと変わったんです。

芳垣　素晴らしい。

天王星もその人の文脈で読まないといけないですよ。天王星が来るとすぐ「離婚、離婚」って言う人いますよね。天王星は〝抑圧されている側が抑圧者に反抗する〟という意味です。だから離婚という意味もあるし、デモとかストライキとか、科学的なパラダイムを覆すという意味もあります。プログレッションで天王星が目立った時、自分の子どもの反抗期が始まった人もいました。つまり自分が抑圧者なんですよ（笑）。自分が抑圧されていた被害者だと思っていたら、子どもにとって自分が抑圧者だったんです。

田中　単純に考えてしまう傾向はありますね。

芳垣　シンボリックな読み方ができなくて、杓子定規になりすぎているんです。

田中 予測法は何を使っていますか？

芳垣 セカンダリー・プログレッションがメインですね。あとソーラー・アークもサブで。プロフェクションも使えますね。ソーラー・リターンやトランジットは最後の詰めで見る感じです。トランジットしか見ていない人がいますが、よほどの天才か経験者でもない限り、あれだけで具体的な予測をするのは無理でしょうね。気圧計も温度計も湿度計も使わず、風速計だけで天気を予測するみたいなものでしょうか。

今後の占い業界は遺伝子学やAIの影響が及ぶ可能性が

田中 占いの未来はどうなっていくと思いますか？

芳垣 大きなテーマですね。社会がどうなっていくかによりますが、私は占いの未来は明るいと思っています。流行する・しないの動きについては、**歴史的にみても流行る直前というのは、まず、廃れているんですよ。**

ほぼ確実なのは、今後も占星術は生きていくんだろうな、ということです。

最近の遺伝子学では、性格を左右する遺伝子のパターンがいろいろ見つかっているみたいで、「これは占星術のライバルだな」と思ったりしています。

たとえば、ひとつの仕事をずっと続けられない人々に共通して見られる遺伝子パターンなども、見つかっているらしいです。そこまでわかるなんて怖いですよね。もし、その情報が企業に知られたら、偏見を持たれて雇われなくなるかもしれません。

しかし実際には、遺伝子による影響の度合いは、環境的な要因でも大きく変わってくるらしいですから、占星術と同じで、完全な決定論ではないようですね。

田中　逆に、遺伝学で長所もわかるんですよね？

芳垣　もちろんあるようです。長所といっても、遺伝子がもたらすその性質が、誰にとって都合がいいかによると思います。今言った、「仕事を転々とする遺伝子」みたいなものも、いろいろな仕事に器用に適応できるとか、チャレンジ精神があるとか、そういう解釈も可能かもしれません。そうなると、遺伝子学と占星術は、結構、親和性があるような気もします。

占いの未来に関係しそうな分野としては、遺伝子学の他にはＡＩも考えられます。でも、ＡＩはどれだけ技術が進んでも、**シンボリックな思考だけはできない**と思うんです。たとえば、太陽を見て、「太陽＝父親」と連想するような。

ＡＩはいずれ科学や政治経済の世界は変えていくでしょうけど、シンボリズムを通じて人生の意味を考えるなんてことは無理でしょう。人間サイドとしては「ＡＩに何でも決定されてたまるか」という反発も起きてくるでしょうね。そうなると逆に、人間にしかできない占いという文化が大流行するかもしれないです。

田中　魔術に関しては、これからどのような展開を考えていますか？

芳垣　今、企画しているのは「**宴会魔術**」というものです。これは『ピカトリクス』の中にやり方が書いてありますが、宴会場に料理やワインをセッティングして、**精霊を呼び出す儀式**をしながら、何回か退室と入室を繰り返します。その間、精霊に食事をとってもらうためです。

その後は人間が宴会をして、最後に叶えたい願望を述べます。楽しそうでしょう？『ピカトリクス』には、最後の入室時には精霊の姿が実際に見えると書いてあるんですが、そこまでサイキックな人はそういないと思います（笑）。

おまけのＱ＆Ａ　教えて、芳垣さん

Q　魔術と占星術の関係ですが、似たもの同士は繋がりやすいんですか？

A　このことは、ルネサンス期は「ヘルメス学」といわれました。この世はどういう原理でできていて、どう動いているのかを解き明かすのが、当時、「哲学」と呼ばれたんです。

それの応用が3つあり、ひとつは実用系のヘルメス学としての**占星術**。

もうひとつが、**錬金術**で究極の物質であり、不老不死の薬「エリクサー」を作ること。神に近い物質を作ろうとして、それがのちに「化学」になったんです。

もうひとつが、**魔術**。自然の法則や神の力を使って、人間の願望を叶えることにありました。

これらが、「3大ヘルメス学」。それぞれが関連し合っていて、本来はひとつの学問として学ばなければならないものです。その世界観に共通するのは、〝**似たものは似たものと繫がりがある**〟ということ。

たとえば、行ったり来たりしているものは水星に支配されていると捉え、現代でいえば、宅急便や郵便局の配達を表します。サラリーマンは朝と夜、通勤するだけですが、配達人や行商人は日に何度も行き来を繰り返しています。

「照応論」というのがあり、その世界観は占星術と繫がっています。バイブレーションの面で、似たものと繫がることを「**交感**」ともいいます。

離れているものが、なぜ、繫がりを持つのか？

その理由は、**似ているから**。〝それらは霊的な管のようなもので繫がっている〟というのが、照応論というヘルメス学的な考え方です。

そして魔術の場合、力を得たいものと似ているものを身に付けることによって、その力をいただくと考えます。

私の場合、生命力を意味する蠍座のアンタレスの心臓を表す指輪を身に付けると、指輪がアンタレスのパワーを媒介することになり、健康でいたいという願いを叶えることができます。

なので、**似ているものは、密接な繋がりがある**んです。その力を得るタリスマンを作るにも、占星術と魔術の知識がないといけません。ある星の配置になったときに、「それに関連する素材を使ったお守り」が、ようやく作れるからです。

その際、ハーブや鉱石や金属、図像を組み合わせます。あらゆる手段を使って、天体と同調するんです。

Q 驚くほど緻密な計算が必要なんですね。タリスマンのパワーって、すごいですか？

A もちろん、実際に効果があります。占星術家は必ず魔術も実践しなければならないとは思いませんが、ぜひ一度は体験していただきたいとは思っています。

vol.6 インド占星術研究家

清水俊介

インド哲学の教えでは、
サットヴァ性が優位になると、
少ないもので満たされる人生になります

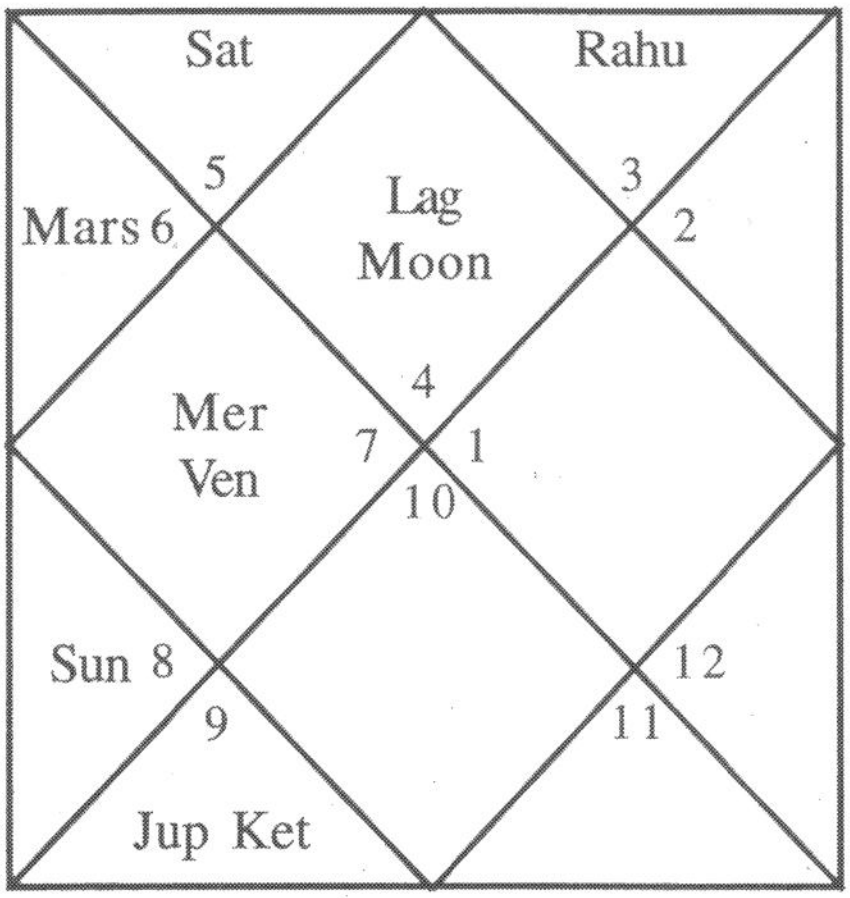

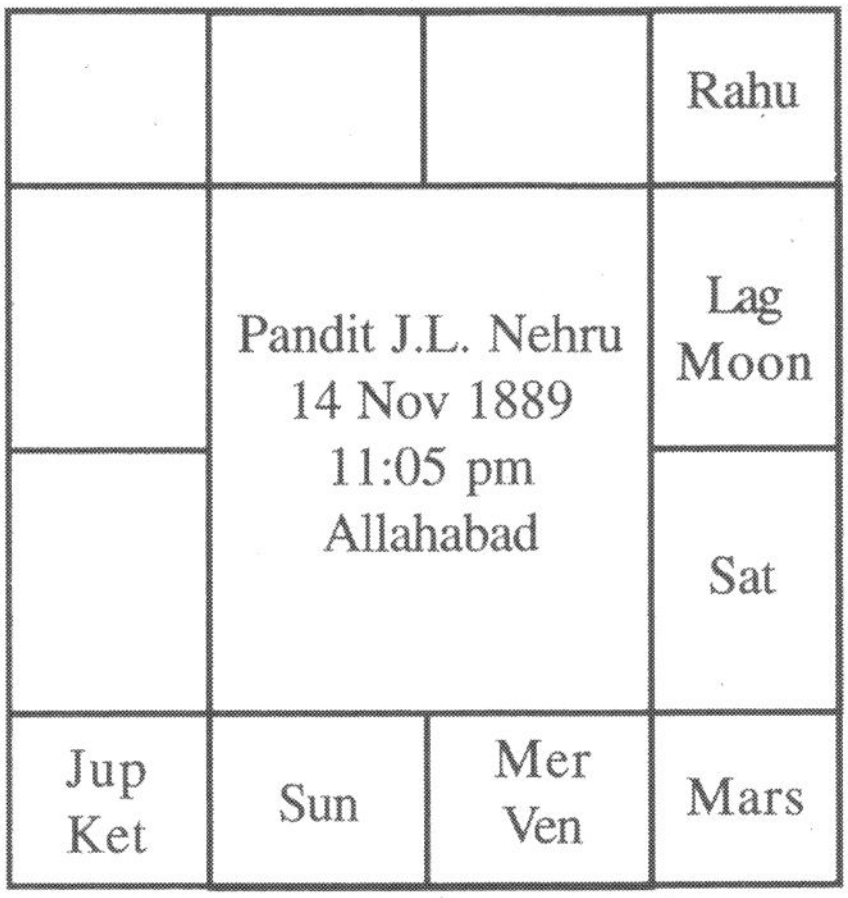

清水俊介

しみず しゅんすけ／インド占星術研究家、JJS代表。北海道大学博士課程修了（RhDホルダー）。2000年頃からインド占星術を学びはじめ、2008年末から2014年までBVBに在籍し、KNラオのクラスや自宅で直接指導を受ける。2014年5月に帰国し、現在は、後生に残るような本物のインド占星術のインフラを日本で構築中。
■受賞歴/ラメーシュ・チャンダー・チョーダリ・アワード受賞2回（BVB、2014と2013）、サロージ・メモリアル・アワード受賞（BVB、2010）
https://ジョーティシュ.com

1年のつもりが6年も滞在したインド占星術学校

田中 清水さんは、インドにある専門学校「バーラティーヤ・ヴィディヤー・バヴァン」（以下、ＢＶＢ）の、**日本人では唯一の「占星術の専門コース」の卒業生**ですよね？ そのコースは、Ｋ・Ｎラオさんという偉大なインド占星術家が、先生を務めることで有名ですが。

清水俊介さん（以下、敬称略） はい、そうです。ＢＶＢはインドの伝統文化を教える私学ですけど、インド建国よりも歴史の古い、由緒ある学校です。

その学校には、いろいろなクラスがあって、ヨガや日本語コースもあります。僕は英語とヒンズー語が少しできるので、「日本語をウチで教えないか？」なんて言われましたけどね（笑）。

田中 そういう感じなんですね（笑）。卒業してからは？

清水 卒業して、さらに、ＢＶＢに居座りました。授業に出たり、ラオ先生の助手をしたりと。最初は1年の留学予定だったんです。でも、先生から学ぶインド占星術があまりに面白くて、帰れなくなってしまいました。結局、２００８年末から２０１４年まで、合計６年間いました。

田中　えー、そんなにいらっしゃったんですか（笑）。

清水　人生を捧げてしまいました（笑）。僕の目的は、**ラオ先生の本を翻訳したかった**だけなんです。彼をリスペクトしていましたから。

ただ、「占星術をしっかり修めないで、中途半端な知識のままで翻訳するのは難しいだろうな」と思っていたので、とにかく１年だけ、ＢＶＢに留学しようと決めたわけです。

田中　なるほど、そうだったんですね。

清水　現地でラオ先生に、「先生の本をすべて日本語に翻訳させてください」って言ったら、「ちょっと待て」という雰囲気だったので、テーマを変えてこう言いました。

「１年だけ勉強しますので、先生のアーチャリア・クラスに入れてください」と。

田中　「アーチャリア」って何ですか？

清水　アーチャリアは日本語では「阿闍梨《あじゃり》」のことで、〝マスター〟という意味です。ＢＶＢは２年制で、

2年目の上級コースにあたります。アーチャリアを卒業できると、資格みたいなものとして日本では権威にもなるので。

「アーチャリア・クラスに入れてください」なんて、今考えれば、あり得ない発言ですよね。僕がお願いした待遇は、今後もあり得ないほど異例なことでした。なのに、なぜか「いいよ」って言われて。

田中 1年飛ばして、飛び級だったんですね！

清水 それで結局、アーチャリアを学び終えることができました。「ジョーティシュ・アーチャリア」というタイトル（称号）が欲しかったのもありますが、じつは1年目のアランカー・コースで学ぶ学科は本からでも学べる内容で、2年目のアーチャリアは学校でしか学べない内容だったんです。ラオ先生は「アーチャリア・コースを修了していない者は、その上のリサーチ・コースに進んでさらに研鑽を積むこともできないし、もちろんBVBで教官として教鞭に立つこともできない」と言っていましたので、「ならばぜひお願いします」という流れでしたね。

でも結局、そのアーチャリアを終えた翌年、滞在をもう1年延期することにして、1年次のアランカー・コースに在籍し、コースを取り直しましたけど。

田中 特別待遇を受けたことに対し、周囲のインド人からのやっかみはありましたか？

清水　やっかみはむしろ、別のところでありました。クラスの中で、僕はノートパソコンを持っていたけど、みんなは持っていなかったので。

田中　え⁉　10年前は、インドではそういう状況なんですか？

清水　ええ、10年前はそんなものでした。最初の頃は、ラオ先生と僕しかノートパソコンを持っていなかったので、「お前、いいな」とやっかまれて。でも、僕が日本に帰る頃には、みんな持っていましたけどね。

田中　その後、ラオ先生を日本に招いたんですか？

清水　僕ではなく、僕が日本に招いていたビサリアさんというインド人の占星術家が招いてくれました。

僕は遠慮していたんですが、ビサリアさんが「そろそろ、ミスター・ラオを日本に呼ぶ時期だ」とおっしゃって。

田中　そうだったんですか。ラオ先生の来日は2012年のことですよね。僕は2011年から、ビサリアさんの授業に参加していたんです。

清水 そうだったんですね。ちょうどその頃、ＢＶＢでも「インターナショナルセミナー」が始まりました。世界中の人を、年に一度、10日間ほど受け入れるコースです。

でも、来たのはロシア人ばかりでした。なぜなら、ラオ先生は90年代後半からロシアに行き始めたからです。ロシア人はけっこう真面目に学んでくれるみたいで、**当時のロシア人生徒は教育水準が高**

清水さんの師である、N.K.ラオさん

ラオさんに学んでいた頃の清水さん（前列右）

く、**博士号取得者が生徒50人のうち45人くらいいた**そうです。

田中　ええ!?　そんなに。

清水　その手前の93年から95年までのあいだに、ラオ先生はアメリカ人のヴェーダ占星術家に招聘されて、全米ツアーを5回敢行しました。現地では歓迎されたものの、「客寄せパンダ」扱いされたんです。でも、そのおかげで、インド占星術がアメリカで広まりました。

ラオ先生からすると、アメリカ人は商売には真剣だけど、占星術を学ぶこと自体にはあまり真剣ではないので、95年を最後に、それ以来行かなくなったんです。

ラオ先生に惹かれてインド占星術の道へ

田中　ところで、生まれはどちらですか?

清水　北海道の札幌です。

田中 いくつまでいらっしゃいました？

清水 30歳過ぎまでです。

田中 上京したきっかけは？

清水 大学院に進んで留学までさせてもらって、本当は研究者になる予定でした。ラオ先生からも「勉強ばかりしているホロスコープだ」と言われました（笑）。でも、留学から帰ると教授が変わっていて、それからいろいろあって、それで「やーめた」と。

田中 ははは。それで、東京で仕事をしようと？

清水 そうですね。

田中 占いを始めたのは？

清水 占いはそれまではまったく縁がなくて、始めたのはラオ先生の存在を知った２０００年以降からなんです。

西洋占星術に「1日1年法」とかありますが、友だちからそういうのを聞かされても、僕はどちらかというとさっぱり理解できないというか、まったく受け入れられないタイプなんです。だから僕は、技法から入っていかなかったんですよ。でも、それがよかった。技法から入っていったら、この道にはきっと進んでいなかったでしょう。

ラオ先生を知ったのは、「**面白い先生がいる**」**と聞いた**からです。僕は大学時代も「面白い先生がいるなぁ」と思って、卒論を書く研究室を選んだほどです。

田中　人で選ぶんですね？

清水　そうなんです。僕は、何かの縁で人と繋がるタイプで、「あ、この人面白そうだな」というのがきっかけになります。

その逆もあって、留学先から帰ったとき、指導教官が変わっていたのは大きかったですね。そういう部分で、研究を続けるモチベーションが大きく下がったりもしました。

占いを始めたのも、ラオ先生がよく当たるからで、勉強してみると、確かにすごく面白くて。そこで、インド占星術からスタートしたんです。

ラオ先生の周りにいる生徒も、ほとんど僕と同じです。**占星術ファンというよりも、ラオ先生ファン**という感じ。

田中　なるほど。僕もラオ先生が来日されたとき、授業を受けさせていただきましたけど、普通の先生の授業とは違いましたね。**言葉の選び方とか重み**とかが、明らかに違うというか。そんな印象でした。

清水　彼は**ダントツ**だと思います。そういうわけで、僕はラオ先生がいたからインド占星術をやっている、という感じです。もしラオ先生が西洋占星術をやっていたら、僕も同じことをやっていたでしょうね。

ラオ氏が監修したインド占星術の本。邦訳未発売

田中　なるほど（笑）。他の占いはまったく興味がなかったんですか？

清水　あ、いいこと聞いてくれました（笑）。じつはインドに行く前は、中国占術や風水も学んだんです。なぜかというと、自分の中にまだインド占星術に対する確信がなくて、不安だったからです。それで2〜3年、いろいろな先生から学びましたね。

　でも、僕が中国の占いにしばらくのめり込んでしまったので、生徒さんは「インド占星術に夢中だった清水先生は、どこ行っちゃったんだろ?」と思っていたみたいで（笑）。

田中　そうですよね（笑）。

清水　ラオ先生から学んでみて、気づいたことがあります。**不安感があったのは、単に僕のインド占星術に関する知識が不足していたからだった、**ということです。

田中　確かにインド占星術というのは、すごく技法が多いですしね。

清水　そうそう。当時の僕が、知識もスキルも不足していたのは当たり前だったんです。ネットや本に書かれてある知識は玉石混淆であるだけでなく、全体から見たらほんの一部でしかないですからね。よくいわれることですが、独学にはおのずと限界がありました。なので、本場の学校でしっかり学んで不安が少しずつ薄まっていく中で、インド占星術に対する確信が醸成されていき、それ以降は、もう一筋になりました。

田中　それで、中国系の占いはすべてやめたんですか?

清水　はい。当時作った中国系の占術の資料は、友だちにあげました。よくまとまっているらしく、それを使っているそうです（笑）。

田中 ははは。中国系の占術や風水も、熱心に勉強されていたんですね。

誤解されやすいインド占星術の特徴

田中 インド占星術のことを「ジョーティシュ」とも呼びますね。

清水 ジョーテは「光」、イシュはインシュワラではないかと言われていて、インシュワラだと「神」です。だから「**光の神**」。でも、定かではないですけど。

田中 よく「**光の科学**」と訳されていますよね。

清水 それは間違いではないと思います。光というのはアーカッシュ（アカシック）レコードを指し、コーザルという「すべての根源」「宇宙の根源」という意味を含んでいます。

田中　インド占星術は、**プレディクション（予測）の面で優れている**気がします。他にも特徴はいくつかありますが、**サイン（星座）に対して「歳差運動」を考慮**していますよね。

清水　そうですね。それによって、星座のズレを正すことをしています。今、それぞれの星座が24度くらいズレているので。

田中　そのズレの影響で、インド占星術でホロスコープを見たとき、**人によっては、西洋占星術での自分の星座とはひとつズレた「手前の星座」**になります。たとえば、西洋占星術で太陽が「牡羊座」にあっても、インド占星術では「魚座」になることがあります。だからといって、「私は魚座っぽくないから、インド占星術は当たっていない」と思うのは、非常におかしな結論でして。

こういうことは、現代《モダン》西洋占星術しか勉強したことのない人に限って主張してきます。「またかぁ」って思うんですけども。

何年もインド占星術を勉強すると、そういった発言はしないはずなんですよね。

清水　そうそう、おっしゃるとおり、大きな誤解がありますよね。僕が学んだポイントは3つあります。

［1］

伝統的なインド占星術師は、現代《モダン》西洋占星術の「**太陽星座占い**」**のような読み方をしません。**

そのため、太陽星座占いの結果を、西洋とインドの両方のホロスコープで比較することには、意味がありません。

［2］

「木星が水瓶座にある人は、○○である」みたいな読み方も、まったくないわけではありませんが、**現代《モダン》西洋占星術ほど重視されていません。**

少なくとも私がインドの学校に在籍している間、そういうふうに読んでいる場面を、一度も見たことがありません。

［3］

特に日本で多いと感じるのが、「アセンダント（ホロスコープの12のハウスの最初の起点）がどの星座にあるかをもとに、**現代《モダン》西洋占星術の星座の象意をそのままインド占星術に持ち込んで使うこと**」です。

そういったことも、インドでは一切ありません。考えてみれば当たり前のことで、現代《モダン》西洋占星術の知識をわざわざ持ち込む必然性とメリットは、まったくないんです。そんなことしなくても5千年間、インド占星術は問題なく使われてきました。

でも、日本ではインド占星術に現代《モダン》西洋占星術を組み合わせて使われてしまっています。それは、あくまでも占星術者側の都合の問題であって、占星術に問題なり欠陥があってそうしなければならないということではありません。

田中　現代《モダン》西洋占星術の判断法を、インド占星術に当てはめること自体、無理がありますよね。そもそもインド占星術では、現代《モダン》西洋占星術の「太陽星座占い」のように、太陽だけで性格を判断したりはしません。あくまで、**全体を見て判断**します。それは、西洋伝統占星術であっても同様で、太陽を重視しすぎたりしません。

また、現代《モダン》西洋占星術の星座（サイン）の象意は、西洋伝統占星術とも違って、心理傾向や性格判断に関するものが目立ちます。17世紀まではそういった記述はあるにはありますけど、容姿であったり、場所などの記述が多くを占めていました。

清水　このアセンダントの星座の象意をもとに、パーソナリティや職業の傾向まで読み取ることについて、印象に残っている出来事があります。

インドから日本に戻って来てまもない2014年頃、こんなことがありました。

相談者を鑑定する際、頼まれもしないのに親切心からわざわざ時間をかけて、その人の誕生時刻を「時刻修正」したんです。ホロスコープ上でみたとき、人によっては、誕生時間が手前や後ろにずれ込むことがあり、それを正確な時刻へと修正する必要があるからです。

そして、「あなたのアセンダントは天秤座じゃなくて蠍座ですよ」と教えてあげたんです。するとその女性は驚いて、「いいえ、私は蠍座人間なんかじゃありません」と言って、わたしの助言を受け入れようとしなかったんです。

どっと疲れましたね。

「おいおい、そこから説得しなければいけないのかい」みたいな。

「〝私は○○座の人〟みたいなイメージが、日本のインド占星術の世界にすでにそうとう広まっているんだなぁ」と実感した瞬間でした。

田中 その方は、現代西洋《モダン》占星術での「蠍座の人の性格やイメージ」をすでに持っていたんですね。「蠍座人間なんかじゃ……」というところからわかるように、あまり良いイメージをお持ちじゃなかったんでしょう（笑）。蠍座は決して悪くはないんですが。

清水 結論をいうと、インドの場合、**星座よりもハウスが重要**です。「アセンダントがどの星座か？」じゃなくて、「**どの惑星がどのハウスを支配して、どのハウスに在住しているか？**」なんです。

他にも、テクニカルな面での特徴をいえば、他の占星術にはない技法が多いです。分割図、ダシャー、ヨーガ、アシュタカヴァルガ、チャクラとか。

これらの要素が、占う際のクリンチングポイント、決定打になったりするわけです。

他には、ありとあらゆるテーマの相談に応じられるという包括的な面も大きな特徴で、「**アパラー**※

（実用）」と「パラー[※]**（スピリチュアル）」**の2つに分類されています。

※アパラー：日常的ないろいろな問題解決に役立てるもの。
パラー：教養や精神性に関するもの。

インド占星術は、この部分がすごく豊かです。ヒンドゥーイズムと密接に関係していて、たとえば思想や哲学系などの答えが出ないようなテーマでも、大きなヒントを与えてくれます。
個人的なことだけでなく、宇宙に関する事柄にも大きなヒント、示唆が得られます。これは大きな特徴ですね。

相談者を怖がらせることなく最良の選択へと導く

田中　リーディングをしていて、悪い結果が出た場合、どう伝えますか？

清水　ラオ先生がよくおっしゃっているのは、「**相談者を怖がらせないようにすることを第一とする**」ということです。

たとえば、ガンになる可能性がある場合、医者は本人に伝えるとは限らないですよね。ラオ先生の場合、家族に伝えることはあっても、本人にはそれを伝えない場合もあります。

田中 なるほど。解決策などは？

清水 ヨーギーや聖者は解決させるための技法を持っているかもしれませんが、「占星術師はそういう立場にはいない」というのが、ラオ先生のスタンスです。

そこはハッキリしています。ただ、相談者が〝問題を自分で作り出している〟という場合も少なくありません。そういうレベルの問題であれば、解決方法や賢明な選択を提案できます。

たとえば「子どもが大学の進路で理系にするか文系にするか」といった場合や、「病気がこの頃から良くなる、この頃まで治りにくい」といったことでも、インド占星術が有効なケースもあります。

もちろん、病気に関してのアドバイスは、医者を凌駕することはできないですが。

田中 では、カルマや運命に対して、インド占星術ではコントロールできるんでしょうか？

清水 それはないですね。じつはそこが、「詐欺師」の入り込みやすい領域です。**カルマをコントロールできるのは、グルや聖者**といった人たちだけです。

インド占星術師にできることは、**あくまで自由意志の範囲内で、相談者を「最良の選択に導くこと」**

までです。

田中　奇跡は起こしてあげられないけど、アドバイスならできると。

清水　そうです。右か左か真ん中か、その中で「これを選ぶといい」という助言をします。もちろん、外れることもあります。大体**7割は当たって、2、3割くらいは外れ**ます。

なぜかというと、インド占星術からみると、「**人間の情報の2、3割は隠されている**」とされるからです。運命と自由意志があり、2、3割は自由意志といわれていますが、〝それは決まっていて隠されている〟という捉え方なんです。

なぜなら、人間は特に悪い事柄に対し、真実に耐えられないからです。

そのため、聖者の中には、運命と自由意志の境界がわかる人もいるそうですが、たとえわかっていたとしても、**相手が耐えられないであろう情報は言ったりしない**そうです。

これについて、ラオ先生が『バガヴァッドギーター』（ヒンドゥー教の聖典）を引用していました。

クリシュナがアルジュナを説得して戦いへ向かわせるんですが、さまざまなビジョンを見せて説得したんです。でもその息子が非業の死を遂げることは見せなかった。クリシュナが知らないわけがなかったんですが、わざと見せなかったんです。それはアルジュナがその真実に耐えられないからです。例え話として、よくこれを話していました。

田中　へえー。でも、そうなると、占い師としてのスタンスも難しいところですよね。悪いことを言わないと、あとで相談者から「なぜあの時、言ってくれなかったの?」とクレームが来そうで。

清水　そうですね。ですから断定せずに、「この時期に気をつけてください」くらいのことは言いますけど。かつて、僕の鑑定後に、ガンになった相談者がいて、その指摘がなかった、と言われました。でも、ガンというのは診断された段階では、すでに進んでいますよね。ホロスコープ的には、1年前から悪い時期だったんです。

田中　ダシャー的には、すでに悪い時期に入っていたと。

清水　そうです。占星術的には、それを**指摘するだけで十分**なんです。でも、それをどう相談者に伝えるかという部分のテクニック的な問題はあります。

田中　「どう伝えるか」は、コンサルティング能力というか、占いの知識や技術とは別物ですよね。

清水　コミュニケーションのレベルで、占星術の知識がない人との間には誤解が生じやすいです。しかも、「怖がらせない」という前提がありますから、いろいろと難しいですね。

田中　そのうえで、7割以上当てるために少しでも精度を上げようと、皆さん勉強されているわけですね。

清水　それでも8割が限界かな。やはり、「隠されている」部分があると思うので。

田中　皆さん、7割、8割という数字をあげますけど、その根拠はどこから来ているんでしょう（笑）。

清水　僕も知りたい（笑）。

田中　100％というのは、まず聞いたことがないですよね。

清水　でも、無限の可能性の中から7割当てるだけでも、すごいことですよ。

カルマが示されたホロスコープのハウスは「1・5・9」

田中　インド占星術にとって、「カルマ」とはどういうものですか？

清水　これはもう、イコールです。インド占星術というのは、生まれ変わりを前提としています。生まれたときに、人生の宿命が7割がた決まっているとした場合でも、同じタイミングで生まれたAさんとBさんには、その後の人生に個人差があります。

その個人差がどこから生じるのかは、「過去世」が違うから、ということになるんです。

インド占星術はこの**過去世を前提に**していますから、**占星術＝過去世のカルマが現世に与える影響を見るもの**、ということになります。

ラオ先生に言わせれば、「**生まれ変わりを認めていない文化や国では占星術は生まれないし、発展しない**」そうです。

田中　古代ギリシャのプラトンは、生まれ変わりを認めていますしね。

清水　インド占星術では、生まれ変わりと宿命は一体であると考えられています。生まれ変わりやカルマといった思想は、ヒンドゥーイズムの表現形態のひとつなんです。

田中　カルマが、ホロスコープに現れているという考え方ですね。カルマに関するハウスもありますよね。

清水　過去世のカルマなら「5ハウス」、現世のカルマは「9ハウス」です。**1・5・9のハウスが、功徳**を表しています。

田中　なるほど。たとえば、9ハウスの支配星を読み取る場合、本来なら良い意味なのに、現世の行いが悪いと9ハウスで悪いことが起こる、というような解釈でいいんですか？

清水　実際には、現世の功徳といいつつも、過去世も関わってくるんです。現世の功徳とは、それを行うことで改善が効くことなどを表します。

9ハウスに関する惑星のダシャーの時は、「祈り」や「マントラ」が効きます。それが、現世の功徳になるからです。だけど、5ハウスに関する惑星のダシャーは、なかなか変わりません。

田中　理由は、過去世だからですか？

清水　そうです。過去世から持ち越してきたことが人生に関わってくるので、根が深い問題です。人生では、身に覚えのない出来事って、起きますよね？

田中　起きますよね、突発的に。

清水　それは、過去世のカルマに起因していると思われます。

占いの精度と占い師の人格の関係

田中　占い師の人格と占いの精度の関係をどう思いますか？　人格が悪くても、精度が高いことはあると思いますか？

清水　占い師になるのに、「適正な星のコンビネーションを持っているか？」という捉え方がありますよね？

田中　ありますね。

清水　それを満たしていれば、人格はあまり悪くはならないと思います。具体的には、木星が強く、水星が無傷で10室に絡んでいなければいけない。加えて、8室、10室、12室が傷ついていてはいけない、などですね。

これはある意味、人間としてのモラルや犯罪を犯す傾向に関わってくる条件ともいえるそうです。詳しくは明かせませんが……。

そうすると、**人格の悪い人はそもそも占い師としてはダメ**、という話になってきます。

田中　人格が悪ければ、精度が高くなることもないと？

清水　そうですね。よく「**ダシャーが悪いと、悪い人が寄ってくるし、鑑定が当たらないといわれる。ダシャーがいいと人脈に恵まれるし、鑑定も割と当たる**」といわれます。運気と鑑定結果には、関係があるんでしょう。

インド占星術の場合、精度を上げられるかどうかは集中力にかかっています。すごく多角的に見ていくので、調子の良いときでないとできません。調子が良いというのは、メンタルも含めてです。だから、精度の高さと人格、メンタルの良さの間に、ある種の相関関係が成立すると思います。

田中　では、鑑定とお金の関係はどう思いますか？

清水　ラオ先生もあまりはっきり言っていませんが、じつは「**カルマの交換がある**」ようです。なので、先生は、絶対にお金を取らないです。

田中 「お布施」ならいいんですか？

清水 相談者が置いていく分には、いいみたいです。ラオ先生がちょこっと言ったのは、「**お金を取ると、相手のカルマを受ける**」ということでした。

田中 相手のカルマをもらう？

清水 20％かな、もらっちゃうんです。

田中 じゃあ、占い師は鑑定しないほうがいいんですか？

清水 ラオ先生は、聖者から「鑑定数は減らして、研究したほうがいい」とアドバイスされたそうです。

田中 ラオ先生は、官僚としての収入があったからいいですが、占い師たちにとっては厳しいですね。

清水 ２０００年までは、ラオ先生は生徒にお金を取ることを禁じていました。
でも、今はだいぶ、その辺は柔軟になっています。プロの占い師もＢＶＢに学びに来るようになりましたから。彼らに「廃業しろ」とは言えません。「お金を取ってもいいけど、正直にやりなさい」

というふうに変わってきているようです。「**万が一、人を騙したりすれば、それは全部自分に返ってくる**」と強調していますね。

田中　そうですよね。生活のために占い師はお金を取らざるを得ませんが、あまりにも高すぎる金額はどうかと思いますね。

清水　ラオ先生が一番怒っているのは、ろくに勉強せずにやっている占い師に対してです。

インド占星術における開運法は「マントラ」と「奉仕」

田中　インド占星術の開運法は、マントラや宝石を使うことが有名ですが。

清水　はい。ラオ先生は**開運の処方としては、「マントラ」と「奉仕」**のふたつを挙げています。

田中　奉仕もですか。

清水　困った人を助ける慈善活動ですね。インド占星術の原典である『ブリハット・パーラーシャラ・ホーラ・シャストラ（ＢＰＨＳ）』には、マントラ、奉仕のふたつだけが開運のための処方として説かれています。

ラオ先生は、こと処方に関してはＢＰＨＳに書かれていないことは教えないので、「宝石を使った開運術を学校で教えるのは、まかりならん」と言っています。

宝石って、お金と結びついてしまうので、そこは厳しく否定しているんです。

僕も鑑定で「開運には１００万円のエメラルドを買う必要があるといわれているけど、買ったほうがいい？」と相談されたとき、迷わず「絶対に買うな」と言いました。

田中　インド占星術＝宝石というイメージがありますけど。

清水　でも、**古典には宝石のことは一切書かれていない**んですよ。

僕の推測ですが、きっと宮廷付きの占星術師などが、高価な宝石を所有している王侯貴族から「どの宝石を身に付ければいいか？」と聞かれるので、それに答えていたんだと思います。

田中　じゃあ、誕生月の宝石を持っていても、あまり意味がないんですか？

清水　それははっきりわかりませんが、古典などの権威的な裏付けがないということと、たとえ効果があるとしても、その正確な運用法がわからないことが挙げられます。
そして何よりも、詐欺などに使われて多数の被害が報告されていることから、教えるに値しないということだと思います。

田中　でも、奉仕で開運できると？

清水　基本的には、ヨガもアーユルヴェーダもインド占星術も同じで、**「サットヴァ」の要素を増やすことが開運に向かいます**。
サットヴァとは、３つのグナ（性格）のひとつで、「**無知を取り除く知識と、その結果としての幸福**」を意味し、「**上昇・浄化のエネルギー**」です。
それに関する教えのひとつに、聖典『バガヴァッドギーター』の中に「ジェントルマンと付き合いなさい」といったものがあります。そうすることで、サットヴァ性が高まって運が良くなると考えられています。
その他には、「**奉仕**」「**マントラ**」「**バジャン**」。

田中　バジャンとは？

清水　聖者を称える歌です。

これらが奨励されていて、それをすれば、人生でのサットヴァ性が優位になり、開運すると教えています。

だから、あまり難しいことではないです。ラオ先生が占星術をやっている目的はいわば、人々にマントラやバジャン、奉仕などを通して幸福になってほしいからです。

そうすることで、できるだけ多くの人々のサットヴァ性を高めさせたいわけです。

サットヴァ性が優位になると、**「シンプル・ライフ」になり、少ないもので満たされる人生**になります。**不安や恐怖もなくなり、必要なことに集中できる**ようになって、深い瞑想に入っていけるようになるとされます。

田中　ほぉ〜。

清水　女性の場合、変な男が寄ってこなくなり、変なモテ方をしなくなるそうです。

田中　あはは。

あと開運法に良い日時を選ぶムフールタがありますね。「早くムフールタをマスターしたい」ってよく聞くんですが、これは基礎からすべて積み上げて、ある程度すべてをやった人ができることであって、美味しいとこ取りで、最初からインスタントにできるものはないです。

清水　まあ運の良い人は何やってもいいんです。ただ、サットヴァ性を上げていくといいでしょうね。

インド人の生活と深く結びついているインド占星術

田中　インド人の生活に、インド占星術はかなり深く入り込んでいますか？

清水　はい。インド占星術からの情報は、毎日の生活に欠かせないものですね。今日は何の日、というのが毎日、いろいろと決まっています。

インドでは、プロの占星術師の他にも、「**パンディジ**」と呼ばれる僧侶に相談をします。パンディジのところに行くと「いつ結婚するといいか？」など、暦を見ながらいろいろと相談に乗ってもらえるんです。インド人は、だいたいホームドクターならぬお抱えの占い師を持っていますね。

田中　なるほど。

清水　パンディジは、必ずしもプレディクション（予測）は行いませんが、いわゆる「パンチャーンガ」と呼ばれるインド暦に通じている人たちなんです。

田中 インド占星術は、独学でも習得できますか?

清水 インドでは「独学しました」と言っても、おそらく通らないですね。占星術はそんな軽いものだとは一般に思われていないからです。

例えるなら、病院に行って「先生はどこの大学で医学を修めましたか?」と聞いたのに対して、「家庭医学書を読んで独学で医学を修めました」と言われたら、皆さんどうしますか? 受診せずに、そそくさと帰っていきますよね。そういう感じです。

田中 ということは、インドでは占星術家はかなり権威があるんですね。

清水 権威というよりも、それほど広範で体系化された知識があって、その習得と運用には、それなりの努力と時間と訓練が必要であると理解されていますね。

僕がインドに来た理由をインド人に聞かれて、「ジョーティシュ・シークネ・ケリエー(ジョーティシュを学ぶために)」と答えると、いつも彼らから驚きとともに感心されました。「そんな難しいことを学んでるの~」みたいに。

日本では独学の占いでも通用するでしょうけど、インドでは通用しません。誰から、もしくはどこでインド占星術を学んだのかが、はっきりと言えるようにしておかないと。

だから、インドの場合、「**パランパラ（系統）詐欺**」というのがあります。「私が習った先生のルーツをさかのぼれば大聖者の誰それに行き着く……」と嘘をついて集客する人たちのことです。「**誰から学んだか？」は結構、重要なポイント**です。というのも、インド占星術には、書物からでは学べない、**隠された情報がいっぱいあるから**です。基本的にはシークレットなんです。

田中　その点でラオ先生は、どこまでオープンにしていますか？　テキストなどは？

清水　最初の頃は、テキストはもちろんなく、ノートをとることはおろか、机の上に手を乗せることも許さなかったそうです。そういう伝統的な教え方でラオ先生から直接占星術を習った大先輩が、自慢げに話すのを聞いたことがあります。

でも、僕なんかは最初からビデオを撮っていましたから、不謹慎きわまりない（笑）。

田中　あはははは！

清水　ほんと、僕はどうしようもない人間で……、飛び級で入るし、ビデオは撮るしで。

学校の普通の授業は、シークレットな内容はないですが、ラオ先生の授業はシークレットな情報だらけです。その理由は、彼がヨーギーやスピリチュアルな人たちから、「誰にも言うなよ」と口止めを約束させられた上で教えられた知識をたくさん持っているからなんです。

田中　ところで、インドではインド占星術の流派って、どうなっていますか？　ホロスコープチャート自体、北インド式と南インド式で全然違ったりするじゃないですか。

清水　〝表千家vs裏千家〟みたいな対立構造などはありませんが、地域それぞれのインド占星術があります。たとえば、ヒマラヤ地方、南インドのケーララ州など、それぞれ独自の技法を使っていたりします。

田中　地域性があるわけですね。

清水　官僚だったラオ先生は、60歳で退官するまでの間、カシミール地方とケーララ州以外はすべて赴任しているんですよ。

田中　へぇー、そうなんですか。

清水　しかも、その地域の聖者や有能な占星術師たちと、交流してきているんです。だから、ラオ先生はある意味ですごくバランスが取れています。

田中　インド全般のインド占星術を知っているからですね。

清水　そうです。彼が運営するＢＶＢには、インド中のインド占星術の叡智が集約されています。

田中　ローカルのルールが、たくさんあるんですね。

清水　そうです。得意不得意があって、ヒマラヤだと、ヨーギニーダシャーを使います。東インドはヴァルシャファラ、南インドにはプラシュナという質問占星術で、貝殻を使ったり。

田中　貝殻を使う占いもあるんですね（笑）。

現地に暮らして知った「アガスティアの葉」の実状

田中　かつて、「アガスティアの葉」が日本で大ブームになりましたが、どう思われますか？

清水　５千年前に書かれたもの、というふれ込みは違うでしょうね。せいぜい、数百年前くらいに書かれたものではないかと思います。乾燥させたヤシの葉に書かれていますが、そんなにもつものではないので。

誰が何の目的で書いたかは、わからないとされます。

田中 流派としては？

清水 **「ナーディー占星術」**と呼ばれます。アガスティアの葉自体は「ナーディー文献」といって、それを**見に来るであろう人の人生が書かれている**、とされています。

田中 ええ。

清水 イギリスの植民地時代に、ある寺院から大量のヤシの葉に書かれた古文書が発見されました。そこには科学などいろいろな分野の文献があって、ほとんどはイギリス政府が本国に持ち帰りました。ところが残された役に立たないと判断された文献の中に、ナーディー文献、つまりアガスティアの葉があったんです。不思議なことに、日本人の名前なんかもその葉っぱに書かれているんです。

じつは、僕も見てもらいましたが、（母親の名前である）michikoとか書かれていました。その葉っぱを記念にもらって、他の場所でも読んでもらいましたけど、名前は間違いなく書かれていました。

田中　書かれていたとは、すごいですね。

清水　日本では「アガスティアの葉」が有名ですが、インドに行けば「シバの書」「シュカの書」など、地域ごとにいろいろあって、**地ビールみたいなもの**なんです（笑）。

でも、**当たる当たらないがある**んですよ。総じて過去や現在のことは当たることがあっても、**未来のことは当たらない**。どちらかといえば、霊能力のような気がしますけど。

田中　昔、清水さんから聞いて納得したのは、「現在と過去をよく当てる霊能者であっても、未来が当たるわけではない。未来を当てるのは能力が違う、とインドでは考える」ということです。

清水　インドの考えだと、**「アストラル」と呼ばれる霊的な世界があって、そこにつながって情報をもらうのが、霊能力**なんです。でもその場合の「アストラル」は、必ずしもレベルが高いわけではなく、**未来もわかる「アーカッシュ」（アカシックレコード）までは届いていないことが、ほとんど**だったりするんですね。

田中　その意味では、占星術のほうが未来は当たりますか？

清水　ラオ先生の結論は、「**未来に関しては占星術のほうが当たるのではないか**」ということでした。

僕もそう思っています。

田中 インド占星術はすごく細かいところまでわかって、何月何日の何時に何を食べたかくらいまでわかるみたいなことを、昔聞いたことがありましたが。

清水 そこまではわからないです（笑）。それは霊能力です。それは聖者のレベルで、占星術のレベルではないです。ラオ先生は聖者200人くらいに会っているんですが、最近はいないと言っています。昔はよくいたらしいです。

田中 それは時代なんでしょうか。文明化するのを聖者は嫌がるんでしょうか？

清水 そうでしょうね。ヒマラヤにもATMがあって、夜になると光が煌々としている時代ですので（笑）。

田中 そんな時代なんですね（笑）。

清水 インドには「サナータマ・ダルマ（永遠のダルマ）」という考えがあります。あることが廃れてくると誰かが南インドから現れて、アップデートするという考えがあって、占星術師や詩人、歌手といったかたちで出てくるんです。

「聖者がいないのか、もう駄目なんだ」と思ったら南インドから出てくるんです。占星術でいうと、ラオ先生がそうかもしれないですね。

技術について

田中　インド占星術で12歳以下は占わないことについてですが。

清水　以前、10歳の子どもを占ってほしいと言われたことがありますが、難しいですよね。というのも、過去に何が起こっているかを参考にして時期の良し悪しを判断するので、それができないからなんです。この年齢まで親の影響下にあって一人前ではないですし、生まれてから4年は母のカルマ、次の4年は父のカルマ、最後の4年は本人のカルマという考えがあるからだと思います。

あと、12歳まではバーラリシュタ・ヨガ、つまり生き残れるかどうかが重要なんですよ。昔は死亡率が高かったからです。12歳までは死亡するパーセンテージが高かったんでしょう。だから将来のことを占っても意味がない、という考えになったのだと思います。

田中 ナクシャトラ・リーディングについてはどう考えていますか？

清水 最近、流行ってますよね。プッシュボタン式なので初心者が飛びつきますよね。でも占星術の全貌を知っている人からすると、弊害があると考えます。そこで止まってしまうからです。

田中 ナクシャトラは使わないですか？

清水 僕は使わないです。昔、一生懸命覚えましたが、やめてしまいました。

田中 インドにはナクシャトラだけで占うということはあるんですか？

清水 良い本はあるにはあります。でもラオ先生が「やるな」と言ったのでやめました。ラオ先生の本にナクシャトラが全然でてこないので、みんなナクシャトラのことをラオ先生に聞くんですよ。そうしたら「Don't do that. You will destroy your astrology.（それはするんじゃない。占星術を破壊してしまうだろう）」と言うので、みんなやらないんです。

田中 12星座占いもそうですよね。

清水　インドで12星座占い、いわゆる太陽星座占いをやっている人はいないです。欧米にしかいないです。

田中　12星座、12サイン自体使わないですよね。

清水　ＢＨＰＳにはサインの記述がほとんどありません。火地風水やムーバブルか、フィックスかデュアルかくらいしか使わないです。細かく人生全般や職業なんかは見ないですね。

田中　ダシャーシステムはいくつもありますが、優先順位はありますか？

清水　それは人それぞれにありますね。ＢＶＢではひとつのダシャーを半年くらいかけて練習するんですよ。その期間にコツを掴んでひとつずつ固めていきます。最初からいくつも使うと混乱するんで。ダシャーに得意不得意がありますね。僕は最近ジェイミニばかり使っていて得意になりました。でもヴィムショッタリー・ダシャーも使います。ラオ先生は昔話をよくするんですが、「昔の人は今の人ほど技法をたくさん知らない。でもダシャーはいくつも知っていて10コくらい使っていた」って言っていました。

田中　そんなに使っていたんですか！

清水 一度に全部使うんではなくて、ケースバイケースで使い分けるんです。伝統的にはダシャーは重要なんです。僕も8つのダシャーをエクセルのスプレッドシート上で計算していつも用意しています。でも主に3つですね。ヴィムショッタリーとジャイミニ、そしてその時の状況に応じてひとつ使います。

田中 インド人から見たインド占星術の起源はどのようなものでしょうか?

清水 おそらくインド人は知らないと思います（笑）。でもBPHSによると、ブラフマー神が占星術を作ったとされています。

田中 神話の時代ですね。

清水 そうです。「リシ（聖仙）」と言われる人たち、パーラーシャラやジャイミニとかがそれを伝えて、リシがそれぞれ本を書いたんです。最も有名なのがパーラーシャラです。

田中 口伝で伝わってきているわけですよね。文献的にどうなのかという点においては、検証が難しいですよね。

清水　文献となるとかなり最近になってしまいます。日本だと『ブリハット・サンヒター』『ヤヴァナ・ジャータカ』を、インド占星術の源泉にしている人たちがいます。文献主義だとそうなってしまいます。でもこれは、インドのコモンセンスとは違います。

田中　インド占星術はギリシャから伝わったという説は、欧米でも異議が出ています。

清水　古いものには『リグ・ヴェーダ』（古代インドの聖典）に記述がありますが、体系的なものはBHPSです。ヴェーダ聖典にはこういう惑星配置だったというのがあって、その成立はいろいろ説がありますが、古い説だと5千年前です。

宇宙、惑星というものは、ヴェーダの時代から意識されていたけれども、体系化されたのはヒンドゥーの時代だともいわれています。

田中　それは時代でいうといつですか？

清水　釈迦牟尼の後です。だから先程言った5千年前というのはわからないです。パーラーシャラは5千年前といわれています。

田中　5千年前だと紀元前3000年前なので、メソポタミアではシュメールの時代ですね。

清水　インドでは『マハーバーラタ』という叙事詩の舞台となった時代、カリ・ユガ（インド哲学で「悪徳の時代」と呼ばれる）が始まった時代になりますね。

田中　お使いの予測技法は、何をお使いでしょうか？

清水　分割図とダシャーが鑑定精度を決定しますので、鑑定の現場ではそれに集中します。ダシャーはいろいろ使っていますが、最近はブリグ占星術という系統の、ある特殊なダシャーについてもっと使えるようになりたいと思っています。

未来の占いは科学になっていく

田中　では、最後に占いの未来についてどう思われますか？

清水　これはラオ先生の考えで、僕も同じように思いますが、**科学として教育機関で教えられるよう**

になると思います。50年後か、30年後か、20年後か、わかりませんが……。
彼にはこういう確信があったから、誘われるままにアメリカに行ったんです。アメリカ人は新しいもの好きで、正しいと思ったものはアメリカを中心にして世界に広がっていく――。
そう思って、ラオ先生は92年から95年まで5回渡米して、各地でセミナー講師を務めてきました。それにより、ラオ先生はアメリカで大ブームになったんです。

田中　実際、イギリスでは占星術を歴史的に研究する大学があり、北京大学でも術数文化を研究対象にする流れがあります。あくまで、文化として研究するということですが。
インド占星術の日本での状況はどうですか？　勉強する人は増えていますか？

清水　僕の周りでは増えていますね。

田中　優秀な生徒さんが増えてきていますよね。僕も、インド占星術が日本で発展することを願っています。

おまけのQ&A 教えて、清水さん

Q インド占星術の原典『ブリハット・パーラーシャラ・ホーラ・シャストラ（BPHS）』は、いつ頃できた書物なのですか?

A 詳しいことはわかりませんが、5千年前くらいといわれています。それまで口授だったものが19世紀にサンスクリット語からヒンドゥー教に翻訳・編纂されたといわれていますが、諸説あって本当のことはよく知りません。

イギリスはインドの植民地統治を容易にするために、英語教育を普及させてサンスクリット文化を意図的に破壊しようとしたんです。これはイギリスの国会の議事録にも残っています。その議事録の文面をラオ先生に見せてもらったことがあります。

ですからインド人たちがヒンドゥー文化を守ろうと、必死に抵抗し、その流れの中で編纂が進んだ可能性があります。

Q 普段からインド占星術で良い日時を選んで行動したりしますか?

A それはしないですね。ただ、重要な日に関しては慎重に選びます。

でも、絶好の日時はそう簡単に見つかるものではありません。悪い日を避けるというか、最悪を避けるという使い方でいいのではないかと僕は考えています。

完璧な日時はなく、最善を求めると30年かかったりするという話があるくらいですから（笑）。

あるときムフールタ（適切な時を選ぶこと）について質問したら、ラオ先生が面白い物語をしてくれました。

ある聖者が結婚しようと思って、奥さんを探していたら30年かかってしまいました。そして次に、結婚式を挙げるのに良い日取りを探しているうちに30年が経過し、とうとう奥さんが死んでしまいました。

そういう話です。

ですから最悪を避けてベターを選ぶことができればそれで良し、と思います。でも、ムフールタよりもダシャーが優先されるので、宿命を超えることはできません。

つまり、開運といえるほどの効果はもともと期待できません。世間でそういう効果を期待させるのは、そう言わないと売れないから、という大人の事情ですよね。

vol.7 西洋占星術家 橋本航征

魂込めて生きていけば、
感動できる人生になるんです

橋本航征

はしもと　こうせい／西洋占星術家。1950年神戸生まれ。1974年より占星学の研究を始め、日本の占星学の第一人者、門馬寛明先生の元で数年学び、現在まで占星学一筋に生命を注いで研究に打ち込む。著書に『宿命占星学』『真実の占星学』『新版・真実の占星学』（いずれも、魔女の家BOOKS）がある。東京・名古屋・大阪・神戸でスクールも開講中。
http://kosei-astro.com/index.html

タクシーの運転手から占星術師になった理由

田中 橋本先生に初めてお会いしたのは10年前の占い学校の東京での新年会なんです。それ以来お会いしていないんです。今回10年ぶりなんですが、覚えてらっしゃらないですよね。

橋本航征さん（以下、敬称略） 覚えてないんですよ（笑）。

田中 対談していただきたかったので、恐る恐る電話したら、「良い本出してますよね。ぜひ」って言ってくださいまして。

橋本 時代は変わりましたね。僕が勉強し始めた頃は、占星術の本が少ないでしょ。ルル・ラブア先生（日本の女性占星術家／1945−1994）のと、もう少しあとで植田訓央（日本の占星術家／1933−2002）先生の本。あんまりなかったんですから。

田中 本日はよろしくお願いいたします。

まず占星学に興味を持たれたのは、いくつの時でしたか?

橋本　1974年ですから、24歳の時ですね。

田中　あ、僕の生まれた年ですね。

橋本　当時、僕はタクシーの運転手やっていたんです。

田中　えー、そうだったんですね。占いに興味を持たれたきっかけは?

橋本　幼友だちがトラック事故の外傷が原因で亡くなって、身近な人が死ぬという経験があまりなかっただけに、すごくショックで。
ドライバー仲間に姓名判断について研究していた人がいたので、「みてもらえるかな」と思って、亡くなった友人の名前を教えたら、その人が名前を見るなりびっくりしながら、「えっ!　頭に傷がつく名前だ」って言ったんです。

田中　へぇー。

橋本 そのことがきっかけで、最初に「姓名判断」の本から読み始めたんです。当時、超能力者のユリ・ゲラーが来日したことでオカルトブームが巻き起こり、雑誌にタロットの付録がついたりしてました。世をあげてのオカルトブームでしたね、１９７０年代の日本は。

田中 そういう時代だったんですね。

橋本 で、僕は目が悪くなってきていたんで、目標にしていた個人タクシーを諦めて、プロの占い師になろうと思って、**姓名判断と数霊とタロット**から勉強してみたんです。

田中 占星術じゃなかったんですね？

橋本 「占星術は難しそうだな」と思って、最初は避けたんです（笑）。でも、**姓名判断、数霊、タロットは、霊感とかインスピレーションが必要**だから、どうも自分向きではないとわかって。もっと理屈があるほうがいいなと思って、同じ年に「占星術をやってみようかな？」と。

田中 そうでしたか。

占い師デビュー後、守り続けた自分スタイル

橋本　占星術の本もあまりなかった時代でしたが、占星術を独学し始めたんです。そうこうしているうちに、27歳になった1977年に、門馬寛明先生が僕の地元の神戸・元町のカルチャースクールで教え始めたので、学ぶことにしました。

門馬先生のもとで2年間みっちり勉強をして、1979年からプロになって、今年（2019年）でちょうど40年目です。

この間、なんとか占星術だけで生活してきましたね。

田中　はぁー、40年はすごいですね。

橋本　その代わり、最初の1年間は所得が低いから栄養失調になって、脚気《かっけ》にもなりましたけどね（笑）。

田中　そんなに大変だったんですね（笑）。

橋本 「勉強さえしておけば、あとは客が勝手に来る」って思ってますやん、こっちはね。デビュー当時は、そういうおとぎ話の国で生きていたからね。

でも、事務所を6階の部屋に持っていて、待てど暮らせど来ないっていう(笑)。

田中 どういうきっかけで、お客さんが来始めたんですか?

橋本 最初の1年間の収入は9800円だったんです。それで「こうなったら夜の街に出ていこう」と決めて、神戸、大阪、京都の街角でやっている占い師をリサーチしたけど、やはり度胸が足りないんですよ。やらなきゃと思っても、「嫌だなぁ」と踏ん切りつかなくてね。

そこで、ひらめいたのが、有馬温泉のホテルに出向く出張占いなんです。週3回で結構、多くのお客さんを鑑定できました。

今思えば、大して儲かってはいないけど、鑑定したお客さんがリピーターになってくれて、事務所のほうにも足を運んでくれたりしてね。

そうこうしているうちに、「神戸の占いの店」という、一カ所に13人の占い師を集めたお店ができて、名物スポットになったんです。そこに入ってから、少し生活が楽になりましたね。

田中 何年頃ですか?

橋本　オープンしたのは１９８２年４月です。

田中　そこで収入が安定したんですね？

橋本　そうですね。でも僕はプライドが高いから、嫌なんですよね、そこも。なんていうか、「遊郭」みたいでしょ。客がフロアーを練り歩きながら占い師を品定めして。こっちもいかにも「当たりますよ」っていう雰囲気を作って、客を待って。

客に見初められないといけないわけだから、もう、ものすごく嫌でしたね（笑）。しかも当時、僕は32歳ですからね。若く見えるから、客は来ないんです。

田中　やはり、若さというのは占い師にとっては……。

橋本　ダメ！　ちょっとボケが始まってそうなくらいがいい（笑）。

田中　あはは。

橋本　ああいう場では、客は見た目で判断しますからね。結局、２年で「こんな遊郭、嫌だ」ってなって。

田中　遊郭ではないですけどね（笑）。

橋本　感覚としてはそんな感じでした。でも、そこに来ていたお客さんに事務所の住所の入った名刺を渡していたので、事務所に来てもらえるようになったんです。

田中　なるほど。有馬に続いて、リピーターさんが増えたわけですね。

橋本　そう。あと、カルチャースクールの先生も始めていましたからね。それ以来、いろいろなスクールで教えるようになって、今も神戸で教えています。

でもね、カルチャースクールは嫌だから、「もう、生徒を集めないでほしい」って頼んでいるところなんです。

田中　あの……、さっきから「嫌」ばっかりですね（笑）。

橋本　スクールの先生でも、収入的に見合うならいいんですよ。

田中　あ、そういうことですか。

橋本　もうずっと前から辞めたかったけど、辞めたらうちの奥さんが怒るから（笑）。

田中　あははは。

橋本　占い師っていう、訳のわからない仕事をしているから、カルチャースクール講師っていう肩書があると、世間的な信用がつくわけですよ。

「諸悪の根源は元気にある」と悟った決死の自転車旅

田中　38歳の時に、「自転車で24時間以内に神戸から東京に到着する」というツーリングを敢行されたそうですね。なぜ、そのようなことを？

橋本　「**自分がふがいない**」と思ったからですね。38歳といえば誰でも結婚して子どもがいてもいい年齢なのに、僕は収入も少ないし、情けないなと思ってね。

そこで、神戸から東京まで、寝ないで24時間以内に行ってやろうと思って。

田中 そういうことだったんですね。

橋本 大みそかにスタートして、結局、35時間以上かかったね。当時は暴走族が多かったんです。静岡とか、暴走族だらけで怖かったですよ。

でもね、こっちはフラフラで、怖がる元気もなく、ただ必死に自転車をこいでいたんです。そうしたら、彼らが近寄ってきて「頑張れよ!」って応援してくれてね。

コンビニでおでんを食べようと思って立ち寄ると、そこも暴走族だらけでね。

でも、フラフラだった自分から、まるで、千日回峰行をしている**阿闍梨のような雰囲気**が出ていたんでしょうね。店員さんから暴走族までが、僕に対して心の中で「手を合わせてくれている」のがなんとなくわかりましたね(笑)。

田中 ほぉ~(笑)。

橋本 その時に悟ったのは、「**諸悪の根源は元気にある**」ということね。元気があるからこそ、人は他者を元気に妬んだり、そしったり、怖がったりするわけです。元気がなければ、他者を怖がる元気もない。

元気がなければ、生かされているということだけに感謝できるんです。

田中 それはある種の真実でしょうね。

橋本 暴走族の人たちも、元気の使い方がよくわからないから、ああいうことになるわけで。ゴールにしていた日本橋に着いたら、女の人が「どこから来られたんですか?」って聞いてきたので、「自転車で一晩かけて神戸から来ました」って言うたら、正月だったんで、興奮して「バンザーイ! バンザーイ!」って三唱してくれました(笑)。元気がないとみんな親切にしてくれる。

田中 ちなみにそのツーリングの帰りは、どうされたんですか?

橋本 帰りは新幹線です(笑)。

田中 はははは!

橋下氏の著書

占星学の法則では、人は相性の悪い相手と結婚する

田中　ところで、数々の自主製作テキストの他に、『宿命占星学』と『真実の占星学』（共に、魔女の家ＢＯＯＫＳ）という二冊の本を出版社から出されていますよね？

橋本　なぜ二冊目を書いたかというと、一冊目を出したときに僕の連絡先を書くのを忘れていたんです。それで、自分の連絡先を書きたいがために、二冊目の企画書を持っていって、本を出してもらったんです（笑）。

田中　そういう理由なんですね（笑）。でも、書かれた二冊の本は、どちらもすごいですよね。技法の網羅というか。

橋本　**「理論のごっちゃ煮」なんて批判された**こともありますけど、そういうのは、**実践を知らん人**やね。
実際にプロとして占いをすると、一人の客がどれほどの質問をこっちに聞いてくることか。そういうお客さんのために、いろいろな技法が必要になることを、知らないからでしょうね。

田中　そうですね。わかります。

橋本　他人が書いたレビューなんか読まないようにしているけど、「『宿命占星学』で橋本航征が書いた予言が外れている」という一文を目にしたことがあるんです。
あ、これ「キョンキョン（小泉今日子）の相性」を書いた部分かなと思って。
結果的にキョンキョンは離婚するわけだけど、相性がいい相手と結婚したって、人生の方向性が違ってくると離婚することはあります。
じつはね、**世の中の夫婦って8割は相性が悪い**んですよ。腹の中、煮えくり返りながら夫婦をやっているわけです。

田中　あはははは。

橋本　でも、籍は抜いていない。だから、はたから見ると勘違いしてしまう。籍を抜いていないのは相性がいいから、というわけじゃないんです。

占星学の法則からいったら、「**人は相性の悪い相手と結婚する**」ことになります。

門馬先生は第７ハウスを「第７宮」って言いますが、そもそも誰なんだろうな、ハウスを「室」って訳したのは。あれは部屋＝ルームじゃないんですよ。

田中　確かに「室（ルーム）」じゃなく、「家（ハウス）」ですよね。

橋本　で、……あれ？　何の話だっけ。興奮してわからなくなった（笑）。

田中　相性が悪い相手と第７宮の関係ですね。

橋本　あ、そうそう。**相性占いで使う第７ハウスは、**「**公の敵**」「**見える敵**」を読むときにも使うんですよ。**社会占星学では、戦争を占う時**に見ます。

ちなみに、暗殺などの潜んだ敵や見えない敵は、第12ハウスを読みます。

第７ハウスは、本来、「見える敵」を読むハウスなんです。

田中　つまり、奥さんは敵だと（笑）。

橋本　敵なんです。ところが、能天気な世の男性方は、奥さんが我慢しているということに気づいていないんです。「俺がしっかり仕事をしているから、うちはうまくいっているんだ」とか勘違いしている。

仕事なんかより、奥さんがやっている育児のほうがしんどいのに決まってますやん。24時間、365日フル回転なんですから。

そんなわけで、**採める相手を読むのも、結婚相手を読むのも一緒**なんです。僕の考えとしては、「つらい修行をしたければ結婚しなさい」ということ。

田中　そのほうが人間として成長しますからね。

橋本　結婚は、折り合い付けていくものだから。ラクしたければ、独身でいたらいい。

僕の場合は、39歳と遅い結婚でした。

田中　あえて相性の悪い相手を選んだんですか？（笑）

橋本　いや、悪いといっても、何とか我慢できる程度の人じゃないとダメ（笑）。

そもそも**縁がなくては、結婚はできません**。占星術で縁を見るには、基本的には「自分の月の位置」

と「相手の特定の惑星の位置」が創り出す角度で見ていくんです。

月と月、月と太陽、月とドラゴンヘッド、月とアセンダント、月とミッドヘブン、月とリリス。

そうやって、**月との組み合わせで判断すると早い**んです。自分の月と相手の特定の惑星が同じ星座にある（0度）か、その真反対の向かい側の星座にある（180度）かで、縁の深さがわかります。

自分の太陽の位置と相手の太陽の位置の関係からは、縁は生まれないんですよ。

独自に編み出した願望成就法「カジミ・ムーン」

橋本　ここ最近は、**願望成就の占星学**として、ブログで「**カジミ・ムーン**」というのを煽っています。なぜかというと、海外のサイトで「カジミ・ムーン」という言葉を見つけたとき、それだけで全身にビビッと電気が走ったみたいになったんです。

田中　「これだ！」みたいに？

橋本　理論的には、これ以上にスゴいエネルギーが放たれる天体パターンというのはないんですよ。カジミは、惑星が太陽の16分の角度に入ることを意味します。太陽は「王」ですから、その瞬間、王の心に惑星が入ってくるような状態になるんです。

その中でも、**月のカジミが最も願望を達成するパワーが強い。**

田中 でも、それが起きるのはとても短い時間ですよね？

橋本 僕の計算では、約29分くらい。

田中 その間に、ということですよね？

橋本 **開運には月のポジションが重要で、その最たるものが、接近したときのカジミ・ムーン。**月が太陽の中心ではなくて、太陽の北か南にいるんです。

田中 接近がいいわけですね。

橋本 そうそう。分離していくときは、パワーとしてはちょっと弱くなります。

田中 でも、下手したら「コンバスト」（惑星と太陽との距離の度数によっては、惑星は太陽に燃やされ傷つくという、悪い意味となる）になってしまいますから、そのへんが怖いですね。

橋本　**太陽の懐に入っているうちがいい**わけです。ヤクザと一緒やね。怖がっていると「お前なんやねん」と、いちゃもん付けられるけど、懐に入ったら怖がる必要はない。

犬や猫もそうでしょ？　人の懐に入ってくる。

それと一緒で、太陽の懐に入ったら歓迎されるけど、離れてたら焼け焦げてしまう。そんな感じ。

田中　なるほど。

橋本　カジミ・ムーンを分類した結果、**皆既日食**が最強だったので、「**アルティメット・スーパー・カジミ・ムーン**」って名付けたんです。

ちょっと隠れてる**部分日食**は「**ウルトラ・スーパー・カジミ・ムーン**」ね。

そんなふうに分類しているうちに、わけわかんなくなっちゃってね。自分の書いたテキストを見直してます（笑）。

要は、**太陽に焼かれないよう、太陽の中心に来て、離れなければいい**わけです。

となると、開運にいいタイミングは、**新月の30分前から新月の1分前の29分間**なんです。

田中　実際に効果も出ていると。

橋本　生徒さんからは、「宝くじに当たった」とかいろいろ聞きました。

それと、従来の方位学が当たらないから、僕は**オリジナルの方位メソッド**を教えています。

たとえば「牡羊座」は東に位置しているから、牡羊座でカジミ・ムーンが起こったら、「自宅から見て東の方向の宝くじ売り場に行くように。その際に、牡羊座は赤だから、赤のペンで当たりますように、ってクジに書くように」と伝えます。

田中　なるほど。

橋本　だから、カジミ・ムーンのときに、単に宝くじを買いに行ってもダメなんです。売り場には、カジミ・ムーンのことを知った人たちがいっぱい並んでいます。

その人たちが皆、当たりますか？ということなんですね。

ここ最近思うのは、プラスアルファの要素として**「念ずる」という要素のほうがパワーが強い**。だから、**占星術は魔術**なんです。

田中　そういう側面はあると思います。

『ピカトリクス』を読んで、念じることに開眼

橋本 最近ブログでもよく「**運命の創造主は、本当は自分自身である**」と煽っています。「自分はこの先、どうなるんやろ?」とか、自分の行いとは無関係に幸運が巡ってくると思っている人がいますけど、それは大きな間違いで、「その考えは、甘い!」と言いたいですね。

田中 念じて行動することが必要だと?

橋本 そうです。いいタイミングで念じて、行動を起こすことが大切やね。回転寿司みたいなもんで、いいネタが流れてきたときに、それを手にした人だけが味わえるんです。黄金の時間が流れているわけだから。

田中 なるほど。

橋本 **魔術と占星術の書『ピカトリクス』**を読んで、目からウロコでね。それまでは念ずるとかは興

味なかったんです。

でもあの本は、全編念じているでしょう？　街滅ぼす時でも、星の悪い角度を見て念じて行動するでしょ。そういうことが当たり前に書いてあって、「ああ、そうなんだ……」と思いましたね。

壊れない城や橋をつくるときに、生贄やってるし。でも、効果あるんですよ。「この橋をつくる時にこんな不幸があったからつぶれない」というみんなの念でそうなるんですね。

念といえば、呪いの藁人形なんかもありますが、僕はそんなのは嫌いだから。それよりは愛しの藁人形を作って「おお、よしよし」ってすると人から好かれるとか、そういうのはいいよね。

そういうことが『ピカトリクス』にも書いてあって。相手を引き寄せるために、星の配置がよい時間に念じて人形作って、それを持っているあなたの前をその人が通ると、たちまちあなたの虜になるとか書いてある。

田中　そうですよね（笑）。

橋本　あれには当たり前のように書かれていて、とにかくびっくりしました。

田中　なるほど（笑）。

こだわりの星の読み方と食事アドバイス

田中 関西と東京の両方で鑑定されたり、教えられていますが、クライアントや生徒の違いを感じますか？

橋本 違いますよね。**関西は貪欲だけど、関東はやはりおとなしい感じ**ですね。東京の場合、地方出身者もいっぱいいいますから、鑑定の際は心理分析や人生相談みたいな感じになりやすいですね。関西の方は「当ててください」と言ってくる。

田中 予測してほしいと。

橋本 「ウチの娘が来年受験ですけど、受かりますか？どこの学校がふさわしいですか？」とかね。すぐに結果が出ることを聞いてくる。それはもう、怖いよ。

田中 鑑定して、悪い結果が出たら、どう伝えますか？

橋本　たとえば、病気についてとかの場合、技法はいっぱいあるけど、僕は**「第6宮」から健康法や食事を見ればいい**と思っています。

僕の読み方は、ハウスの主星が何座にあるか、から見ていくんです。

田中　ハウスに入っている惑星じゃなくてですね？

橋本　それはあと。でも、直感的でいい。クライアントによって、「この人は入っている星を見たほうがいい」と思えば、そっちからいきます。

もしそう閃かないなら、ハウスの主星がどこにあるかから見ていきます。そうしないと、ハウスに惑星が入っていないことは、たくさんあるからね。

この部分でみんな迷って、「入っていないとき、どうするんですか？」って聞いてくるから、**「主星を見ておけば迷うことない**でしょ」と言っています。

たとえば、主星が「第2宮」に入っていたら、「喉だから、しゃべるとかでストレス発散すればいい」とかアドバイスができる。首にもあたるから、「首を回すことで肩こりを防げる」とかね。

田中　なるほど。

橋本 あと、僕がよく見ているのが、食事。ロバート・カール・ジャンスキー（1932–1981）という「ホリスティック・メディカル・アストロロジー」の先生がいまして。

その人は病弱で、古代からの占星医学に基づいた法則をいろいろ試したけどじつはダメで、本当はこうだったというのを本にまとめているんです。自分で試して書いているだけに、すごい説得力のある内容でね。

その本の影響もあって、クライアントの第６宮に対する９０度・１５０度の惑星を見て、「こういう食事を摂りなさい」とアドバイスをするんです。

このロバート・カール・ジャンスキーは48歳で亡くなっています。

田中 早くに亡くなったんですね。

橋本 病弱だから占星医学に興味を持ったんです。そういうものですよ。運悪いから、占い師やってるんですよ。

田中 そうかもしれないですね（笑）。

チャートから見えてくる自殺や孤独死の可能性

田中　1枚のホロスコープチャートだけで、すべてのアドバイスはできますか？

橋本　できます。もしできなくても、僕は気にしない。

僕は占星学しかしないし、占星学で読めないからといって、タロットや他の占術でアドバイスするのは嫌なんです。そこから逃げているようでね。

田中　占星術だけでアドバイスをすると。

橋本　たとえば、あまり知られていないけど、占星学での方位術もあるんですよ。中国の方位学もあるんだけども、僕はとにかく星しか見ない。

たまに家の見取り図とか持ってきて、「どこが悪いですか？」と聞いてくる人もいますが、そういうときでも、〝**まぐれ**〟でよく当たるんです。

田中 〝まぐれ〟で（笑）。

橋本 そう。その見取り図の場合、中心に壁があったんです。その壁は勉強部屋も兼ねていたので、僕は「この勉強部屋の壁が一番悪いね」と言いました。

そうしたら、「前の持ち主がその勉強部屋で首つりした訳あり物件だった」と言われました。

田中 えー……。

橋本 これが、偶然にも当たるんです。でも、最近は僕の中で、**占星学でも風水が見れる**ということが、はっきりとしてきました。

自殺や他殺物件なんか見ていると、キーポイントは玄関にあると思いますね。殺人は「第８宮」と関係するから、家の中心から見て第８宮の星座（コーセイ方位法では、牡羊座は東、蟹座は北、天秤座は西、山羊座は南）が示す方角に玄関があると、風水的に良くないんです。

田中 なるほど。

橋本 かつてのリピーターさんで、自殺した方がいてね。**自殺や孤独を司るのは「第12宮」**です。

その人の家をグーグルマップで見てみると、やはり玄関が第12宮の星座の方位を向いていたんですね。
玄関がどの方位に向いているかを調べる時は、玄関の左右幅の中心が、チャート上のどの宮にあたっているかを見るんです。

田中　そうした場合、亡くなった方のチャートを作って読み取るんですか？

橋本　**生年月日さえわかればいい**です。その日の正午を生まれた時間にして、チャートを作ります。よく、「誕生時間がわからないとダメ」っていう占い師さんがいますけど、そんなことはありません。僕は誕生時間が不明でも、10種類くらいのチャートを作る方法を知っています。

どんな宿命であっても感動できる人生に

田中　ところで、宿命と自由意志の関係ですが、自由意志でどれくらい宿命を変えられると思いますか？

橋本　僕が思うのは、人生って、つまり宿命はほぼ決まっている、ということです。それは、役者がもらう台本と一緒ですやん。自分の役は、ほぼ決まっているわけです。

決まってはいるけど、自分の与えられた宿命を嫌がらずに、**魂を込めてすべてのことにあたっていったら**、芝居に例えるなら、主役を食ってしまうほど**観客を感動させられる**演技になるじゃないですか。

だから、どんな悲惨な宿命や運命であっても、受け入れてこなせば、感動できる人生になる。あるいは、周囲を感動させられるんです。

でも、実際には、宿命はちょっとだけ変わります。

田中　ちょっとだけ……ということは、少しは余地があるわけですよね？

橋本　その余地は、**感動できる人生か否か**、という部分です。どんな宿命でも一生懸命生きれば、感動がある。自分の宿命を悲観していたら、感動がない人生で終わってしまう。

そもそも、物質的に恵まれているように見える人でも、富豪の人でも、**みんな苦しみや悲しみを持っている**んですよ。

田中　そうですね。

橋本　自分が持たされた才能に気づいていない人も、いっぱいいるしね。

田中　チャートから「ここは変えられる」「ここは変えられない」とか、区別はできますか？

橋本　できないですね。宿命や運命というものは、なかなか読めないものなんです。

田中　悪い運勢が出ている場合、どう伝えますか？

橋本　その場合、ラッキーカラーなど、なんとか相手のプラス要素を見つけます。ラッキーカラーにしても、いろいろあるしね。アセンダントから見たり。
あと、「**愛情**」**が相手の運を強めたり寿命を延ばしたり**します。愛情、思いやりが大切なんです。

運を良くするには自分のチャートと一致する生き方を

田中　ちなみに、運を良くするにはどうしたらよいですか？

橋本　**チャートが表す**「**自分らしい生き方**」をするなら、運が開けますね。1宮の主星がどのハウスにあるか、あるいはどの星座にあるかで見ます。これは自分の行くべき方向性です。あと、先行日食、生まれる前の日食がどこのハウスにあるかも見ます。これで自分らしく生きられるんですよ。

田中　お客さんの中には、自分らしさに気づいていない人もいますよね。

橋本　そうね、気づいていない人いるね。

田中　お金持っている人ほど「お金がないんです」って言っていたりしますしね。

橋本　お金持ちって、欲が深いから今のお金で満足していなくて「お金ない」って言うんです（笑）。たとえば、結婚運を見た時「あなたは気が強すぎて結婚に向かないです」って言うと、「誰が気が強いんや！」って怒鳴られたりします。

田中　十分、気が強いですね（笑）。

橋本　みんな〝心理占星学〟とかいうてカッコつけてるけど、実際の現場で分析したら、お客さんに殴られるよ（笑）。

田中　では、占いの精度と占う人の人格との関係ですが、人格が悪くても当てることはできるんでしょうか?

橋本　ある程度当てられますよ。でも、**突き抜けた予言能力というのは、魂が清くないとダメ**です。

田中　おー、ダメですか。

橋本　そんなこと言いながら、自分はどうなんやと思いますけどね。性格は中途半端。勉強はしてるけどまだまだやとか。理屈をいっぱい知ってるだけなんですよ。理屈知ってるからいうて、予言能力高いかというと高くないんです。理屈組み合わせて読むセンス、インスピレーションが必要だからね。あと、当ててやろうと思うとダメですね。

田中　わかります。「当ててやろう」と思っていると外しますよね。

橋本　今は当てようという気はなく、理論どおりにやっています。

僕の経験ではね、当たる占い師に出会おうとするなら、自分が素直で純粋じゃないとダメ。波動の合ったところにいくから。

それと、どんなヘボ占い師でも無駄なことはしゃべっていない。占いの部分は外れてても、相手に必要な言葉を発しているんですよ。無駄な出会いはないんです。

田中 この業界に入って「占い師とお客さんの相性もありますので」とか、よく聞くんですよ。このお客さんにはこの占い師がよく当たる、ということらしいのですが。

橋本 そんなん関係ない（笑）。

技術について

田中 技術についてお聞きします。ハウスシステムは何を使っていますか？

橋本 その国の流行りというものがありますよね。僕が勉強し始めた頃はプラシーダスなんで、それを使っています。でもホールサインも見ます。

田中 違いはありますか？

橋本　日本は緯度がちょうどいいでしょう。だからプラシーダスのほうがよくでてます。

田中　アスペクトは何を使われていますか？

橋本　メジャーアスペクトと、マイナーアスペクトは30度、45度、135度、150度のみ。マイナーアスペクトは61個あるんですよ。だからよく当たるものや使いたいキーワードのあるマイナーアスペクトを使えばいいかな。マイナーアスペクトでいうと、165度のジョンドロー、ある人はクインデチレって言ってるかな。その角度があるだけで奇人変人なんですよ。これはオーブ2度以内。マイナーすぎるからね。

このように自分が見て面白いなと思うマイナーアスペクトを使ったらいいんです。61個もあるマイナーアスペクト全部読んでいたら、毎日大事件ですよ。

田中　ディグニティについてですが。

橋本　まず何を見るかというと、その人の素性でしょ。惑星が何座にありますかというのは、品位、ポテンシャルを見ているんです。潜在的な能力。アスペクトはその後の努力で得られるものと考えます。

たとえば「金運ありますか？」と聞かれたら、2宮の主星の品位が低いと、お金を得るポテンシャルは低いです、となります。でもこれは運命の一部を読んでると思ったらいいんです。全部読もうとすると読めないんです。

田中 たとえば2ハウスに入っている惑星の品位が低く、2ハウスの主星の品位が高いと、どう解釈されますか?

橋本 人間社会と一緒で、テナントに入っている人は悪い状況でしょう。でも主が実権握っているから、だんだんと主星の方向に行きます。でも当面は、テナントは荒れてるね。

田中 主星のほうが結果的には強く出る。

橋本 そういうふうにしないと、惑星が入ってないとどう考えるんってなるでしょう。でも実践で2宮に入っている惑星が気になったら、そっち読んでるけどね。

田中 エッセンシャル・ディグニティとアクシデンタル・ディグニティはどちらが強くでますか?

橋本 どっちかは言えないけど、エッセンシャル・ディグニティはポテンシャル、アクシデンタル・ディグニティはあとの努力で出ることかなぁ。先に見るのは、星座との相性のエッセンシャル・ディグニティですよ。
質問によっては、アスペクトから見る場合もあります。
海王星に医療の意味があるでしょう。運命はほとんど太陽、月を通して出るから、海王星と太陽か月が凶アスペクトなら、誤診されやすい人だったり大病する人です。海王星って霊感の星でしょ。だから霊感強い人と誤診されやすい人、大病する人は一緒やね。

田中　確かに霊感強い方は大病した方も多いですよね。

橋本　死にかかったら、霊体が少し出かかるからね。霊感湧くでしょう。

田中　確かにそうですよね(笑)。
次にホラリーですが、質問のテーマのハウスの主星と月が矛盾する場合、どちらを優先していますか?

橋本　たとえば、失くした物だったら2宮の主星がどこにあるか。車が盗難にあったら3宮で見る人もいますが、違うからね。近距離の外出とか旅行だったら3宮ですけど、3宮は車というハードを支配していません。月はあくまで副主星ですよね。でも実践ではホラリーチャートを書かずに月がどこにあるかだけで見ることもあるんです。

たとえば昔、社長秘書から電話があって、「大事な客と今日食事するんですが、串カツがいいですか？イタリアンがいいですか？」と聞かれて、和か洋かを見るために、その時の月を見たんですよ。すると、月が魚座にあったんです。魚座は12宮で遠方っていう意味があるでしょ。魚座の主星は木星で外国を表すでしょ。だから「イタリアン」と答えたんです。でもその秘書は自分が串カツ食べたいから「串カツ、ダメなんですか？」って言うんです（笑）。

門馬先生も同じように月で読んでいました。「今日はどんな日になりますか？」という質問で、その時、月が蠍座に入ってたんです。「蠍座は8宮、遺産問題で税務署が入る」。そのとおりやったんです。

田中　そのとおり出たんですね！

橋本　そんなんいくらでもあるよ。でもインスピレーションが必要です。

何色の服を着ていくかというのは、エレクションで月だけを見ます。月が牡羊座にあれば赤色のものとかね。

ホラリーは綱渡りみたいで難しいね。生徒はホラリーは良いみたいに思っていて、食いつきが良いんです。何でもホラリーで見ようとしますが、ネイタルで見たらいい。

田中　随分前からホラリーをやられていますよね。

橋本　やっています。門馬先生の時代からです。

田中　当時ホラリーのテキストはないですよね。

橋本　門馬先生が翻訳したのがあります。

田中　門馬先生は随分、私家版を出されていますよね。

橋本　門馬先生は「私の考えは一行たりとも入れていません」という考えでした。昔ながらの学者でした。海外の研究を発表しているという立場ですね。

田中　外惑星はどう使われていますか?

橋本　トランジットでは常時使います。

僕はトランジットを分類しています。年運見る時は土星、木星を見て、天王星、海王星、冥王星は動きが遅いから大運を見ます。

外惑星は通常はマンデン、社会の流れを見ます。来年（2020年）は土星と木星が重なるでしょ。フランスのバルボーという研究者の名前を取って「バルボーサイクル」って呼んでますけど。

惑星の重なる前後で、必ず戦争や紛争が起こったりして、世の中必ず乱れます。重なってから10年後の180度の位置に行く間、景気が良くなったり、科学技術や医学がすごく進歩します。でもこの進歩の前に紛争や戦争が起こりやすい。180度になってからは衰退期に入ります。他にも研究している人がいて、天王星と冥王星を使うんです。天王星と冥王星が0度、180度の時、景気が谷の部分で、90度が頂点なんです。なのでこれからは、景気が良くなる段階なんですよ。これはバルボーさんと違う理論やね。

田中　では出生図で外惑星は？

橋本　使います。でも外惑星は星座で読んだらダメやね。外惑星は動きが遅いから、その世代全部が同じになってしまうから。世代の感覚なんです。ハウスで読んだらその人特有の運命になる。

田中　予測法は何を使われていますか？

橋本　今使っているのはトランジット法、ひとつの星座が1年になるプロフェクション、5年単位で見るエイジポイント。なぜフィルダリアを使わないかというと、昼生まれか夜生まれかがわからないと使えないからです。プロフェクションとエイジポイントは、太陽を最初にもってきたら使えます。

田中　エイジポイントというのは、どういった技法でしょうか？　それを使っていた占星術家は？

橋本　エイジポイントは、ブルーノ・ヒューバー（スイスの占星術家／1930－1999）のエイジポイントとは別物です。ノルウェーのアンドリュー・ビーバンが使用していますが、他にもこの技法を使用している海外の研究家を見かけます。そのエイジポイントの基礎を概説しているのは紀元前1世紀、ローマのマルクス・マニリウスです。

チャートを4分の1に区切って、アセンダントから宮（ハウス）を逆方向にミッドヘブンまでが幼年期。ミッドヘブンからディセンダントまでが青年期。ディセンダントから天底までが壮年期。天底からアセンダントまでが老年期。

これを元に、ひとつの宮を人生の5年に等しいと考えたんです。

アセンダントから12宮カスプ→満0歳～満5歳未満
12宮カスプから11宮カスプ→満5歳～満10歳未満
11宮カスプからミッドヘブン→満10歳～満15歳未満
ミッドヘブンから9宮カスプ→満15歳～満20歳未満

と続き、一周してアセンダントが満60歳未満となります。

年齢域の宮に入っている惑星、カスプの主星が入るサイン、品位、アスペクトによって、この5年単位の運命を推理します。

あと『宿命占星学』で書いた土星で見る方法も使います。土星がＩＣからＭＣに入っている時が上昇運に入っていると見ます。地平線へ出た時に成功期に入る。アセンダントからＩＣまでは暗闇期で、試行錯誤するけど先が見えない状態。これはね、49年くらい前にアメリカの占星術雑誌で見たんです。トランジット、プログレスでは、先が見れないんですよ。そのつどチャートを書いてやっとわかる。四柱推命のように、流れるように見れないんです。この土星のサイクルで見る見方は出生時間がわからないと使えないけど、土星の動きだけで大きな流れを読むんです。

予測法は使い勝手の良いものを使ったらいいんですよ。

田中　職業を見る時はどうされていますか？

橋本　職業を見る時はひとつに絞れないでしょう？　人によって見方は違います。

たとえば、10宮のカスプのサインの主星から、10宮が天秤座なら金星を見て、その金星からのインスピレーションで読んでしまう人がいます。

僕は違うんです。10宮の主星がどの宮にあるかで見ます。たとえば10宮の主星が3宮にあるなら、教育的な分野に向いていると見ます。ハウスで見てマッチしないなと思ったら、星座で見ます。10宮が合ってなかったら6宮で見ます。相手を見て選んだらいい。

最初からアスペクトで見るというのはほんの一部分ですよ。

田中　モダンではアスペクトを重視しすぎる方もいます。

橋本　この前、渋谷で初めてのお客さんに会ったんです。どんな人がわからないけど、誕生日は事前に聞いていて、アセンダントは乙女座だったんです。乙女座だから花柄とか細かい柄とか水玉模様、紺色のイメージ。あと太陽が蟹座。ちょっとふくよか。月が獅子座。ちょっと派手かな。太陽、月、アセンダントのホロスコープで最も影響力のある感受点を見て、その人が来たらぱっとわかったんです。

アスペクトは出る幕ないよ。アスペクトで見るというのは、ケーキがあってそれを顕微鏡で見るようなもんやね。いいカッコせんとアセンダントの星座、太陽の星座、月の星座を見たらいいんです。

占星学を楽しんでくれることを願って

田中　占星術に対する基本的な姿勢はどんな感じですか？

橋本　僕が占星学を勉強し始めた頃はアスペクト一辺倒で、お客さんにいろいろ質問されても答えられなかったんです。

だから、**本当の占星術はどうだったんだと、古典へと源流をたどって**います。古い時代は、運命占う方法はいっぱいありますやん。インド占星術は古い理論そのまま残ってるしね。試してみて、実際当てはまっていたら使います。

田中　何でも実証ですね。

橋本　当たるか？　当たらないか？　それだけ。誰でもそうしてるとは思うけどね。

田中　普通はそうなんですけどね。

橋本　みんな、ちゃんと勉強してんのかな？　いいカッコするわけじゃないけど、僕の考えは、占星学をものすごく勉強してくれなくてもいいんです。**単に星の勉強するのを楽しんでくれたらいい**。知識を得て、知識を誇って、死ぬ時期がわかって、「この時期死ぬかもしれないから危ないですよ」と誰かに言うよりは、自分自身が楽しんでくれたほうがいいんです。

田中　そうですね。まずは楽しむことですね。

橋本 人それぞれ占星術への取り組み方や楽しみ方があるからね。僕自身は今でも事務所に朝8時くらいには着いて、夕方6時までずっと勉強しています。

独身の頃はもっと長いよ。勉強するしかないですやん。なんで勉強するかというと、わからないことがたくさんあるからですよ。

田中 勉強すればするほど、わからないことが増えてきますからね。

橋本 運命はなかなか読めないし。読めるとこ見つけてアドバイスしてるだけなんです。

田中 姿勢としては誠実ですよね。

橋本 読めないから、占星術を追いかけているんやね。占星術を捕まえてしまったら、興味失せるもんね。

でも、また違うものに情熱燃やすかな?

田中 最後に、占いの未来についてどう思われますか?

橋本 何千年も続いているから、これからも続くでしょうね。

日本でいうと、田中さんみたいに良い本を翻訳してくれると、日本の占星術の世界がすごい進歩しますよ。

僕が勉強し始めた頃は、勉強できる本がなくて、ルル・ラブアだけですから。だいぶあとに、流智明（日本の占星術家／1933年－）さんが登場したけど。

そう考えると、田中さんはいい本を翻訳してくれて、時代が変わりましたね。「目の付け所がすごいな」と思って、神戸で手を合わせていたんです。

田中　あはははは！　ありがとうございます。

おまけのQ&A　教えて、橋本さん

Q　カジミ・ムーンは月の動きを読むことがポイントですが、月に関して特に興味をお持ちですか？

A　特に月に興味があるわけではなく、占星学の一部分だから研究しているだけです。

カジミ・ムーン以外にも、**「月と遠地点であるリリスの関係」**を読むことを取り入れたのは僕なんです。

なぜ、興味があって取り入れたかというと、リリスはその人の**性的な魅力やその傾向を表すポ**

イントであり、ブラックホールみたいに**相手を引き寄せる力を教えてくれる**から。

このことを生徒に話して、その生徒が東京で話したら、すぐにリリスに関する本が東京で出始めてね。

じつは、最初にリリスのことを日本で語った人は、占星術家の初代・銭天牛《せんてんぎゅう》さんなんです。雑誌『平凡パンチ』に「人生相談」のコーナーがあって、そこに掲載されていました。ただ当時のペンネームは、「カルマカイヤム」でした。文章を読んでいたら、「これ、銭天牛さんだ」ってわかって。

「リリスとは性感帯である」とか書かれていましたね。

そこから、リリスについて考察を深めていったわけです。僕から見ると、**リリスは霊的なポイントを表す「第8ハウス」**みたいなイメージですね。

なので性的に引き合うだけでなく、リリスは**霊的な深い因縁のような縁を示している**だろうと仮説を立てているんです。

ただ、現実的には、リリスは内面的な魅力よりも、肉体的な魅力に惹かれている感じがします。

vol.8 西洋占星術家 石塚隆一

太陽が持つ創造性のエネルギーに目を向ければ、
新しい状態を創っていけます

石塚隆一

いしづか　りゅういち／心理占星術研究家。ミュージシャン・録音エンジニアでもある。1964年東京都生まれ。1992年より占星術の研究を始める。松村潔氏に師事。ノエルティル・マスターコース卒業。2000年以降、講座や執筆などを通じて、積極的に後進の育成にあたる。占星術の修得には繰り返しながら総合的な感覚をつくることが重要と考え、新宿や横浜、名古屋などで定期的な研究会・勉強会を継続する他、個人レッスンも行う。
ノエルティル氏の著書の翻訳本として『心理占星術・コンサルテーションの世界』『心理占星術2・クリエイティブな理論と実践』（イーストプレス）。
https://www.astro-okurayama.com/
http://ryuz.seesaa.net/
ISAR（日本語版）https://isarastrology.org/ja/

日本人がほとんど参加しない「UAC」に参加

田中　石塚さんとは、2018年に米国シカゴで大々的に開催された「UAC」（United Astrology Conference：占星術連合会議）でご一緒いたしましたね。ご夫妻で来られていて。

石塚隆一さん（以下、敬称略）　そうでしたね。妻のチャンドラ・ケイと一緒に参加しました。

田中　僕は初めての参加で、渡米自体も初めてだったんですが、UACには日本人がほとんど来ていないので驚きました。

石塚さんがいてくれて、ほんと心強かったです。でも会場が広くて、2千名規模の人が集まっていたので、ほとんど会わなかったですが（笑）。数回すれ違っただけでしたよね。

石塚　私は2012年にも参加しましたが、残念ながら、日本人と出会ったのはわずか数人だけでした。

田中　あのイベントは、マリオットホテルのような大きなホテルを借り切って、占星術やインド占星術の研究発表や講義が、５日にわたり、１時間15分の講座が１日に４限あって、同時に15講座も開催されます。すごく面白いですけど、内容はもちろんすべて英語です。
石塚さんは翻訳もされているから、言葉の面では問題ないですよね？

石塚　かつて、アメリカにいる「心理占星術」の師であるノエル・ティル（アメリカの占星術家／1936−2019）さんのところに通ったことで、ずいぶんと鍛えられました。

田中　そうでしたか。英語といえば、「**ＩＳＡＲ**」（国際占星術研究協会）の**グローバル・ディレクターにも就任**されたそうで、おめでとうございます！

石塚　ありがとうございます。ＩＳＡＲとはご縁がありまして。

田中　グローバル・ディレクターって、何をされるんですか？

石塚　要するに、ＩＳＡＲのことを日本で広めるための宣伝担当です。まずは、フェイスブックのページ作りとか、ＩＳＡＲのホームページを日本語対応にする、といったことから始めたいと思っています。

田中　そうですか。ところでＩＳＡＲの本部はどこの国にあるんですか？

石塚　現在の会長さんはセルビア人ですが、本部がどこなのか、不確かなんです（笑）。

田中　占星術人口は、世界中に広がっていますけど、最近はアジアでも占星術の人気が高まっていますよね。

石塚　特に勢いがあるのは中国です。積極的に占星術の学校を作ったりしています。

田中　中国は経済的にも余裕があるからなのか、ＵＡＣにも積極的に参加していましたよね。

参加すると、占星術家同士の交流が楽しいのがわかります。最終日の前日にグランドディナーが行われるんですが、２千人の占星術家が一堂に夕食をとるんです。その光景はすごかったですね。日本では想像できない光景でした。

最近は海外のこういったカンファレンスに、インターネットで簡単に申し込みがしやすいのと、フェイスブックで占星術家同士が個々に繋がりやすくなっていますね。

松村潔さんの占星術本を皮切りに専門本の情報収集へ

田中　ところで、占星術の勉強を始めたのはいつ頃からですか？

石塚　30歳間近だったので、1992年か93年あたりです。

田中　何がきっかけですか？

石塚　最初は科学雑誌の『ニュートン』とかを読んでいました。カオスやシンクロニシティなどにも興味がありましたが、そこからなぜか占星術のほうに向かっていったんです。「宇宙の真理」みたいなものに興味があったんでしょうね。

田中　その頃のお仕事は？

石塚　当時は、アマチュアバンドの練習スタジオの運営の仕事をしていて、録音したいというバンドのレコーディング・エンジニアもやっていました。アマチュア時代のラルク・アン・シェルの録音をしたこともあります。

田中 その仕事と並行して占星術を学ばれたんですね。最初はどんなジャンルから入ったんですか？

石塚 最初に読んだ本は、**松村潔先生の『ハーモニクス占星術』**（学研）でした。

田中 えー、最初から『ハーモニクス占星術』を？

石塚 はい、音楽をやっていたので。ハーモニクス（倍音）という、音楽用語でもある言葉に惹かれたんです。「これは音楽の世界に近い占星術なのかもしれない」と。結局、音楽とは全然関係なかったですけど（笑）。

田中 松村先生の本を読んでみて、どうでしたか？

石塚 なかなか面白くて。物事がどうやって動いているかに興味があったので。

田中 でも、最初にハーモニクスというのは、かなり尖った部分から入られましたね。

石塚　確かにそうですね。天体同士のアスペクトを学んでいくうえで、『ハーモニクス占星術』に書かれたイメージがわかりやすくて、すごく参考になったんです。松村潔さんには、のちに師事することにもなりましたけど。

田中　そういうご縁があったんですね。ハーモニクスの本を読んでから、一般的なベーシックな占星術の本も読まれるようになったわけですね？

石塚　ひととおり読んでいきました。中でも、石川源晃《げんこう》（日本の占星術家／1921－2006）先生の本に影響を受けました。その本のデータをコンピューターに取り込んで、それを使って身内や音楽スタジオに来るお客さんを鑑定の練習に使って、実践的に占星術を学んでいったんです。

田中　へぇー、そんな早くからパソコンを駆使していたなんて、理系なんですね。

石塚　いえいえ、それほどでも。そのうち、英語の本のほうがたくさんの占星術情報があることに気づいてからは、日本語ではなく英語文献を探して、勉強し始めたんです。

その頃だと、「魔女の家ＢＯＯＫＳ」刊行書籍の巻末に、原書の宣伝が載っていたじゃないですか。それを見て「これを読んでいけばいいじゃないか」と思ったんです。

田中 そこから広げていったんですね。

石塚 私は英語の専門学校を出ていて、音楽用機材のマニュアルの翻訳なども手掛けていたので、英語を読むのはなんとかなりました。

文通から始まった「ティル式心理占星術」の習得

田中 でも94年頃って、Amazonがないから、洋書を買うのは結構大変な時代でしたよね？

石塚 そうでしたね。洋書店をいろいろと巡り、洋書を読み始めるようになって、ノエル・ティルさんの本に出会ったんです。

ティルさんの本は、これまでになく説得力があったんです。それが「心理占星術」にハマっていくきっかけでした。心理占星術流派にはいろいろありましたが、「ティル式心理占星術」を学びたいと思うようになりました。

田中　そこからティルさんに、どうアプローチしていったんですか？

石塚　彼の本を読んだ後、彼のネットのサイトの掲示板で直接やりとりするようになったんです。ティルさんはネットの掲示板を使って、いろいろな課題を出されていまして。たとえば、ある人の出生データだけが出されて、「どんな職業の人か推測してみなさい」とか。

田中　なるほど、それを当てるわけですね。

石塚　参加者が「こんな職業では？」とか書き込むわけです。その際に、ティルさんのやり方に沿って推測して、ポイントをまとめて提出するんです。最後にティルさん自身のまとめとコメントが書かれます。

この掲示板に私自身も頻繁に書き込みをするようになり、次にティルさんの「マスターコース」に入って、という流れですね。

田中　じゃあ、そのコースもオンラインですか？　それとも現地で？

石塚　いや、じつは手紙のやり取りという、**文通方式**だったんです。

課題が郵送で来て、答えを書いて郵送するというやり方です。こちらの答えに対するコメントは、ティルさんがカセットテープに吹き込んで送ってくれるんです。

田中 えー、そんな手間暇のかかるやり方って、すごいですね。でも、ネットの掲示板でやり取りしていたのに、コースのほうはずいぶんとアナログですね（笑）。

石塚 2008年頃にしては、アナログですよね。私のほうも、課題のコンサルテーションをカセットに録音して送る必要があったし（笑）。その作業って、やっぱり大変じゃないですか。そこで私のほうから、「データで送らせてほしい」とリクエストして。だいぶあとになって、やっと、メールにコメントを書き込み合うという、デジタルなやり取りになっていくんですけど（笑）。

田中 あははは。

石塚 先生としては、カセットを使って、生の声でやり取りすることを大事にしていたんだと思います。声のトーンとかで、強調したいこととか明確になりますし。

田中 そうですね。そのコースを何年ほど続けられたんですか？

石塚 私の場合、時間がかかりました。2009年くらいからスタートして、卒業したのが2017

年ですから、8年ほど学んだことになりますね。その間、数回渡米して、直接ティルさんの講義に参加したりもしました。

田中　えー、卒業されたのは、つい2年前ですか？　その間にティルさんを日本に呼ばれてもいますよね？

石塚　そうなんです。ティルさんの本はほぼすべて読破していますし、内容もほぼ理解できていました。でも、とにかくじっくりと時間をかけてやり取りをして、学びを深めたかったんです。

あと、コースに参加しながら、先生の本の翻訳も進めていましたので。

田中　『心理占星術コンサルテーションの世界』（イーストプレス）ですね？

石塚　そうです。来日に合わせて、日本語訳の本を出そうという計画でした。

田中　あの本は本格的な専門書で、占星術でどうコンサルテーションをするか、どこに目をつけるかといったことを、事細かく書かれていました。すごくいい本でしたが、もう絶版扱いですか？　今でも欲しがっている人がたくさんいるんじゃないでしょうか。

石塚　理論だけでなく、実践例が中心の本でしたからね。

ティル式の大前提はクライアントへの聞き込み

田中　石塚さんの場合、ティルさんの心理占星術が中心でも、他のジャンルの占星術も使っていますよね？

石塚　メインは心理占星術ですけど、他の占星術も全般的に勉強しています。みんなで理解を深めていければいいなと思っているんです。

いろいろな分野に興味があるので、伝統占星術も勉強しますよ。方法論としては、いろいろなところに興味があります。

田中　そうなんですね。ＵＡＣで私は伝統占星術の講座しかとる気がなかったので、「石塚さんとは、多分、会場で会うことはないだろう」と思っていたんですけど、伝統占星術の講座で何度か会って。心理占星術のイメージが強かったので、意外でした（笑）。

石塚　私にとって抵抗があるのは、「黙って座ればピタッと当たる」といった占いみたいなものや、「ホロスコープを見れば人間性がわかる」みたいな考え方ですね。

田中　それはちょっと違うと。

石塚　ええ。ティルさんの本には、「**天体は何もしない。人間が物事を行うのだ**」ということが明言されていました。こういうことって、他の占星術師はあまり言わないけれど、私はすごく共感しました。ティル式心理占星術では、「天体は何もしない」ということを踏まえたうえで、どう占星術を活かしていくかをしっかりと考えていくというスタンスであり、アプローチです。ここに私はすごくハマったというか、共感したんです。

ホロスコープを見れば、確かに、その人の人生に影響を与えるいろいろな象徴がわかります。でも、**ひとつの象徴がたくさんの意味を持っていますよね？**

田中　そうですね。

石塚　そのたくさんの意味がある中で、どの意味がクライアントの人生と関わるのかは、超能力でもない限り、ホロスコープだけを見ていても選べませんよね？

でも、そのクライアントの人生で実際に起こった**出来事を聞いていけば、そこから、「象徴」が表し**

ている意味をたどることがすごく簡単になります。

田中 確かにそのとおりです。具体的な部分から「抽象」を絞り込むということですね。

石塚 そこで重要なのは、**心理学も使った「クライアントとのコミュニケーション」**ということになります。

コミュニケーションを深めることで、そのクライアントに影響を与えている象徴の意味がわかってしまえば、今度はその**象徴を使いながら、未来を洞察する**ことが可能になるんです。

田中 ようは、占う前にクライアントの話をちゃんと聞く、ということですね。

石塚 そうです。これは手法を問わず、**「象徴をどう分析するか」という占星術全般が抱えている課題**というか、特徴だと思います。

この課題に関して、私が最近よく使う言葉が、「こじつけの技術」と「裏付けの技術」。

占星術師が**象徴をなんとか「こじつけ」ながら深める**技術も確かにありますが、それだけではなく、クライアントとコミュニケーションをして、**「裏付け」を取りながら象徴を解釈する**という技術もあります。

占星術の象徴は、基本的にみな「こじつけ」なんです。いろいろな意味になるけれど、そのうちのどれが本人にとって適切かは、実人生の話を聞くまではわからない。だけど、わからないなりに、いろいろな可能性を考えられるようになる技術は「こじつけ」だと、意識しながら深めていくことが重要です。

それだけではなく、クライアントとコミュニケーションをすることで、「裏付け」を取りながら象徴を適用する、という技術もとても重要なんです。

その両方の側面を使えば、占星術を有効に使えるんじゃないでしょうか。

田中 確かに、クライアントとのコミュニケーションの部分というのは、本では抜けている部分ですね。本には書かれていない部分というか……。

ホロスコープの読み方ばかり書かれていて、コンサルテーションの仕方はほとんど書かれていませんよね。クライアントへの実際の鑑定の仕方とかも。

石塚 どちらかといえば、そちらのほうが重要なんです。

田中 そうですよね。「占いのうまい人」って言いますが、いろいろな意味を含んでいますよね。占いをそれほど勉強していないのに、コンサルがうまくて、その結果、占いがうまい人っているんですよね。**コンサル力と占いの知識とは別物**ですね。

凶星の星回りから成長するためのヒントを探る

田中 鑑定で悪い結果が出た場合、クライアントにどう伝えますか？

石塚 ネガティブな象徴や暗示があった場合、それをどういう方向から見るかを考えてみます。ある方向から見れば悪い暗示かもしれませんが、**別の角度から見るとどうなのか？** いい兆しかもしれないですし。

ですので、あることに関して、良い・悪いというのはすぐには言えないですし、「本質的に何が起こっているのか」というところを、しっかり理解してもらいます。

そのうえで、コミュニケーションを取りながら、その人の人生のある段階で起こることを活かせる方法を、一緒に考えていきます。

ある配置に対し、「象徴」がその人の人生で良い側面で動こうとしているのか、悪い側面で動こうとしているのかはわからないわけです。その象徴に関わるクライアントの経験が、これまでの人生でどのように積み重なってきているのかが影響することもありますし。

その人の人生と結びつけながら理解を深めて、一緒にいい方向を考えていくというアプローチがいいんじゃないかなと思います。

田中　では、クライアントが来年、悪い星の配置だったとすると？

石塚　ティル式の心理占星術の場合、「星は何もしない」という考え方が前提なので、「**悪い星の配置**」**という見方はしないん**です。

伝統占星術では、惑星に対して、ベネフィック（吉星）・マレフィック（凶星）という分け方をするじゃないですか。マレフィックの象徴を考えてみると、それが意味するのは「**扱うのが難しい状況**」「**複雑な要因**」「**緊張が伴うとき**」などが考えられます。

でも、そういった時こそ「**成長するためのヒント**」になる場合もありますよね。**吉凶とは違う次元で象徴を理解する**わけです。

田中　なるほど。たとえば、「土星イコール凶」ではないと。

石塚　そうですね。「この部分は難しいけど、どこの部分ならその人の人生の力になってくれるか？」というように、**プラスに働く部分の可能性を探っていく**んです。人間が成長するためには緊張が必要です。緊張を〝**成長を促す刺激**〟として捉えると見え方が変わります。

言い換えると、マレフィックが関わるとしても、その人はすでに何回か凶星の星周りを経験しているはずです。なので、過去の凶星の星周りの際に、「その人がどういう行動パターンを取ってきたのか？」ということに着目するんです。

クライアントの過去の行動パターンは、ホロスコープからはわかりませんよね？　心理占星術ではその部分をコミュニケーションで引き出して、確認して、明確にして、今後の対応法などを検討していきます。

田中　心理占星術を行っていくにあたって、実際の心理学の研究結果も取り入れ続けていますか？

石塚　もちろん、最近の心理学のメソッドも取り入れています。

たとえば、カール・ロジャーズ（アメリカの臨床心理学者／1902–1987）は、「あなたはこうしたほうがいい、ああしたほうがいい」という指示的なアプローチの欠点をかんがみ、指示をせず、本人の話を聞きながら自己概念の自覚を促す〝**来談者中心主義**〟を唱えました。

ホロスコープの象徴を使いながらも、会話を工夫することで、自然にそのような自覚へと導くんです。

ある意味、占星術の象徴とは「言葉のようなもの」なのかもしれません。その言葉を使って、心理学で行おうとしていることを進めていくんです。

心理学では、すべてを会話に頼って進めていきますが、占星術は独特で、生まれたときの星の配置から、その人の特徴や方向性を考察することができます。

2つを合わせることで、より効果的に自分自身の理解を深めるツールになります。

田中　そういう発想なんですね。

宿命は考慮せず、人生の可能性を太陽から引き出す

田中　では、心理占星術では、宿命的なことは考慮しないのでしょうか？　生まれつきの星配置で、ある程度の宿命が定められているということについては？

石塚　宿命論的には考えません。占星術的には、光の源になるものに太陽と月があります。

太陽は「**新しいエネルギーの源**」で、熱や光を作り出し、新しい未来をつくっていく象徴です。月は反射光なので、「**過去の繰り返し**」の象徴です。

宿命論は、「前はこうだったから、今度もこうなるだろう」という繰り返しの発想がベースにあります。

田中　反復性ですね。

石塚　でも、ホロスコープには太陽と月があり、半分は太陽、半分は月により照らし出されます。つまり、半分は「過去にどうしてきたか」という宿命的なことに影響され、もう半分では「まったく新しいものを創り出す」ことができるんです。

太陽が持つ、この創造性のエネルギーをどう活用するかに目を向ければ、占星術というツールは、とても有効なものになります。

ですので、「太陽」の活かし方を今後も掘り下げたいと思っています。このことが「トランスサタニアン（土星よりも外側を公転する天王星・海王星・冥王星を指す）をどう扱うか」にも繋がっていくんです。

田中　なるほど。トランスサタニアンをどう扱うんですか？

石塚　トランスサタニアンは肉眼では見えませんよね。でも、望遠鏡を使えば見えます。つまり、トランスサタニアンというのは、人が意識して見ようとして、一生懸命工夫した結果、見ることができる、「**努力すれば手に入るもの**」を象徴していると解釈します。

意識を深めて、太陽の「照らし出す」力も借りながら、新しい状態を作っていくためのヒントが、そこにあるんです。

田中　トランスサタニアンについては、「トランスサタニアン恐怖症」の方っているじゃないですか（笑）。冥王星を怖がったり、「天王星の星回りになると離婚する」とか、やたら凶星扱いする人もいますよね。そういうふうには解釈しないわけですね。

石塚　しませんね（笑）。象徴はいろいろな意味になるので、**ネガティブな意味ばかりに意識を向けているのはもったいない**と思います。

田中　ではトランスサタニアンは、どういうふうに解釈しますか？

石塚　私は単純に、天王星・海王星・冥王星、それから木星土星も含めてですけど、2人以上の**集団で行動する時に、一緒に共有している意識を表す**と考えます。少ない人数なら合意を得やすいし、大きな規模になると個人では太刀打ちできない大きな力になる——。

つまり、地域や国、自然現象などは個人ではコントロールできないですが、会社や家族、一対一の対人関係など、しっかりと意識を向ければ合意や共有を図れる次元はたくさんあります。

ネガティブな影響を受動的に受けるだけというイメージを持つのではなく、トランスサタニアンに対し、**コントロールできる部分に目を向けて動いていく**のが重要なんじゃないかと。

自分の望遠鏡をしっかり使ってできることを見つけ、クリエイティブに動いていくのは、やりがいある人生につながるんじゃないでしょうか。

占いとは創りたい未来を創り出していくツール

田中 鑑定もされていますが、「運を良くするにはどうすればいいですか？」とか聞かれませんか？

石塚 私の場合、最初の段階で開運も含めて、「ティル式心理占星術は一般的な占星術とは違い、こういうセッションをやっていきます」と説明していますので、単刀直入に「開運するにはどうすればいいですか？」とは聞かれたりはしないんです。

ただ、結果的には、**開運のための要素**は見えてきますよね。

田中 石塚さんにとっての占いというのは、将来を当てるとか、そういうものではないわけですよね？

石塚 はい。それよりも、**自分自身の特徴にしっかりと気づいてもらって、やる気になって努力をして、創りたい未来を自分で創り出していってもらうための補助ツール**、でしょうか。

田中　占いと占い師の人格の関係については、どう思われますか？

石塚　人格というよりも、「**コミュニケーション力**」**は大いに関係**していると思います。何を求めているかをしっかりコミュニケートしていくということ、それが人格と関わるといえます。

あと、哲学だったり、幸せって何なんだろうというのが共有できないと、話を進めていくのは難しいでしょうね。

田中　クライアントとの間で「求めているものが違う」とか、トラブルはないですか？

石塚　最初の段階で、「ホロスコープからは詳細はわかりません。実際の人生経験と結びつけながら整理することで、洞察が得られます」と説明しますので、そういうのを望んでいない人からは依頼があまり来ません。

田中　それならいいですね。実際にはお客さんとトラブってしまう占い師さん、結構いるんですよ（笑）。クライアントの求めていることとかみ合わなくて。

石塚　そうなんですね。私のセッションは、一般の典型的な占いのイメージとはアプローチが違うので。違った視点でのセッションがあることを知ってほしいですね。

田中　最近思うのは、クライアントさんのほうに「**占いの使い方**」もわかってほしいということです。お酒をちょっと飲むのはいいですが、飲みすぎると良くないのと一緒で、**占いに対してどう接すればいいか**というのを知ってほしいですね。

石塚　そうですね。

田中　話は変わりますが、現在、講座などは？

石塚　いろいろな占星術の分野と心理占星術と両方、講座を行っています。こじつけの部分と裏付けの部分、両方教えているんです。

こじつけの部分でいうと、いろいろな方法論を知っていれば、実際の状況と結びつけるうえで応用範囲が広がります。

私は結構、いろいろなことに興味が向きやすいので、伝統占星術や恒星、ハーモニックなんかもいろいろと混ぜながら（笑）。

田中　長年、占星術を教えられてこられて、生徒さんの昔と今の違いとかありますか？

石塚　最近は深く学ぼうとする方が増えてきているように思えますね。

田中　心理学と占星術を使っていて、相性はいいと感じますか？

石塚　すごくいいですね。**占星術って心理学のツールなんじゃないか**、と思うくらい相性がいいです。「ぜひ、いろいろな心理学者の人に占星術を使ってもらいたいな」と思っているくらいです（笑）。

技術について

田中　技術についてお聞きします。お使いのハウスシステムは何でしょうか？

石塚　基本的に出生図を見る時は、プラシーダスですね。でもホラリーを見る時はレギオモンタヌスです（笑）。やはりそれを使っている人が多いですから。

でもその時によって、他のハウスシステムも使います。

田中　ハウスシステムはいろいろありますが、使い分けた時の特徴はありますか？

石塚　理論的なハウスの特徴でいうと、プラシーダス、コッホ、トポセントリックは時間を基にして区分していますから、時間的な展開を考える時に有効だと思います。

レギオモンタヌス、キャンパナスは空間的に分割していくので、空間的に状況を把握するのに適しているのかなと思います。ホールサインは時間がわからない時に太陽の入っているサインを1ハウスにして見ます。

田中　レギオモンタヌスでの〝空間的に状況を把握する〟というのは、具体的にはどのようなものでしょうか?

石塚　たとえば、ホラリーで探し物をする時などは、空間的に考えるかもしれませんね。

田中　アスペクトはメジャーと、あとどれをお使いでしょうか?

石塚　トライン、セクスタイルはもちろんですが、ハーモニックでいえば、8番（45度、135度）とクインデチレ。

ようするに、成長の緊張という概念があるんですが、つまり成長を促すところを見る場合、これらを見ます。

クインデチレはノエル・ティルさんが使っていたんですが、とっても強いこだわりが出てくるんです。

予測でよくソーラーアークを使うんですが、165度って、180度の15度差なので、15歳前後のところでオポジション（天体同士が180度正反対に位置する状態）がきて、その時165度の象徴的な体験をするんです。いわゆる中二病みたいな、自分の中でこだわりを持つんだけど、なかなか伝わらないという時期なんです。

田中　45度はどうでしょうか？

石塚　45度も重要なものが見えてきます。

たとえば金星、太陽が45度なら、そのアスペクトをほとんどとらないので貴重ですよね。意味としては、基本的には成長の緊張という意味です。その天体の組み合わせのテーマが必ずしもスムーズにいくわけがなく、他人との関係で経験として出てきやすいです。その経験を通じて、そのテーマをうまく動かせる力を身につけようとするんです。

田中　ディグニティについてはどうでしょう？

石塚　通常のセッションでは支配星はもちろん使いますし、支配星も外惑星の入ったほうを使います。

それは心理的なところを考察するには、外惑星は欠かせないと思います。
でもその他のディグニティは考慮しません。時々レセプションは注目します。ノエル・ティルさんはそういうところを見ないんですが、でも私は古典もやっているので少し見ます。
あとホラリーのときは、もちろんレセプションを考慮します。

田中 エッセンシャル・ディグニティとアクシデンタル・ディグニティはどちらを優先しますか?

石塚 どちらを優先するということでもなく、両方考慮しています。

田中 予測法は何を使われますか?

石塚 基本的にソーラーアークに対してトランジットを考えます。ソーラーアークにはこだわりがあります。先程言った「太陽」を利用しますよね。ソーラーアークは太陽の動きのアークじゃないですか。なので太陽の象徴の延長だと考えます。何かをつくり出す準備がその人の内面でできている様子を見ていきます。このタイミングで何をつくり出すかや、その人らしくなっていくプロセスを見ていきます。

占いの未来について

田中　最後に占いの未来についてですが、どう思われますか？

石塚　これは私の期待でもあり、そのために自分も努力していますが、占星術は**真剣に人生を振り返ることのできるツール**で、多くの人がそれを利用して幸せになってくれればいいなと思います。

田中　占いの未来は暗くはない？（笑）

石塚　明るくするために努力しようと思っています（笑）。

おまけのQ&A 教えて、石塚さん

Q　「心理占星術」とは、「心理学＋占星術」というイメージでいいのですか?

A　一般的な占星術では、まずホロスコープを読んで「あなたにはこういう特徴があります」と診断しますよね。

でも心理占星術では、まず、クライアントさんとのコミュニケーションによるカウンセリングを行いながら、**実際の人生の歩みや、人物像を把握する**ようにします。ホロスコープは、その過程の単なるガイドです。

この手順の違いが、伝統占星術とは異なる、ノエル・ティル式心理占星術の大きな特徴です。

Q　カウンセリングにはどれくらいの時間を使いますか?

A　だいたい、2時間くらいはかけています。じっくりと過去の体験なども掘り下げながら、話を聞くようにしています。もちろん、合間合間に、ホロスコープとの照らし合わせ作業なども入りますが。

Q　心理学に関しては、たとえばアドラー心理学など、特にテクニックはあるのですか?

A　ティルさんがすでに体系の中に、心理テクニックを組み込んでいるため、特定の心理学者のメソッドをカウンセリングで使ったりはしません。

強いて言えば、ティルさんは、ハーバード大助教授だったH・A・マレーさんという心理学者から学んでいます。マレーさんはユングの精神分析に傾倒したのち、「欲求──圧力仮説」というのを提唱しているので、そうした心理学説も、ティル式心理占星術に含まれていると思います。

ティルさんはミルトン・エリクソン（アメリカ臨床催眠学会創始者／1901-1980）の「催眠療法」も研究されていたので、それがカウンセリング時の会話などに活かされていると思います。

Q 心理学的な話というのは、実際にはどんなふうにされるのですか？

A 私が工夫しているのは、たとえば、イソップ童話の「キツネとブドウ」（酸っぱいブドウ）の話などをアレンジして使うやり方です。

キツネはブドウに手が届かないため、「酸っぱい」と思い込むことで意識しないようにします。人間も人によっては、子どもの頃に諦めたことを、大人になってもいまだに「酸っぱい」と、諦めてしまっている可能性がありますよね。

これは幼少期の行動パターンが、大人になっても悪影響を及ぼしていることになります。大人になったのだから、もしかしたらその目標は、簡単に手に届くのかもしれません。重要なことは、**人は成長とともにいろいろな環境が変わっているのに、そのことに気づきにくい**、ということです。

そんな話をカウンセリングに盛り込んだりするんです。

vol.9 東洋占術家　黒門

人と人は波動的な影響を受け合うので、運を良くするには“友だちを変えること”です

『奇門遁甲統宗大全』（諸葛武侯 撰）より

黒門

こくもん／1958年生まれ。10代の頃に中国占術と出会う。以来、奇門遁甲を中心に四柱推命や紫微斗数、六壬神課、河洛理数、風水などさまざまな中国占術を、特定の流派に属さず、独自の立場で研究する。また、韓国・インド・チベット・東南アジアなどの中国周辺に伝わる占術の研究や、これらの占術と中国占術との歴史的関係などについても研究対象としている。中国・韓国に渡り現地の占術家とも交流。中国河南省の劉廣斌老師、韓国の趙宰星氏等に師事。国際劉氏奇門遁甲発展応用中心研究員（中国）。書籍、雑誌掲載、TV出演多数。
https://www.kokumon.com/

占い本がきっかけでどんどん占いにのめり込む

田中 元々、占いに興味を持ったきっかけは？

黒門さん（以下、敬称略） 子どもの頃、親父から空手を習っていました。でも、技の名前とかを教えてくれないから、本屋で『空手教室』（秋田書店）という子ども向けの入門本を買ったんです。その本を読んでいたら、巻末に『マジック入門』とか『キックボクシング入門』とかのシリーズが紹介されていて、その中に銭天牛《せんてんぎゅう》先生が執筆された『占い教室』があったんです。それを買って読んだのが、きっかけになりました。

田中 黒門さんの世代は、銭天牛さんの本が占いのきっかけになった方が多いですよね。

黒門 それ以外のきっかけとして、子どもの頃から隣にあった本家のお寺によく出入りしていて、そこにあった開運暦を読んでいて、小学生の高学年になる頃には占いに興味を持っていましたね。結局、僕は痛いことやつらい修行は嫌なので、武術はやめて、占いだけが最後まで残ったという感じです（笑）。

田中　なるほど。銭天牛さんの本はどんな内容だったんですか？

（対談場所の編集部に『占い教室』の蔵書があったため、本を手にしてパラパラめくり…）

田中　確かにこれ、すごいですね！

黒門　でしょう？　手相や姓名判断の他に、台湾のコイン占い「孔明神卦」が載っています。別名「諸葛神数」といいます。これは滅多に紹介されない本格的な占いなんです。今から思うと、すごくレアな占いを子ども向けに紹介していたすごい本なんです。

子ども向けとはいえ、本格的な孔明神卦までを掲載している一冊

田中　易を紹介しないで、これを紹介しているんですね（笑）。

黒門　当時、小学生だった僕は、まずはこの本に載ってた姓名判断をやってみたんですが、すぐやめちゃいました。

というのも、周囲にたまたま同姓の人が多くて、同姓同名の女性も2人いて。それぞれまったく性格とかが違っていたから「全然当たってねえじゃん」って思って。

そうしていたら、あるとき、友人が「四柱推命」の本を買ってきたんです。

田中 誰の本でしたか?

黒門 新章文子さんの『四柱推命入門 生年月日時が証すあなたの運命』(青春出版社)でした。そこから調べた僕の運勢は「非業の死を遂げる」みたいな内容だったんです。

今思えば、中国の占いの原書なんて、もっとひどいじゃないですか。「蛇にかまれて死ぬ」とか、普通に書いてあるんですよね。

田中 「虎に襲われる」とかありますもんね(笑)。

黒門 日本は表現がまだ柔らかいものの、「非業の死、これはヤバい!」って思って。それが、さらに占いにのめり込むきっかけになりましたね。

悪い未来の運命を改善するための開運法を探求

田中 「奇門遁甲」に興味を持ったのもそのあたりから？

黒門 そうですね。昔、『少年画報』と『ぼくら』という少年雑誌があったんです。その付録に、「妖術大百科」という小冊子がついていました。

そこには妖術の系譜として、バラモン教、道教、真言密教などの他に、「八門遁甲」が紹介されてたんです。でも、八門遁甲だけが、どういうものなのかがよくわからなくて。

中学3年の時、田口真堂先生が『奇門遁甲入門』（青春出版）を書かれたのでそれを読み、「ああ、これは開運系なんだ。さっそく使ってみたい」と思ったわけです。

田中 「非業の死を遂げる」運命をなんとかしようと？

黒門 そうです。他にも阪香李先生の『中国星占い入門』という紫微斗数の本を読んだら、僕は「将来、精神病になる」みたいなことが書いてあったんですよ（笑）。

田中　ずいぶん具体的に書いてますね。

黒門　そうそう（笑）。「これ、ヤバいじゃん！」と思い、それ以来、15歳のときから奇門遁甲にのめり込んでいきました。

僕は、「**運が悪いのをどう改善していくか**」が、今も活動テーマのメインなんです。だから、**正確には僕は占い師じゃない**んです。当てることにはあまり興味がないし、完璧に「**改善系**」です。

改善するためには別に占いにこだわる必要もないから、催眠療法を教えたり、人相を整えて小顔にしたり、姿勢を修正する施術やチャクラ調整も行っています。

すべては運命を改善するためです。だから、占術というよりも、僕の場合は「**開運術**」といったほうが正しいですね。

でも開運術を処方するためには、その前提として診断が必要で、それが占いなんです。診断した結果、処方が風水だったり、奇門遁甲だったり。僕の場合、占いはそういう位置づけですね。

田中　やっぱり、診断は必要なんですよね？

黒門　必要です。中医学でも何でもそうですが、診断を間違えると処方も間違えますよね？

たとえば、「兄弟は何人ですね」とか、細かいことを当てるのが好きな占い師もいるじゃないですか。でも、そういう情報は、クライアントがそもそも知っていることでしょう?「そんなところを細かく伝えてどうするの?それって何かの役に立つの?」と、考えてしまうんです(笑)。だから、そこには興味がないんです。当てる能力はすごいと思うけれど。

田中　あははは。

黒門　僕は昔、『風水師 黒門』という漫画の主人公になったことがあって、そのときも、「〝外す占い師〟って書いてくれ」って頼みました(笑)。

一般的に、「**いいことを信じて悪いことを信じない**」とか言います。でも、これが一番悪いパターン。いいことは放っておいてもいいんです。

僕は、「悪い未来の運命を、どうやって実現させないかが僕らの仕事」だと思っているわけ。だから、**悪い未来の運命をどう外すか**なんです。当てる必要はない。

田中　なるほど。むしろ悪いことは当たってはいけない。

黒門　そう。日本では「占い」はひとくくりのカテゴリーになっているけれど、実際は、ふた手に分かれますよね。

細かい事象まで言い当てる系か、気学や風水、奇門遁甲などの開運系かに。僕は開運系なんです。でも、開運系をするためには診断もしないといけないから、結局両方やらないといけないんですけどね（笑）。

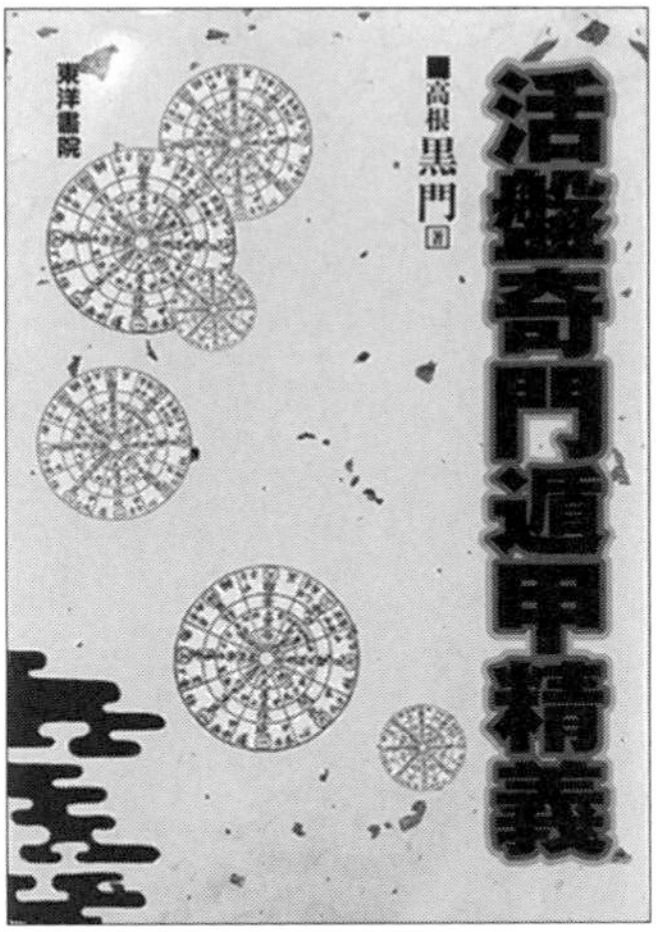

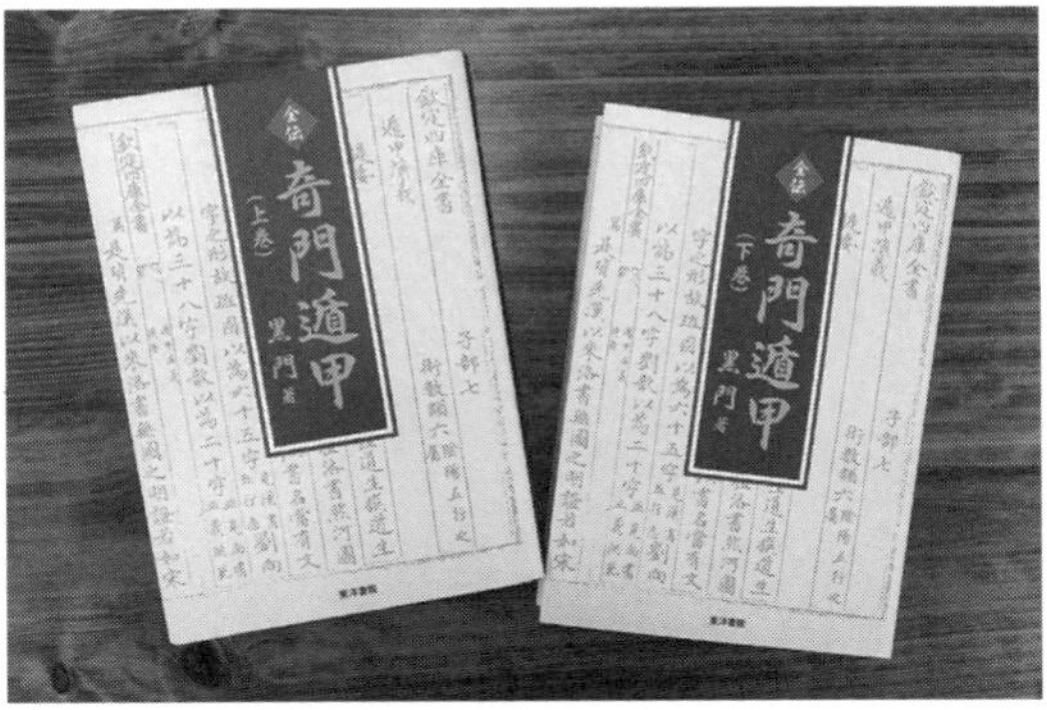

黒門氏が手がけた、奇門遁甲の書籍

願望実現系にハマった結果、運との関連性に気づく

田中　話は戻りますが、「奇門遁甲」をその本で知って、どうされたんですか？

黒門　最初は読んだだけで、奇門遁甲は他に専門書もないので、そこから気学の本をたくさん読むようになりました。

当時、初代の田口二州先生の気学。大学行くようになってから香草社や内藤文穏先生、武田考玄先生の本、中村文聰先生の『奇門遁甲　原理口訣』くらいしか本がなくて。そういう国内の先生方の本をずっと読んでいて、20代の後半くらいに、いったん占いをやめたんです。

その代わりに、**潜在意識を活用したさまざまな願望実現法**に傾倒しました。いわゆるサブリミナル的な〝願望実現系〟を、車でずっと聴いて通勤したりしていたんです。

昔、「21日間願望達成法」があったのを、知ってます？　願い事を書いた紙を枕に入れて寝ると、21日で叶うっていう。

田中　で、どうでした？

黒門　叶わないんですよね（笑）。そのあと、「続・21日間願望達成法」が発売されたので、それも買って、また21日間ずっと試して寝ました。さらに「新・21日間願望実現法」が出て結局、合計63日間実行したけど、結局、叶わなかった（笑）。僕には合わなかったんでしょうね。

それでも、20代の後半くらいからいろいろなことがうまくいくようになったので、しばらくは願望実現系をやっていました。

ところが、30歳の時に家を建てて引っ越したら、そこからめちゃくちゃ運が悪くなったんです。それまでは、寝る前に瞑想していろいろなイメージをしていたけど、それさえうまくいかない。

あとで調べると、**引っ越した方角と、四柱推命のタイミングがものすごく悪かった**んです。

田中　なるほど。

黒門　それでわかったのは、**運がいいときは、願望をイメージすると実現する**。でも、**落ち込んでいるときは、いくらやってもダメ**ということでした。

田中　ということは、運が優先？

黒門　両方ですね。開運と願望実現には、それぞれの思考法が必要なんです。だから僕は、自己催眠法を教えているんです。占いだけじゃ、運が良くならないから。

人って、金運にしろ、恋愛にしろ、潜在意識にいろいろなブロックが入っているんです。

たとえば、恋愛運が良くなりたいという男性がいたとして、「じゃあ、いろいろな人に声かけた？」と聞くと、「いや、それはできません」と返ってくる。

これがブロックです。やはり**積極的にならないと、運は変わらない**です。

田中　そうですよね。

根本的に必要なのはメンタルブロックの改善

黒門　行動が変わらないと運気は変わらない。行動を変えるには、思考を変えないといけない。でも、思考を変えるのは簡単にはいかない。なぜなら、思考ってほとんど潜在意識で決めているから。
みんな、思考によっていろいろな行動を取っていると思っているけれど、じつはそうじゃなくって、**潜在意識に動かされている**んです。これは催眠をやってみると、すごくよくわかります。

結局、僕らは潜在意識にいろいろな影響を受けていて、それを顕在意識で理由付けしているだけなんです。

たとえば、風水などで、いろいろなアドバイスをしても、実行しない人っているでしょう？それは、**本人の潜在意識がブロック**しているんです。

お金に困っているクライアントにいろいろと風水的な処方をして、「わかりました。すぐ、やります」って言われたけど、3カ月後に「なかなか忙しくて……」って言われました。

結局、占いだけじゃ、どうしようもないです。言っても実行してくれないと。

田中　そういう方、いっぱいいます。やらないのに文句を言ってくる方も（笑）。

黒門　そうなんです（笑）。だから、占いとメンタルの部分の両方からアプローチしないと。**催眠療法がなぜいいかというと、メンタルのブロックを改善できる**からです。

田中　でも、ブロックを取っても、また元に戻ってしまわないですか？

黒門　それに関しては、ガンの心理療法「サイモントン療法」などの心理療法では、「今日、会社に行きたくないな」「面倒くさいな」とか思っていると、それを解決しようと潜在意識が働いて、その結果、ガンを作るとされています。

それは「肯定的意図」といわれ、それがある限り、外科的に治療しても、またガンを作るか、違う病気を作ってしまいます。

その外科治療にあたるのが、僕らがやっている風水とかです。でも、そういう人の問題を解決してあげても、違う問題を作ってしまうから、結局、**心の中に抱えている問題を一緒に解決してあげないとダメ**なんです。

田中　なるほど。そういう理由で、催眠も取り入れているんですね。

黒門　ご本人の**オーラの状態も調べたりするから、わりとスピリチュアル系**ですね。やっぱり総合的にやらないと、なかなかうまくいかないですから。

運が良くなることに対し、あまのじゃくみたいな傾向の人もいますし。

田中　かたくなな方、いますよね（笑）。

黒門　こんなことがありました。「もう、倒産するかもしれない」という相談者のお店に行って、「レジを置く場所は、ここがいいです」ってアドバイスしたら、相談者である奥さんに「そうでしょう？　昔、レジ、ここにあったんですよ」って言われました。

「でしょう？　じゃあ、ここにしましょう」って僕が言ったら、旦那さんの社長がやって来て、なんだかんだとレジを移動できない理由を言い始めたんです。結局、そこは倒産しました。

田中 そういう結果になるのって、なんとも言いがたいものがありますよね。「日選び」にしても、「この日でお願いします」と伝えているのに、結局その日にやらない人っていますよね。「その日無理だったので次の日にしました。大丈夫ですよね?」って。択日の意味がないじゃないですか。これも潜在意識のブロックなんでしょうか?

黒門 そういう方は、潜在意識と顕在意識が、別々の方向を向いちゃっているんです。

趙先生とのご縁により日本で唯一、韓国奇門遁甲を教えることに

田中 先ほどお話されていた、30代で引っ越してから運気が悪くなったというのは?

黒門 いろいろなことが起きたんです。母親が仕事に失敗して借金を払わなきゃいけなかったり。それで、もう一度、占いをやり直そうと思い、復帰したんです。

田中　復帰するにあたってのきっかけは、何でしたか？

黒門　30代のとき、台湾で当時売られていた奇門遁甲の本を全部読んで、読むものがなくなり、明治、大正、江戸時代の頃の日本の古典をかき集めて、自分なりに探求しました。

でもいくつか以外は、「大したこと書いてないな」って思って。

そんな時に「百済の僧・観勒《かんろく》が遁甲を伝えた」というのを思い出して、韓国経由で日本に入ってきているじゃないかと。そこで韓国に目を向けてみたら、奇門研究所に趙宰星《チョウサイセイ》先生がいらっしゃるのを知りました。

彼が、奇門遁甲に関する記事をネットでいろいろ書いていたので、「奇門遁甲を教えてほしい」と書いたメールを送ってみたんです。

田中　メールですか？　もうネットの時代だったんですね？

黒門　そうです。99年頃かな。メールを送ったら、一応、教えてもらう許可をもらえました。それ以来、週2回、講義用のメールが来て、お互い翻訳ソフトを使ってその返事を書くみたいなことをしていました。

趙先生が「あなたはすでに中国の奇門遁甲を理解しているので、韓国独特の部分も理解できるでしょう」とおっしゃったんです。

韓国語って文法が日本語とまったく一緒なので、かなり精度高く翻訳できます。でも、来たメールの内容を日本語に翻訳して、その内容に対する考えを日本語で書いて送り、それを彼が韓国語に翻訳して……。

だから、お互い翻訳ソフトを使って送り合うのを、1年半ほど続けていました（笑）。

その後、韓国に行って、どうしてもわからない文章の意味を教わったりするうちに、趙先生から、「日本でも教えていい」という許可をもらえたんです。

今、日本で韓国奇門を教えている機関は、僕のところだけですね。

田中　そもそも、趙先生の存在をどうやって知ったんですか？

黒門　僕は1997年から自分のホームページを作っていて、当時、アクセス解析したら、3割が外国人だったんです。ほとんど中国人で、一部は韓国人でした。

どこを経由して僕のサイトに来ているかを調べたら、韓国のとあるポータルサイトの「奇門遁甲」のカテゴリーに僕のサイトが載っていたんです。

そのサイトの中に、他の奇門遁甲のサイトに飛ぶリンクがいくつかあって。クリックしてみたら、ハングル語の奇門遁甲だとわかりました。

そこで、翻訳ソフトを使って3人か4人くらいに「教えてほしい」とメールしたら、中には「日本人には教えるものか」みたいな返事もあって（笑）。

趙先生には何度もメールを出して、やっと教えてもらえることになりました。それが韓国奇門遁甲との出会いですね。

田中　そうだったんですね。

集団的な悲運に共通するのは、その時同じ場所にいたこと

黒門　韓国奇門遁甲にはびっくりしましたよ。**日本や台湾の奇門遁甲は、方位ありき**じゃないですか。**韓国奇門遁甲のメインは**「**推命**」なんです。特に、**今年の運勢**を占うんです。

その翌年、初めて中国に行ったら、そこでは「**卜占**《ぼくせん》」**が主流**だったので、「やっぱり、卜占が一番の基礎なんだな」と思いました。卜占の技術をもって、推命や択日を行う、なんです。

なのに、基礎をまったくやらずに最初に方位学をやるから難しいことになるんです。「この方位を使えば金運が良くなる」とかね。

田中　そうですね（笑）。

黒門 『クリスチャン・アストロロジー』でも、ホラリーがあってネイタルじゃないですか。

田中 順番としてはそうですね。

黒門 中国の卜占は3千年や4千年の歴史があります。『果老星宗』（中国占術を記した最古の書物）は唐代（618~907年）ですが、四柱推命にしろ紫微斗数にしろ、推命を専門とする占術は宋代（960~1279年）にできていますよね。だから千年の歴史しかないわけです。中国の長い歴史からすると、推命は新興の占術です。奇門遁甲、六壬神課の歴史は2千年なんで、その半分しかないわけです。

昔は卜占を使って推命をしていました。日本の陰陽師は生まれた時間で六壬を使って推命をしていましたよね。奇門遁甲、六壬神課などの古い占術は卜占をやって、それから推命をやって、択日もするんです。択日のひとつの分野として方位がでてくるんです。

なのに、卜占せずに方位をするから難しいわけです。

田中 卜占の基礎が必要なわけですね。

黒門 僕の本にも書いていますけど、御嶽山の噴火でたくさんの人が亡くなりましたが、あの時、吉方位から来た人も、凶方位から来た人もいたんです。

秋葉原の通り魔殺人事件も、被害者たちがみんな凶方位から来たかというと、そんなことはないでしょう？

では、「その人たちの共通点は何か？」ということ。

もちろん生年月日も違う。となると、「**同じ時間に同じ場所にいた**」ことしかないんです。そこを表していると考えるべきですよね。

御岳山の噴火のときは、奇門遁甲では北東の「艮《ごん》」の方位がものすごく悪くて。でも、それは僕からすると「北東に行くな」じゃなくて、「山に登るな」っていう意味なんです。

田中　なるほど。**艮を方位じゃなくて、象意として解釈**するんですね。

黒門　そう。だから僕は「離《り》」を南と解釈しません。「離」は南を表しますが、暖かい、明るいものは、結局は離の意味になります。

極端にいうと、ずっと真っすぐに進んで南極に行ったら、とんでもなく寒いでしょ？　それは「坎《かん》」が持つ意味と同じになるんです。だから、そもそも地図に線を引くのはナンセンスというのが、僕の考え方です。

本でしか学ばない素人にとって、気学は難しい占術です。卜占の達人レベルにならないことには、使いこなせないんです。占星術でいうと、ホラリーできないのにエレクションはできないでしょう？

田中 確かにそうでしょうね。

鑑定以外に力を注ぐのは開運のための施術

黒門 韓国に行った次の年に、中国の河南省に行って、劉廣斌《リュウコウヒン》老師に拝師しました。最初に行ったときに3日、次に行ったときに一週間教えてもらいました。

田中 そんな短期間で学ぶんですね！

黒門 中国では今、**一週間の集中講座で学ぶのが普通**なんですよ。それと、僕の場合、奇門遁甲の基礎はすでにできていたので、スムーズでした。

私が、中国で劉廣斌老師とお会いしたのは2002年です。訪問時、私が前年に出版した『活盤奇門遁甲精義』（東洋書院）を持参しました。それをご覧になった老師は「君はよく勉強している」とおっしゃり、入門の許可を得たんです。

前年の2001年に韓国の奇門研究所を訪問していたこともあり、すでにひととおりの奇門遁甲の専門知識は身につけたあとでした。

そのため、劉氏奇門のオリジナルな部分だけを学ぶには、短期間でも十分だったんです。あと、私の門派では、弟子は電話やメールでいつでも質問ができるので、滞在期間はあまり関わらないんです。

田中　「韓国奇門」「劉氏奇門」を経て、スクールの運営はいつからスタートしたんですか?

黒門　2001年からです。当時、インターネットのニフティに「占いフォーラム」というものがありました。情報収集のためにいろいろ教えてほしくて、そこにアクセスしているうちに、結局は教える側になっちゃって(笑)。

僕のホームページに「教えてほしい」という要請が来るようになり、そこからスクールをスタートしたんです。

田中　現在は、生徒さんに教えるのが中心ですか?　それとも鑑定ですか?

黒門　半分半分ですね。鑑定はずっとやっています。どちらかというと問題解決系が多くて、困った問題を帳消しにするみたいな感じです。

そういう問題解決型の出張鑑定は、月2件ぐらいが限界ですね。僕のところにくる人の相談は、内容が重たいからです。たとえば、10何億の訴訟に関する相談だったりするので、けっこうエネルギーを使います。

だから、何件もできなくて月2件くらい。「風水だけみてください」って言われて、「じゃあ、ああしなさい、こうしなさい」というだけの鑑定だったら、いくらでも受けられるんですけど。

なので、風水だけの出張鑑定や図面鑑定、対面鑑定などは、月に数十件こなすこともあります。

田中　なるほど。地方には行ってらっしゃいますか？

黒門　大阪と福井には行っていますね。福井は、どちらかというと施術のほうがメインで、開運小顔施術学院をやっています。カイロプラクティック歴15年の先生に学院長になってもらっているんです。

そこでの僕は、施術は素人だけど、それとは別でプロの施術家の方たちに開運のための施術の仕方を教えているんです。

田中　不思議な現象ですね（笑）。もし、運の悪い人から、「風水で改善してほしい」と相談されたらどうします？

黒門　風水だけじゃなく、四柱推命やインド占星術の処方など、その他の対処法も全部行いますね。中医学的な食べ物のアドバイスや、催眠療法やチャクラ調整も。

でも大体、**風水と八字処方で結果が出ます**。劇的に良くなる人もいるし、行き詰まっていた事態が軽減する人もいるし。

速攻で効果が現れる開運の技をTV番組で披露

田中 15年前、スーパーテレビに出演されたのは、何がきっかけだったんですか?

黒門 テレビ局が、ある企画で占い師を探していて、何人かの占い師と会ったらしいんですが、納得できたのが僕だけだったらしく、占い師に占いを教えている学校を運営していることも面白がられたんです。

田中 ずっと追いかけられているような感じの番組でしたよね?

黒門 実質、半年くらいはそうでした。しんどかったですね。

田中 いまだに覚えているのは、奇門遁甲を使って、モテない男性をお見合いパーティーでモテさせるみたいな企画。

黒門 実際には、風水やインド占星術の処方も使った合わせ技なんです。でも、1週間で結果出さなきゃいけないから、そうなると奇門遁甲しかないんですよね。

田中 あのときに話題になったのが「**釘打ち**」でしたね。

黒門 今は、やらないですけど。

田中 気学の「杭打ち」とは違うんですか？

黒門 違います。TV番組で行ったのは玄空大卦の「速發日課」です。**玄空大卦の速發日課はすぐに効果が出るので、それに**「**八字択日**」**をプラス**したんです。

当時は、玄空大卦で出した数字をさらに奇門遁甲で絞り込み、その数字に釘をドーンと刺しました。ですからあれは、僕のオリジナル技法で、世界で僕しかできない。

なぜそんな複雑な合わせ技をやったかというと、結局、テレビは収録の関係上、普通の風水じゃ時間がかかるけど、風水の中の**釘打ちは択日扱いで、択日というのは短期間で結果が出るから。**

方位をとることで短期間に運が良くなりますが、あの方法はわざと凶方位を使う方法で、少し間違うと副作用が出る危険な方法でもあるので、本当はあんなのは邪道です。正式には風水ではなく、択日です。現実の打開に刺激を与えるためのものなんです。

田中　ははは。邪道なんですか。

黒門　択日は、**日が経つと元に戻っちゃう**んです。方位を使ったのと同じだから、やり続けない限りダメです。

居酒屋さんに対し択日を行いましたが、バーッとお客さんが来たけど、しばらくしたら元に戻りました。**速發日課というのは特に効果が早い分、効果が消えるのも早い**んです。

これをなぜ、もうやらなくなったかというと、現在は別の方法を使って、安全で、かつ短期間に効果が出る方法を確立したからです。15年前のテレビ番組のときは、よくあんな粗削りな鑑定やったなって思うし、今はあんなことやらなくても、**風水で3日くらいで効果が出せます**。

僕は今、「玄空飛星」「陽宅三要」「玄空六法」の3つを重ねて行いますが、どれも他の方がやっているものとは違います。特に「陽宅三要」は、中国のやり方では日本の住居には通用しないですから。

田中　中国と日本の住居の違いがあるんですね。

黒門　「速發日課」はわざと五黄や三殺の凶方位を使うんです。五鬼運財と同じです。あまり使わないほうがいいです。

田中 副作用のない風水って何ですか？

黒門 比喩的に言うと、相生と相剋の相生を使えば、基本、副作用はないですよ。たとえば、玄空飛星で水星の五黄をいじると、お客は増えるけど、柄の悪い客が増えます（笑）。

普段からできる開運法は自宅から吉方位に移動する「出門」

田中 運についてどうお考えですか？ 運は有限ですか、無限ですか？ 運はある程度、決まっているものなんでしょうか？

黒門 どんなに運が良くても、飛行機が落ちたら亡くなります。だから、絶対、無限なはずはないです。

田中 風水を使って開運することで、運を使い切ってしまうことってありますか？

黒門　それはないです。

田中　なるほど。では、普段からできる、運を良くする方法ってありますか？

黒門　**朝、自宅を出る時間を見る「出門」**をやるだけでも全然違います。

それが一番簡単ですが、簡単なことって、なかなかやる人がいないんですよね。

田中　「出門」は、かなり効果が現れますか？

黒門　**やれば効きます**。でも、自営業の人はさておき、会社員は毎日同じ時間帯に家を出なきゃいけません。ということは、良くない時間にも出発することになります。だから、結局、**吉凶混濁**するところがあって。

「出門」の仕方はいろいろあるけど、奇門遁甲の場合、**「出門は、自宅から見てどこの方位がいいか？」**をまず見るんです。

たとえば、駅のある方向が吉方位なら、そのまま行けばいいけど、別の方向が吉方位の場合、自宅から出たあとに、いったん、迂回した先でしばらくとどまってから駅に向かわなきゃいけない。

しかも、奇門遁甲では「全方位、凶」になったりもするんです。

でも、会社に行くためには移動しなきゃいけない。もし、方位が悪いから、その日に休んだとしても、休んだことによる会社の評価が下がるという、凶の作用が現れるんですよ（笑）。

田中 ははは。ダメでも行かなきゃいけない。

黒門 だから、凶を受けるしかないんです。ただ、たとえ凶方位でも、**凶の中の一番軽い方向を選び取ればいいんです**。自営業の人なら、「今日は9時じゃなくて、正午頃に家を出よう」とか、出発時間に融通が効きやすくていいですね。

逆に、吉方位が巡ってきたときは、その方位を使っていくので、結果的に相乗効果みたいになる感じです。

田中 運の悪い人に対し、「出門」はおすすめですか？

黒門 おすすめですが、こういうことです。

本来、奇門遁甲は「盤」であり、盤の象意を読んで、「この方位だとこういう現象が起きる」と予測します。でも、それは素人には難しいから、単に、吉方位を読み取って移動する方法が主流です。

効果という意味では、恋愛、仕事、お金など、目的に合わせたものでなく、**全体的に運が上がっていくので時間が少しかかります**。

あと、これは僕の見解ですが、移動する方位が吉方向だとしても、たとえば「震《しん》」に凶が入っているときは、震の象意をなるべく排除しなきゃいけません。

逆に言うと、東の方向に行っても、東にある「震」の象意を排除していくと、震の象意は現れないことになります。

田中 つまり、**凶方位の凶の象意のところに近づかない**ってことですよね？

黒門 「震」だと、移動するにしても、まずは車や電車に乗ってはいけない（笑）。僕は、普段電車に乗りませんが、「震が悪い日」は、車や電車に乗らないほうがよいです。なぜなら、振動したり、音がガンガンするところに寄り付かないようにしなきゃいけないから。だから、本気で取り組むと、一つひとつが大変なことになります（笑）。

運を良くしたければ付き合う人を変えること

黒門 その他に、運を良くする方法は「**友だちを変えること**」。これ、絶対開運します。

田中 なるほど。運が悪いときは、友だちが悪いってことですね（笑）。「勢いのいい人の近くにいなさい」とか言われますしね。

黒門 こんな例があります。身体が硬くて前屈がきつい人がいたら、その人を真ん中にして、前屈ができる人が左右から挟むんです。そして一緒に前屈をすると、硬い体の人が柔らかくなります。逆の場合も、しかりです。

つまり、**人との距離によっても、肉体に波動的な影響を受けている**んです。

田中 それはあるでしょうね。

黒門 運が良くなるときって、付き合いが変わっていくので、自然と運の悪い人との縁が切れます。

田中 それ、すごいわかります。

黒門 以前、付き合ってた人から「最近、付き合いが悪い」とか、妬みを言われたりもします（笑）。もちろん、運が悪くなるときも人間関係がそれ相応に変わっていきます。

では、開運したいという人が「何人との縁を切れるか?」といったら、実際は実行できないんです。その状態が一番、潜在意識にとって居心地がいいからです。

間違いなく言えるのは、「**運を良くするには付き合う人を変えていくこと**」だけど、**実行するとなる**

と、すごい難しい。長くその人たちといると、だんだん居心地が良くなってしまうし。

人間って、基本的に自分の心地いいほうを脳が選ぶようになっているんです。

「ダイエットしよう」と「食べたい」の2つの願望があれば、「食べたい」ほうが心地いいんです、ドーパミンが出るから。

人間の脳はそういう仕組みになっていて、その仕組みと戦わなきゃいけないので、何かを変えるのは、相当大変なことです。

運のいい人は運の良くなる環境を選ぶ

田中　風水で間取りを鑑定する際に、重視しているポイントはありますか？

黒門　じつは、僕は不動産屋をやっていたこともあります。なぜかというと、クライアントが風水的に良い物件を見てほしいと、何十軒もの物件の候補をＦＡＸで送ってくるけど、全部ダメだったりするからです。

ラチがあかないから「こちらで見つけます」ということで、不動産屋を始めました。

運が良い・悪いという面では、運が良い人は引っ越し先のマンションを選ぶときでも、数件見ただけで良い物件に出会えます。

あるオリンピックで活躍した選手の引っ越しの相談に乗ったときは、当人が選んだ2軒とも「旺山旺向」という吉格の住居でした。「旺山旺向」の物件は、僕ら専門家が探しても100軒か200軒に1軒しか見当たらないんです。理論的には「旺山旺向」の物件は4軒に1軒くらいは出るはずなんですが、出ないんですよね。悪い家はどんどん空きが出るけど、良い家というのは、空きが出ないんですよ。

田中　それは言えてますね。一度住み始めると、なかなか出ていかないですし。

黒門　それに面白いことに、**運が良い人って運気の良いときに選ぶ**けど、**運が悪い人って運気が悪いときに選ぶ**んです。

田中　それはあるでしょうね。でも、運が良い時期に入っているのに、運の良さを自覚できないまま過ごす人もいたりしますけど。

黒門　四柱推命からみても良い結果だったある人のケースですが、「このとき、運が良くなかった。なかなか運が良くならないんですよ」と言います。でも、その人の旦那さんはお医者さんで、家賃が何十万もする都内のマンションに住んでいるんです。

「買い物する時に、値段を見て買ったことある?」と聞くと、「いえ、ありません」「それ、運が悪いって言わないよ。それをどう良くしろっていうの? その生活、普通の人がどれだけうらやましいことか」って言うしかないですよね（笑）。

そういう人がけっこう多くて。

田中　裕福さに気づいてない人、多いですよね（笑）。うまくいっているのに、うまくいかないって思っているというか。

逆のパターンだと、**運の悪い人は運の悪い行動を取ろうとする**というのもあります。ある男性が引っ越しすると言うので、物件を一緒に選んでいたんです。彼が持ってくる物件が凶のものばかりで、困っていたら、やっと良い物件があり、「それにしましょう」ということになり、話が進んでいました。でも、後日「新しい物件を見つけました」って、また悪い物件を持ってきたんです。それにはしないで良い物件のほうに引っ越して住んでいたんですが、1年くらい経ったとき、「また新しい引っ越し先を見つけたので」って、新たな悪い物件を持ってくるんです。だから、運の良くない人って、そういう感覚なんでしょうね。

黒門　運が良くなることがイヤなんですよ。金運の悪い人や恋愛運の悪い人とかいろいろいるけど、良くない間取りをすごく好むんです。いい間取りは、気に入らない。

服の色とかも同じことが言えて、「あなたの場合はこっちね」って言っても、気に入らない。

田中 こっちからしたら、良い状態になるようにアドバイスをずっとしている。でも、向こうは良い状態を変えてしまおうとする。

せっかく、良いところにおさまってるのに、そのおさまりが気持ち悪いみたいですね（笑）。

黒門 結局、人って、人間関係も仕事も自分の心地良さを基準に選ぶんです。でも、運が悪い人の場合、運が悪くなるようなものに心地良さを感じてしまう。

「なぜ、そんな相手と結婚したんだ？」というような人がいるけど、しょうがない。その人が好みなんだもん（笑）。

田中 「類は友を呼ぶ」といいますが、本当にそう思いますね。

東洋占術の本場でいいかげんな情報が出回っている理由

田中 中国占術や風水の中には、日本文化になじまない部分もありますよね？

黒門　道教には「**符呪**《ふじゅ》」というものがあります。神社などに売られている護符や霊符、御神符などのルーツだとされています。

古代の中国人は、符呪で潜在意識に働きかけて、潜在意識レベルの問題を解決しようとしたんです。僕が符呪だけは勉強しなかったのは、**符呪は中国の神さま**だから。日本人が中国の神さまに手を合わせるのはどうなのかと思って。

道教のイニシエーションをするということは、神道のイニシエーションから外れるってことですよね？　ある意味、日本人をやめなきゃいけないことになる。

田中　風水でもそうですよね。道教や向こうの習慣と絡み合っていて、埋葬の仕方も違うし、お墓のこの位置に中国の神さまの像を作りましょうとか、日本の文化と合わないです。

それをやりたがる人がいるから、こっちとしては非常に困りますね。

黒門　住宅構造も全然違いますし。中国の教えをそのまま持ってきても効かないことも多い。なので日本になじませるために、20年間くらいかかっています。

だから、中国の本にやり方が書いてあっても、そのとおりにいかないことが多い。特に中国人は核心に触れないように書きますし（笑）。

彼らは本当のことは教えたくない、ものすごい秘密主義だから、常に裏読みしないと（笑）。親しくなると言葉の端々に本当の情報を出してくるから、それをかき集めてようやく本当のところが見えてくる感じです。

田中 いわゆる西洋的な「オープンにしましょう」的な学問のアプローチの仕方じゃないですからね。

黒門 占術や風水の秘密主義の部分が中国と似ているのが、台湾です。本にしても、うんちくがずっと書かれていて、最後に少しだけ本論で、「え、これだけ？」みたいな（笑）。大抵、占術の古典の引用ばかり書いてあって、使えないという。

あるとき、台湾の本に載っていた実例がわかりにくかったので、他の本も調べてみようと何冊か台湾から取り寄せました。すると、どの実例も同じ内容だったんです。

田中 右から左のコピーだったんですね？ 自分たちで検証したんじゃなくて（笑）。

黒門 そんなのばっかり。ほんと、古い台湾の本はひどいのも多かったですよ。その点、香港の本は、イギリス文化の影響なのか、わりとオープンな内容だと思いますね。

宿命と自由意志の関係、占い師の人格について

田中 人生の宿命と自由意志の関係はどうお考えですか？　宿命は自由意志で変えられないものなんでしょうか？

黒門 潜在意識の話と関係しますが、じつは「自由意志はあるようでない」んです。潜在意識レベルが働いているので……。

田中 自分で選択しているように見えて、そうではない。

黒門 そう。だから結局、宿命どおりになっていることになる。

田中 なるほど。では風水でどれくらい、出生時の運命を改善できますか？

黒門 それは無理でしょうね。だってそれは、日本人が黒人に「かけっこで勝とう」みたいな話ですよ。

ＤＮＡ的には、そういうことだと思います。ただ、かけっこをすごく頑張れば、黒人の遅い人には勝てるかもしれません。そういう意味です。

田中 あと、奇門遁甲を使えば、魔法のように人生をバラ色に変えられると考えている方もいらっしゃると思いますが。

黒門 内藤文穏先生が言っていましたが、**人生の３分の１くらいしか変えられない**ですよ。

田中 そんなもんですか。

黒門 まあ、でも、ましにはなりますよ。

田中 占いの精度と人格の関係ってどう思いますか？　人格が低い人でも当てられるのでしょうか？

黒門 当てることはできるでしょうし、人格は関係ないでしょうね。言い方悪いけど、むしろ、ある意味で人格の悪い人のほうが当たりますよ。歯に衣をきせずにズバリと言いますからね。

田中 はははは。

技術について

田中　技術についてお聞きします。奇門遁甲の局数についてです。いろいろ説がありますが。たとえば、時盤だと60時1局と10時1局ですが。

黒門　中国では基本60時1局でしょう。

田中　日盤などはどうでしょう?

黒門　年月時に関しては60で1局です。日盤に関しては、『遁甲演義』では3日で1局。古今図書集成の『奇門遁甲』も3日1局ですよね。『奇門遁甲全書』は時盤しかないですよね。清代（1644～1912年）の『奇門遁甲統宗大全』あたりから60日1局が出てきます。つまり、かなりあとから出てきたわけです。奇門遁甲は元々発生源が異なるところがあったようで、明代（1368～1644年）に3日1局と60時1局が組み合わさって、60時1局を年月に転化させたようです。清代中期になって60日1局になったんです。

僕は、日は1日1局を使っているんですが、これは経験則上でこうなったんです。なぜかというと、私は30代の頃、いろいろ試してみたんです。日盤に関しては60日1局、1日1局、金函玉鏡の3日1局、古今図書集成の日家奇門。あと日本と中国では置閏が違いますよね。日本では冬至に一番近い甲子ですが、中国だと冬至を過ぎて最初の甲子から陽1局を起こします。だから全部で7種類考えられるんです。日盤はまだましですよ。時盤は20何種類も考えられますから（笑）。
どれが一番効くかを試してみると、1日1局が一番効いたんです。

田中　置閏はどれが効いていましたか？

黒門　私は経験則から、日本式の二至に最も近い甲日に陽遁一局、陰遁九を起こしますが、陰陽遁の換局自体は中国式に冬至と夏至に行っています。
もっと若い20代の頃、図書館にある過去5年分の新聞に掲載された飛行機事故や山の遭難事故を百数十例くらいでしたが、拾い出して調べてみたんです。それをいくつかの流派で比較して検証しました。的中率はAという流派は50％、Bという流派は70％。またある人の流派のは30％でしたね（笑）。50％切ったらダメでしょう。

田中　コインの裏表の確立より低いですから（笑）。

黒門　挨星法《あいせい》でいうと、私の友人が火雷噬嗑《からいぜいごう》の方位に引っ越したら、お母さんが舌を噛んで亡くなったそうです。だから挨星法の象意は出ていると思います。僕は出発する時は日盤をつかって、時盤は挨星法なんです。

田中　両方使うんですね。

では年、月、日、時の各盤の使い分けってありますか？

黒門　基本的に日本だと、年盤や月盤は引っ越しで使うとかいうでしょう。でも中国は時盤でやっちゃうんですよね。年盤はもともと測局で使われたようです。

田中　マンデーン的な感じですね。

黒門　でも実際に年盤、月盤で使っているケース、見たことないんですよ。たとえば、年盤を見て、今年の丙の人はどうなのかっていうのは見ますね。その類以外では見たことないですね。

僕は測局の時は、年盤使わずに立春の月盤でその年を見ます。さっきも言いましたけど、年月はあとからできたものなので、無理やり作った感はありますね（笑）。原理的には時盤だけでしょうね。

田中　奇門遁甲で効果が出ない場合はどうしたら良いでしょうか？

黒門 効果が出ない時はありますね。日盤の効果は3割くらいだと思っています。3回やって1回手応えあるなって感じます。毎回効果が出るもんじゃないですね。

奇門遁甲はイベント占術なんで、きっかけを与えるにすぎないんですよ。体と用でいうと、体は風水で、用は択日です。だから体である風水がしっかり仕組まれていないと、効果は薄いですよね。奇門遁甲は用ですから。

田中 両方必要なんですね。

黒門 昔、鑑定した女性がいて、結婚の縁がないと。四柱推命で占うと来年は結婚にいいと出ていたので、それを伝えたんです。次の年の8月くらいにまたその女性が来て、「今年ももう半年過ぎましたが、まだ縁がないです」って言うので、奇門遁甲でいくつかの方位をとってもらったんです。最初の1回目に行きましたって報告あったんですよ。「2週間後くらいに良いことあるかも」って言ったら、2週間後に「最近会った人に親に会ってほしいって言われました」って。それで結婚したんです。

これって結局、推命的に結婚していい時期に入っていたんです。でもきっかけがないと。

田中 刺激がないわけですね。

黒門　そうそう！　だから奇門遁甲でつっつかないとダメなんです。体である風水の良さに刺激を与える用としての術なんです。

田中　風水で元々悪い場合、たとえば玄関に水星5や7が来ていると。そういう場合は引っ越ししかすすめないですか？

黒門　いや、山、水を整えて、そのままやってしまいます。でも自宅で一番大事なのは、寝る場所です。会社や店舗はレジの場所や入口ですが。

田中　それはそうですね。

黒門　自宅で仕事をしている場合は別だけど、自宅は寝室が重要です。寝室の小太極に陽宅三要を使って、玄空六法を重ねます。玄空六法では頭の位置を見ます。結局、玄空飛星はひと区分45度で広いじゃないですか。そのなかでさらにどこが良いかを、玄空六法と陽宅三要で絞っていきます。あと、それで合っているかを確認するのにキネシオロジーを使います。

田中　ああ、オーリングですね。

黒門 そうです。たとえばその場所に立ってもらってオーリングをしてもらったり、図面に指さしてもらってオーリングをします。寝る場所もそうですが、体験的にわかってもらってから部屋を移動してもらいます。

田中 なるほど。8運が2023年いっぱいで終わりますが。

黒門 9、1が良くなります。2はもともと凶なので1運にならないと良くならないです。

田中 将来2運の時代になると、水星2を玄関に使う方が増えるじゃないですか。でもそういった物件は、2運が過ぎたあとが怖いですよね。

黒門 7運の時の旺山旺向の物件は、8運に入ると一気にダメになっているものが多かったです。7はもともと凶なので、7運の時に良くなっていただけなんです。8はもともと吉運なので、9運になってもそれほど悪くはなりません。

風水の鑑定では、いつから悪くなったかをよく聞くんです。8運の始まりの2004年くらいからなら三元九運で悪くなっているので、玄空飛星に問題がある。ところが1996年、2017年くらいなら両元八運で悪くなっています。この場合、玄空飛星でいじっても仕方がない。玄空大卦か玄空六法をいじらないと。

玄空飛星で8運だと、2と5の組み合わせが多いですよね。でも1と4、2と1の組み合わせはあまり出ないですよね。2と1の組み合わせはあまり出ないけど、必ず離婚するじゃないですか。6運だと2と1の組み合わせがすごく出ます。でも離婚するかというと、そうじゃない。

玄空飛星の組み合わせは偏っていて、坐と向から持ってくるんで結局16パターンしかできないんです。9×9で81の象意のパターンができないとおかしいんですよ。

田中　なるほど。

黒門　今の玄空飛星は沈竹乃が章仲山の風水の実験録から何とか復元させたもので、完成形ではないと思うんですね。たとえば、8運でも9運でも81パターンでないとおかしいですよ。これにトライしたのが、台湾の李銘城の駱氏挨星法です。坐向だけでなく、水口から星を振ってくるんです。

玄空大卦が龍向山水で見ますよね。それと同じ見方をします。そうすると坐向で見ると、必ず反対側の星が来ますよね。水口と龍脈だと、それぞれで81パターンができます。おそらくこちらのほうが正しいんだと思うんですが、失伝しているんだと思います。

田中　では巒頭《らんとう》と理気は、どちらを優先させますか？

黒門　饅頭ですね。たとえば、東京と田舎で商売するのって全然違うじゃないですか（笑）。

田中　それはそうですよね（笑）。割合はどうでしょう？

黒門　饅頭は7、8割っていいますよね。

田中　理気万能って言う方もいらっしゃいます。

黒門　それは結局、饅頭の良い場所は、地価が高くて手が出せないんですよ。

田中　あと、一度住むと出ていかないんですよね。

黒門　そうなんですよ。そうなると我々は理気しかいじれないんです。饅頭が良いところは高級住宅街とか、手に入らないですから。だから饅頭がほどほど良いところで、理気をなるべく良くしてランクを上げていくしかないんですよ。

田中　理気の中での優先順位はありますか？

黒門　やっぱり玄空飛星が第一優先でしょう。次に陽宅三要、そして玄空六法。でも路面店は水法を重視します。路面店でないと水法が使えないので。

田中　八宅派の使い方は？

黒門　陽宅三要の中で使います。陽宅三要は流派がたくさんあって、僕は3、4種類合わせて使います。そのひとつは門（地盤）、本命卦（人盤）、流年（天盤）の3つを重ねてみます。これは河南省の見方です。台湾、香港に伝わっているものと全然違うものです。金鎖玉関は中国本土にしか伝わっていない。あと六壬金口訣、あれも台湾に伝わっていないんです。台湾や香港に伝わっているのは、ほんの一部です。中国は広いので、北と南でも術の性質はずいぶん違います。

日本人の悪いところは、答えをひとつにしようとするところです。四柱推命でもいろいろあるのに一本にしようとするでしょう。違うんですよ。それぞれ主張するところが違っていて、矛盾があるのに、無理やり一本にしようとする。日本人はどれが正しいのっていう考えです。

田中　日本人はある種、西洋的なんでしょう。

黒門　そうかもしれないですね。中国の考えだと、「使えたら、これも使う、あれも使う」ですから。だから術が増えるんですけどね（笑）。

田中　ははははは。

黒門　あと日本人は、枝葉末節にこだわるでしょう。方位が30度、60度だと考えたり。中国では誰もあんなの言わないですよ。北は北、南は南なんです。
中国だと時差も考慮しなかったりしますよ。

田中　そうなんですか！

黒門　日本だと均時差まで考慮する人がいるでしょう。
中国だとそういったことを考慮しなくても当てるんです。それが占いだと思います。
西洋の人は、正確なデータから正確な答えが出ると考えています。中国は間違っていても、結構答えが出るんです。僕も時々、奇門遁甲の盤を間違える時はあるけど、当たりますよ。生年月日が間違っていても、当たる時は当たります（笑）。

田中　本当にそうですよね。間違っていたけど、結果としてはそれが合っていたということは起きますね。

黒門　中国では卜占が占いの始まりなので、正確な数値が正確な答えを導くという考えはないわけです。四柱推命が2時間刻みより細かくしなかったのは、それ以上細かくしても一緒だというふうに悟ったからだと思います。

一方で六柱推命というものが、今、中国であって、刻と分が加わります。でも六柱でやると五行の偏りが少なくなります。だから四柱推命の良さはなくなるでしょうね。

田中　命術の使い分けはありますか？

黒門　僕は診断と処方のできる占いしかしないので、四柱推命とインド占星術がメインになるんですね。普段の鑑定では紫微斗数は使わないんですけど、紫微斗数は六親を見る時に使います。紫微斗数には改善法がないじゃないですか。

田中　四柱推命とインド占星術の使い分けはありますか？

黒門　基本、四柱推命なんです。四柱推命で生まれ時間が狭間にあったり、身旺、身弱、内格、外格が微妙ではっきりしなかったりすると、インド占星術で確認します。

さっきも言いましたが、処方のためのインド占星術です。たとえば、仕事について見る場合、10ハウスを見ますよね。その星が傷付けているのかを見ます。もし土星だったら土星のマントラを唱えたり、ヤントラを飾ったり、老人や貧困者にお布施をしたりするんですが、インド占星術の処方は、カルマを処理しようとするからか、時間がかかるような気がします。四柱推命の処方のほうが速いです。

簡略化される占いの世界を牽引するのは昔の世代

田中 占いの未来はどうなると思いますか?

黒門 簡略化していくんじゃないでしょうか。台湾などを見ていても、昔はちゃんとした本ばっかりだったのに、最近はナンチャッテ本ばかり増えてきたでしょう?
日本だって、僕らの若い頃は一般の人も読めるようなしっかりした本が出ていました。でも、今は専門書しかないし。本格的な占術はどんどんなくなっていくんじゃないかな。

田中 一般の人向けの本と専門書の格差は、東洋も西洋も広がっていますね。すごく勉強している人と、していない人との二極化ですかね。

黒門 もっと分かれていくでしょうね。対象年齢も40代、50代で、若い人があまり占いに興味を持てない。昔は占い雑誌や神秘系雑誌が多かったけど、その時代の読者がいまだに牽引している感じですからね。

占いって結局、スピ系なんですよね。

田中　念ずれば叶うというか、楽したいというか。ロジックを追って勉強するようなしんどいことはしたくないんでしょうね。

黒門　昔に比べて、一般書を書かなくなったんです。簡略して、「○○するだけで」みたいなレベルが望まれているし、じっくり読んでもらうものではなくなっている。そんな雑誌は、電車の中で読んでポイ捨てされるかもしれない。

田中　確かにそうですね。この道はマスターするまでに時間がかかりますからね。

黒門　でなきゃ、僕も45年間もやっていないですよね（笑）。

おまけのQ&A 教えて、黒門さん

Q 誰でもできそうな方法で、特におすすめの開運法はありますか?

A 誰でもできる開運法があるけど、あまり明かしたくないかな(笑)。

でも、これは教えて差しあげます。

択日的な開運の基本的となるのは、1日のスタートにあります。それが、朝起きた時と、自宅を出る時の「出門」。

2021年は八白土星が西に位置し、八白土星は「金運」を表します。そして中国だと、「朝起きてベッドから降りるときに、最初の一歩を西に踏み出すと開運に効果が現れる」とされます。

そこで、お金に対して変化を起こしたければ、ベッドから踏み出す方向を吉方位の西にすることです。

金運以外であれば、たとえば、恋愛運を上げたいなら、恋愛運を司る一白水星が位置する南の方向へと、最初に踏み出すこと。

1日だけだと効果は出ませんが、**毎日続けて1年間という年単位の行動になっていけば、必ず効果が現れてきます。**

vol.10 占星術研究家 鏡リュウジ

占いが途絶えなく存続していることで、
その人にとっての日常が回復していくんです

鏡リュウジ

かがみ りゅうじ／占星術研究家・翻訳家。1968年京都生まれ。国際基督教大学卒業、同大学院修士課程修了（比較文化）。占星術の心理学的アプローチを日本に紹介し、従来の「占い」のイメージを一新。英国占星術教会会員。日本トランスパーソナル学会理事。平安女学院大学客員教授。京都文教大学客員教授。
主な著書に『占星術の教科書』（原書房）、『タロットの秘密』（講談社現代新書）、『占星術の文化誌』（原書房）、訳書に『ユングと占星術』（青土社）、『魂のコード』（河出書房新社）、『占星術とユング心理学』（原書房）他多数。
https://ryuji.tv

中学生の時に魅せられたタロットカードの世界

田中　鏡さんとは、僕が翻訳した『クリスチャン・アストロロジー』の本の帯に推薦文と解説を書いていただいて以来のお付き合いですよね。海外のカンファレンスにも、お誘いいただいたりして。

鏡リュウジさん（以下、敬称略）　公私ともにお世話になっております。今年（2020年）1月のメルボルンでのカンファレンスのときは、同じ宿で寝起きしましたよね。

田中　そうでしたね！　会場の大学付属のすごく広いアパート式の部屋をとっていただいて、個々の部屋で寝て。今でもよく覚えています。鏡さんはもう、**僕の人生のキーマンの一人**なんですよ。これまで、生い立ちなどは伺っていなかったので、そのあたりからお聞きしたいと思います。ご出身は京都ですよね？

鏡　はい、生まれは西陣です。でも3歳頃までしかいなかったので、あまり記憶がなくて。4歳頃から11歳までは桃山で過ごしました。11歳で両親が離婚したので、京都市内の松尾にあった母のアトリエに移ったんです。

田中　アトリエというのは？

鏡　母は日本で最初に「着付け学校」を始めた女性で、着付けのほかにも着物デザインなんかもやっていて、その創作場所としてアトリエを持っていたんです。

そこは3LDKほどの広さがあったので、中学と高校時代はそこで家族と暮らし、大学に入るときに東京にやって来たんです。

田中　そうでしたか。占いを始めたのは？

鏡　10歳か11歳の頃、タロットからです。当時、アニメを中心に**オカルトブーム**だったんですよね。魔女っ娘もののアニメがあったり、『エコエコアザラク』（古賀新一作）や『魔太郎が来る』（藤子不二雄Ⓐ作）というホラーマンガがあったり。

70年代初頭の、まさにオカルトブーム全盛期で。

田中　なつかしい……。ユリ・ゲラーも来日しましたよね。

鏡　そうそう。映画では『エクソシスト』や『オーメン』とかが公開されて、ピラミッドパワーも流行りました。そんな中で、自分でもできるものがあると知って「**タロットカード**」にハマったんですよね。

田中　どの本から学んだんですか？

鏡　辛島宜夫先生の本が最初かな。確かタイトルは『プチ・タロット　恋の十字架占い』（二見書房）（笑）。小学生時代に通った小さな本屋にたまたま並んでいて、タロットカードが付いていたんです。そこから木星王さんの本とか。

その頃はカードで占うことにはあまり興味がなくて、**タロットカードが醸し出す雰囲気**のほうが好きでした。オカルティズムへの関心が強い子どもだったのかもしれません。

中学に入る頃には、ウェイト・スミス版タロットを買ってもらって本格的に……。

田中　どこで買われたんですか？

鏡　京都の高島屋のおもちゃ売り場（笑）。付属のブックレットは英語でしたから、辞書を引きながら自分で訳して「アーサー・ウェイトはオカルティストで魔法使い」と書き込んで……。「現代にも魔法使いっているのかな？」とか、オカルティズムへの関心が高まっていった感じです。

田中　タロット占いをやってみて、「当たっている」と実感されました？

鏡　多少は。でもやはり、占うよりもカードが持つオカルティックな雰囲気のほうに興味があったかな。

ユングを学びながらマニアックな占星学にのめり込む

田中　では、占星術との出会いは？

鏡　タロットを始めた直後、中学生になってからです。タロットには、関連惑星についての情報が盛り込まれていますよね？

その意味を知りたくて、糸川英夫先生（「日本の宇宙開発の父」と呼ばれる工学者・占星術研究家／1912–1999）やルル・ラブア先生の新書を買って、「占星術？　なんじゃこれは？」と思いながら読みましたね。

田中　タロットよりも、占星術のほうがしっくりきましたか？

鏡　同時進行でした。当時は魔術の世界にもすごく興味があったし。自分の中の位置付けとしては、「タロット・魔術・占星術」の順だったんですが、今では占星術を中心にいろいろ関心をもっているという。

中学3年生の頃、ハタと気づいたんですよね。「なんで自分は、こういう迷信をやっているんやろ?」って。「タロットや星の配置で何かが当たるというのは、どう考えても迷信というか、間違っている。なのに、やめられない。どうしたらええねん?」と思っていたときに、ユング関連の本と出会ったんです。

確か、中3か高1くらいのときかな。

田中　え、中3？　すごい早熟ですね。

鏡　占いの本を読んでいると、必ずユングの名前が出てくるでしょう?　それで、「これはやらなあかん!」という感じで。

ユング派心理学者の河合隼雄先生の『コンプレックス』(岩波新書)と、秋山さと子先生の『ユングの心理学』(講談社)を読んで、すごい衝撃を受けたんです。「なんじゃ、これは?ユング心理学って占いじゃないか!」って。

田中　ユング心理学は、占い同然だと（笑）。

鏡　そうです。やっていることはほとんど一緒だなと。いや、こんな言い方したら叱られるでしょうけどね。でも、本質的なところでは通じるものがあると思う。

それでいて、ユング心理学はまっとうな学問の顔をしているわけだから、「占星術もこれを使えばいいのに」と思っていたら、その後、**ユング派の占星術師たちがいる**ことに気づいたんです。

高校生のときに家族でハワイ旅行に行った際には、こんなことがありました。

現地のオカルト書店に立ち寄ったら、店員からリズ・グリーン（ユング派分析家・占星術家／1946－）の本を勧められたんです。そのきっかけが面白くて。

一緒にいた母が「この子にお勧めの本はどれ？」と聞いたら、その店員が最初、絵本を持ってきたんですよ。僕が子どもに見えたんでしょうね（笑）。

母は怒って「バカにしているの？ 手加減しなくていいから、あなたが本当に一番いいと思う本を持ってきて」と言いました。

それで、次に持ってきたのがリズ・グリーンの『サターン　土星の心理占星学』※（※『サターン　土星の心理占星学』の日本語版は、鏡氏が翻訳して２００４年９月に青土社が刊行）だったんです。

田中　へぇー、お母さんもすごいけど、土星をテーマにした本を選ぶその店員もすごいですね（笑）。そのときに、リズ・グリーンとの縁ができたわけですね。

鏡 そうそう（笑）。他にも、高校生の頃、社会人のオカルトサークルに入っていて、そこで洋書を共同購入するプロジェクトがあって、アクエリアン出版などの文献を入手していましたね。オランダの占星術家カレン・ハマカーの本とか、のちに僕が翻訳することになるリズ・グリーンの『Relating』（邦題『占星学』青土社）とか買いました。Amazonなんかない時代ですから。

田中 えー、高校生のときに⁉ 専門的で難しい内容だったんじゃないですか？

鏡 当時の僕にはめちゃくちゃ難解で。でも、自宅に京大生の家庭教師が来ていたので、一緒に読んでもらったりしました。

田中 どうりで英語が堪能なわけですね。

高校生のときから開始した雑誌への執筆活動

田中 鏡さんは、かなり昔から雑誌で連載されてきましたよね？

鏡　高校生の頃から、少女向けの占い雑誌『マイバースデイ』（実業之日本社）とか、いろいろと関わっていました。

田中　高校生で、すでに連載を持っていたと!?

鏡　中学生の頃から、気にとめていただいていたんです。少女向け占い雑誌の『ミュー』（サンケイ新聞社）に、占星術の読み解きコーナーがあって、その回答を投稿してたら評価されて、賞とかいただくようになって。

そのうち、今は亡き占星術師のG・ダビデ先生から直接電話が来て、「よかったら東京に来ませんか？」と誘われたんですけど。

「せめて高校は行かせてください」と断ったら、「君、中学生だったの？」って衝撃を受けたみたいで（笑）。

「じゃあ、高校生になったら連載始めないか？」と言っていただいて、高校1年の頃から400字の短いコラムを書き始めました。その延長で、G・ダビデさんには、占星術の解釈についても教わりました。

田中　中学生ですごい状態だったんですね。将来を考えなきゃいけない高校3年生の頃は、先々どうしようと思っていたんですか？

鏡　僕は数学が致命的にダメだったので、国公立は諦めて私立文系を目指そうとしていました。当時の偏差値ピラミッドの頂点は、早稲田大学の政経学部で、たまたま連載させていただいていた『クレープ』（日之出出版）の編集長が、早稲田の政経出身だったんです。そこで、「受験のためのアドバイスをください」とお願いしたら、「そんなところに行ってどうすんだ！何万人も卒業生がいるマンモス大学行ってもしょうがないだろ」って怒られて。「語学が得意なんだし、少数精鋭のＩＣＵ（国際基督教大学）っていう大学があるから、そこに行け」と。

田中　すごいですね、ＩＣＵを勧めるなんて。

鏡　今でこそ有名な大学ですが、当時、僕を含めて京都の高校生は誰も知らなかったんです。それで調べてみたら、「スゴイ大学じゃん、行ってみたい」と思い、結果的にも、東京の大学はＩＣＵしか受からなかったんですよ。関西はいくつか受かりましたけど。

田中　それで上京したんですね。

鏡　あ、京都の人は「上京」って言わないんです。「東京に行く」です（笑）。

田中　あはははは。東京に来て早速、出版社に連絡しましたか？

鏡　いえ、その頃はすでに連載をたくさん抱えていたので。出版社のルートを2つ持っていて、ひとつは女性向け雑誌。もうひとつは、作家の朝松健先生経由で、硬めのライン。

朝松先生は雑誌『ムー』（学研）のメインライターだったんです。ところが、「これからは小説一本でいく」と一大決心されて、「代わりにコイツを置いていくから」と、『ムー』や、今はもうないけれど『トワイライトゾーン』（ワールドフォトプレス）といったオカルト雑誌の編集部に僕を紹介してくださったんです。

まだ大学生でまともな原稿も全然書けないのに、両編集部にかわいがってもらって、すごくいい勉強をさせてもらいました。

それに朝松先生には、『ユリイカ』（青土社）も紹介していただき、それがユリイカでの執筆や青土社から一連の翻訳書を出していただくきっかけになりました。

最初に手がけたパワーストーンの翻訳本が大ヒット

田中 ご自身の本を手がけたのは、いつですか?

鏡 翻訳本ですけど、大学生の頃1989年に出版された『クリスタル・パワー』(コニー・チャーチ著/二見書房)です。

田中 どういう経緯で翻訳を?

鏡 アルバイトで「サマリー」を作っていたんです。サマリーとは要約文のことで、洋書をざっと読んで、主だった内容を文章にします。それを編集者に伝え、その本を邦訳する権利を買うかどうかを出版社が決める参考にするというわけ。

サマリーをバイトでやったら、「なんなら翻訳までやっちゃいませんか?」というお話をいただいて。

田中　え？　サマリー作成からそのまま翻訳者に？

鏡　そうそう。ほんと、かわいがられてましたよねえ、僕（笑）。そうしたら、景気がよかったこともあって、クリスタルを付録につけた本が**10万部近いヒット**になって。

出版って儲かるんだと勘違いして、道を踏み外したわけです（笑）。まさかそのあとの人生、ずっと占いに関わるとは考えてもいなかった。

田中　なるほど（笑）。ペンネームはすでに鏡リュウジだったんですか？

鏡　そのときはもう、そうですね。他にも筆名はいろいろあったけど。

田中　鏡という名の由来は？

鏡　「**鏡みたいでありたい**」という思いがあって。でも、あまり深い意味はないですね。そもそも大学生の頃は、ずっとやっていくつもりはなかったですから。

「まともな社会人になろう」と思っていて、そうなれるものだと思っていたから。思い上がっていましたね（笑）。

田中 いえいえ、社会人できるでしょう（笑）。あと、リュウジの由来は？

鏡 **リュウが好きだったん**ですよね、なんか。

心理占星術が定義する「魂」にこだわった本でデビュー

田中 では、自著デビューは？

鏡 『魂《プシュケー》の西洋占星術』（学習研究社）。1991年だったかな。

田中 あの本は、「心理占星術」の教科書ですよね。日本初でしたか？

鏡 いえ、すでに岡本翔子先生が『ロマンチック心理占星術』（主婦の友社）を出版されていて。岡本さんの心理占星術は、雑誌でも特集を組まれていました。

田中 鏡さんの本のほうは、タイトルに「魂」という言葉が入っていて、ちょっとスピっぽい感じですよね？

鏡　そこは誤解なきようにしたい部分！　そもそも、**サイコロジーの〝サイキ〟は「魂」を意味している**んです。

そして僕の本の「魂」は、ジェイムズ・ヒルマン（アメリカの心理学者／1926–2011）の定義から来ています。彼はユング派の心理学者で、**単純な定義にはまらない「こころ」の経験世界を「魂」と呼ぶ**わけです。

決して今のニューエイジ・スピリチュアルな人がいうような、明るいだけのものでも、実体的なものでもない。

光栄なことに、僕はジェイムズ・ヒルマンのベストセラー『魂のコード』（河出書房新社）を翻訳して、あの河合隼雄先生に本の帯用の言葉もいただきました。

ヒルマンと親しいトマス・ムーア（アメリカの心理療法士／1940–）の『内なる惑星』（青土社）も翻訳しましたが、彼らの**「元型的心理学」は、ルネサンスの占星術や哲学にインスパイアされている**んです。

ヒルマンと親しかった河合隼雄先生も、「魂」という言葉を多用します。つまり、ユング派の人たちは、**心理学の中には納まりきらない何かがある**と考えるわけです。それは、古代のプラトンやアリストテレスに始まる「霊魂論」にも繋がっていく。

ユングは、その系譜上にあるんです。河合先生にならって、ここでは漢字じゃなくて、ひらがなで「たましい」と書くほうがいいのかもしれないですけど。

いずれにせよ、前世とかに関連づける**ニューエイジやスピリチュアル系の人がいう「魂」とは、かなり違う意味合いの「魂」**なんですよね。

田中 「魂の〜」ってなると、どうしてもスピリチュアルなイメージになりますよね。

鏡 まあ、それは仕方ないところもあるけれど、決して安易にシンプルに語れるものではないし、**問題を解決するためや、望んだものを「引き寄せる」方法でもない**。

田中 あはははは。前世がどうのこうの、とかね。

鏡 それ、アカンって。詩人のキーツ（イギリスのロマン主義の詩人／1795–1821）に由来し、ヒルマンが提唱する「ソウルメイキング」という言葉とかを安易に占星術で使われると、「それ違うよ」って言いたくなります。

心理占星術に関していえば、僕はリズ・グリーンにすごく感銘を受けて、彼女の本を翻訳することで日本に紹介してきました。でも、同時に僕の師匠的な人は、ジェフリー・コーネリアス博士（世界の占星術界の重鎮として知られるイギリスの占星術家）やマギー・ハイド（イギリスの占星術家）先生です。マギーさんの本も僕は翻訳していますが、彼らはある点で、グリーンにかなり批判的です。そのことをちゃんと理解してくれている占星術家は、残念ながら日本では少ないですね。

日本の占星術界を塗り替えたヒットメーカーに

田中　大学卒業後もどんどんご活躍されて、出された本もずいぶん売れていましたよね。

鏡　翻訳をした中で、2000年に発刊されたジョージア・サバスの『魔法の杖』（ソニーマガジンズ）は、ミリオンセラー（累計100万部超え）になりました。わりと最近の本、といってもちょっと前の2013年ですが、サンクチュアリ出版の『12星座の君へ』シリーズも累計80万部を超えています。

多分、単純に知名度という意味では、2000年代前半が僕の知名度的なピークだったかのかもしれませんね。

当時、自分でも「気持ち悪い」って思ったのは、年末にコンビニに行ったら、雑誌コーナーのほぼ全部の雑誌の表紙にでっかい字で「鏡リュウジの～」って書いてあって。

田中　あの頃、やたら見かけてましたよ。鏡リュウジ、鏡リュウジって（笑）。

鏡　若かったから耐えられたんだろうな（笑）。あんなん、今はもう無理。って、今はそんなにお声がけいただけないでしょうけどね。

田中　『情熱大陸』（２００５年12月４日放送）にも出演されましたよね。めちゃくちゃ働いてたんじゃないですか？

鏡　はい、でも若かったから、楽しかったですね。同時に、大学院では修士号とったり、非常勤講師なんかもしていたから。

でも、一方ではリズ・グリーン、ジェイムズ・ヒルマン、トマス・ムーア、ニコラス・キャンピオン、マギー・ハイドなどの堅い本を訳させていただいたり、最近では大学や美術館でのシンポジウムで登壇させていただくようになってもいるんですが、あんまりそっちは注目してもらってないのかしらね……（笑）。

田中　２００６年に『鏡リュウジ星のワークブック　ホロスコープが自分で読める』（講談社）が出版されましたよね。あの内容は、僕の中では決定的にスゴかったです。

どういういきさつで作られたんですか？

鏡　お世話になっていた女性誌『ＦＲａＵ』（講談社）の15周年企画だったんです。「何か新企画の単行本を」という話になって、「じゃあ、付録にＣＤ-ＲＯＭを付けようよ」と。

田中　そう！　当時としては斬新というか。あの本に鏡さんが「**惑星は動詞で、サインは副詞か形容詞。その範疇の中でなら自由に読んでいい**」って書いていて。
その言葉に、当時、ものすごくショックを受けたんです。

鏡　あの方法は、一昔前の英語圏での占星術の教え方のスタンダードだから、決して僕のオリジナルではないけれど。

田中　でも日本では「何室に〇〇があればどうのこうの」という感じで、解釈の自由度が少ないマニュアルというか、きっちり定められたクックブック的な教え方ですよね。
僕は**鏡さんの本でやっと、「もっと自由で良かったんだ」と思えた**というか。クックブック的な教えから入ると、そこから抜け出せないんですよ。

鏡　解釈を組み合わせたときに矛盾が出ると、そこで立ち止まることになりますしね。

田中　それを、あの本が打ち破ってくれたんです。今、本の名前が『占星術の教科書』（原書房）に変わりましたよね？

鏡　そうです。ワークブックは上下２冊ありましたが、それを両方とも。当初入れられなかったアスペクトやトランジットを網羅したり、チャート全体の読み方の手順を付け加えています。文字どおり「教科書」にしたつもりですが、これもよく売れています。

田中　ところで、本をお持ちいただいていますね？

鏡　影響を受けた本を持ってきました。ジェフリー・コーネリアスの『The Moment of Astrology: Origins in Divination』です（Ｐ４３２参照）。「占星術はカガクだ！」という声が強かった時代に、占星術はDivination、つまり「占い・卜占《ぼくせん》である」と主張したスゴイ本です。

田中　哲学的な内容ですすよね。邦訳版は出ていませんから、ぜひ、ナチュラルスピリットさんで。

鏡　これを訳すのは大変ですよ。で、絶対に売れない（笑）。

田中　この本は鏡さんにぜひ、翻訳してほしいですね。ロバート・ハンドは「**現代の占星術の最も重要な書物のひとつだ**」と言っています。専門家でもかなりやっている人でないと、わからない内容ですけど。

鏡さんが絶大なる影響を受けた本。『The Moment of Astrology:Origins in Divination』

鏡　でも、日本人からすると、〝**占星術は卜占という占いだ**〟というのは「当たり前やねん」と思うところもあるでしょうね。

田中　イギリスの認識としては、占星術は科学なんでしょうね。

鏡　当時は、占星術を「科学」にしようという動きが強かったですね。「タロットみたいな偶然ぽいものと一緒にしてくれんな」という感じでした。

歴史的に見ても占星術の主な潮流は、**アリストテレス的な因果論をバックボーンにして理屈付けをしてきた経緯**があります。

でも、やはり占星術の基礎を成すのはバビロニア以来の「**オーメン（予兆）**」であり、**因果論的なモデルではない**ということを論じたのが、ジェフリー先生。今では、英国でもかなり支持されていますよ。

次世代を育成するスクールを始めた理由

田中　これまで対面鑑定は一回もされてないんですか？

鏡　学園祭でやったくらいで、本格的には一回もしていません。そのスタンスは最初から貫いていますね。

やったら大変そうなのと、僕はわりと心が弱いので、やったらええ気になっちゃって簡単に「プチ教祖」になりかねないと思うんですよ。

田中　「何年待ちのカリスマ占い師」みたいな？

鏡　待たせるだけならまだいいですけど、人を支配しようとしたり、こっちが相手に依存したりするのが怖いなと。

中高生の頃、友だちを占いましたけど、そこで気づいたのは占いの怖さです。占いは相談者を依存させるということは、占い師側も依存する。つまり、**共依存の関係になる**のが怖いと感じたんです。

田中　なるほど。でも今、スクールも運営されてますよね？　実践鑑定はされていなかったから、びっくりしました。

鏡　はい。コースを教えています。背に腹はかえられずというか（笑）。いや、もうこの歳だから、そろそろいいのかなって。

田中　あははは。占星術研究家の伊泉龍一さんと対談したときも、「占うことには関心がないんだけど、占いの解釈とか使い方を知りたいという要望があるからそれに応えている」っておっしゃっていて。

鏡さんもそういう感じですか？

鏡　インターネット世代の人たちを見ていて、「これは一回やっておかなきゃアカンな」って思ったんです。

ある種のプラットフォーム的なものを、ちゃんとやっておいたほうがいいかなと。

考え方の枠組みを教えることで、**占星術をメタ（俯瞰した）レベルで捉えられるような人たちを育てないと危ない**というか。もっと**基礎教養がある人が増えてほしいな**、という思いがありますね。

基礎教養というのは、占星術を支えているベーシックな考え方はこうなっている、といったもののことで、「占星術の思考法の型」といえます。

たとえば、僕のコースでは最初に、「**占星術には二つの考え方があります**」と教えます。

ひとつは「**因果論**」で、宇宙の何かしらの力が地上に働いて、影響を及ぼすというもの。

もうひとつは「**照応論**」という考え方で、天に存在するものと地上にあるものが、まるで映し鏡のように互いに象徴的に反映し合っている、という考え方。

できる限り客観的に系譜を説明しつつ、自由に占星術の象徴を使いこなせるようにレッスンしているつもりです。

田中　なるほど。ご自分で試して、実感できた考え方を教えているんですか?

鏡　僕の場合、イギリスに度々行って、**英国モダンアストロロジー**の型がすっかり入っているので、それを伝えようと思っています。ただし、〝あくまでこれは「現代占星術」のスタイルです〟というのを強調していますよ、ちゃんと。

パッケージ化が進む海外の占星術業界

田中　長年、英国占星術協会のカンファレンスに参加されていますが、２０００年代半ばからのカンファレンスの変化は感じますか？

鏡　80年代後半から現地に足を運んでいますが、大きな変化のウェーブが2回ありました。ひとつ目は、**80年代半ばから90年代の盛り上がり**ですね。「占星術への統計調査」「心理学的占星術の興隆」「パソコンの普及によるハーモニクスなどの細密な技法の発展」「伝統・古典占星術の再興」、そして水面下で行われていた「占星術実践者のアカデミズムへの参入」という、じつに多彩な動きが同時進行していた時代です。

この時代の空気を直接吸えた僕は、本当に幸運だったと思う。

ふたつ目のウェーブは、**２０００年代半ば以降のインターネットの普及に伴う**「**ネット占星術コースの拡がり**」です。

田中　それによって、若手も育ってきましたからね。僕と同年代や、その下の世代とかも。最近の世代はどう映りますか？

鏡　僕が育った時とは状況が違いますが、やはり素晴らしいし、頼もしいですよ。

田中　大学や大学院に、もう一度戻ろうとする人もいますよね。

鏡　今は大学がすごくオープンになっていますし。以前は大学院にしても、勉強しようにも受け皿がありませんでした。

田中　そういう大きな流れの中で、長年、英国の占星術の世界を見てきたわけですよね。

鏡　35年以上になっちゃうかな。

田中　占星術に対する、海外と日本の環境の違いについてはどう思いますか？

鏡　田中さんも驚かれたように、海外では大規模な占星術のカンファレンスがあるのが大きな違いですよね。

80年代、90年代のイギリスのカンファレンスは、本当に**牧歌的**でした。まさに共通の趣味を楽しんでいる感じで。

ところが2000年以降は、**隙あらば「マネタイズ」しよう**とする感じがしてて。要するにコース化して、お金にしようとするわけです。すぐにシステム化したコースにするので、あれがちょっと寂しい。

僕としては、リタイアした人や教養ある人たちや研究者たちが集まって、マネタイズとは無関係に、共通の趣味を熱心に探求していた頃のほうが心地良かったかな。

田中 最近はカンファレンスも、ノウハウや物を売るための見本市化していると。

鏡 「プレゼンがうますぎる」と感じることもあります。ある理論などが商品としてパッケージ化されていて、さも「このノウハウが正しい」と主張しているように見える。

つまり、消費されやすくなっている、というのかな。消費者としては便利でしょうけど。

田中 なるほど。マニュアル化して使いやすくしていますもんね。

鏡 でもマニュアル化された占いツールを使っていても、そのうち、ある人たちは「そんなことあるかい」ってことに気づくんですよ（笑）。

おそらく、ちょっと知的な人たちは「伝統占星術」は21世紀におけるリ・コンストラクション（再建）であって、それ自体が「創られた伝統」、あるいは「再創造」（リ・クリエーション、リクレーション）であることにすぐ気づくでしょう。

でも、それはそれでいいんです。僕としては、「では、**当時の人たちと今の人たちのメンタリティはどう違うのか**」というところに、関心が移っていくことに期待しています。

そのことで、技法の下にある占星術の連続性や一貫性が、かえって見えてくることになるかもしれ

ユング派分析家リズ・グリーンの最新刊。占星術の実践書ではなく、ユングが自身の思想を成立させるにあたり、占星術の伝統が与えた影響を新資料を駆使して論じた学術書。鏡さんが監訳

ないから。

翻訳しているキャンピオンの『世界史と西洋占星術』（柏書房）はそこを語ろうとしているし、また、リズ・グリーンの『占星術とユング心理学』（原書房）は、ユングや現代占星術がいかに古代的な占星術の系譜の上にあるかを論じた大胆な本です。

日本の占星術家には、技法に加えてこういうものも読んでいただければ面白いと思うんだけどな。

占星術にのめり込んだのは〝言い訳の歴史〟への興味から

田中　ところで、占星術にのめり込んだきっかけは？

鏡　ひとつは、単純に「**飯のタネ**」になったからです。

もうひとつ、決定的な決め手になったのは、「こういう無理ゲー（無理なゲーム）を、なぜ人類はやっ

て来ているのか?」ということを探求したかったから。「無理ゲー」という意味ですが、占星術や占いというのは、基本的にどう考えても当たるわけはないんですよ。にもかかわらず、やってみると当たった気になったりする。それを、古来から占星術師や占い師たちは「**どう言い訳をしてやって来たのか?**」が気になって。

田中 言い訳の歴史に注目したんですね(笑)。

鏡 これは冗談半分ではあるけど、哲学の歴史を見ても「ソクラテスの弁明」しかり、みんな「アポロギア」なんです。アポロギアとは、「言い訳」や「弁明」という意味で、ずっと人類はアポロギアでやってきているんですね。特に18世紀の啓蒙主義以降、占星術はどう考えても負け戦です。そういう目で見たときに、占星術の実践家たちがどういうかたちで弁明を積んできたかを知るのが、僕にとってめちゃくちゃ面白くて。

だから、1980年代に占星術を統計・科学にしようと考えたとき、それでは個別性の問題が消えてしまい、自分自身の人生を語れなくなると気づいてしまった。これが、占星術が深層心理学へ接近する、一番大きな流れでした。

その一方で、「いやいや、本来の伝統的な占星術に戻れば当たるはずだ」というアポロギアが表出し、こうしたいろいろなアポロギアがダイナモ(原動力)となって、占星術コミュニティを突き動かしている……。

というように、その当時のトレンドが巻き起こるたびに、占星術はサッとその時に強そうなものに寄り添っていく。

田中 あははは。

鏡 これがまた巧みで、「こう来ましたか⁉」みたいな（笑）。

その他にも、僕が占星術にハマった理由があります。少なくとも17世紀までは、占星術は西洋文化の根幹というメインストリームにいました。決してサブではなく、**いろいろな文化に食い込んでいた**ので、この文化的な広がりの面白さというものを、わかりやすいかたちで伝えていきたいと思ったんです。

2つの世界を行き来する占星術の魅力

田中 カンファレンスの今のトレンドは、どういうものといえますか？

鏡 「**ヘレニズム占星術**」じゃないでしょうか。

田中　確かにカンファレンスへ行くと、その傾向をすごく感じますね。鏡さんはヘレニズム占星術にご興味は？

鏡　もちろんありますよ。クリス・ブレナンさんやベンジャミン・ダイクスさんなんて、ほんとすごいじゃないですか。

その意味でも、日本の状況もすごいでしょ？　田中さんが『クリスチャン・アストロロジー』を翻訳し、ベンジャミン・ダイクスの翻訳本も今ではあるし、つい最近、福本基さんが伝統占星術の本格的な案内書（『基礎からわかる伝統的占星術』太玄社）を出されて。素晴らしいよね。

今の占星術の学習者は、幸いです。僕が『占星綺想』（青土社）でエッセイ的に伝統占星術を紹介した時代とは、状況が違っていますから。

そういえば、ずいぶん前、伝統占星術の復興者の一人であるオリビア・バークレイ（イギリスの占星術家／1919–2001）先生が「日本人の勤勉さをもってすれば、本国はすぐ追い抜かれるかもしれない」なんておっしゃっていたのを思い出します。

田中　ありがたいお言葉ですね

鏡　ただ、あまりにマニュアル化されたものから入ると、伝統占星術の技法面にばかり目がいってしまうのが、ちょっと気がかり。「**その背景にある思想的なもの**」**が知りたい**というか、僕なんかはその背景にある世界観にも興味あります。さらに、マニュアル化しにくいダイモーンの系譜の占星術とかも。ヘレニズム占星術に限らず、占星術で大変難しいのは、占星術はある種の型でもあるけれど、僕からすると、マニュアルに字義的にのっとると、突然、バカバカしくなってしまうという……。

田中　ほぉお。

鏡　これはヘレニズム時代から指摘されていて、あのプロティノス（新プラトン主義の創始者とされる哲学者）も「昼と夜とで星が作用を変えるとか、惑星が男だ女だとか、そんなバカなことをどうして信じられようか」というようなことを、すでに言っています。**ヘレニズムの時代に、ヘレニズム占星術の技法の根幹を否定している**わけです。もちろん、プロティノスは占星術を否定しているわけではありません。彼は、ポルフィリオス（新プラトン主義の哲学者）の師匠格です。面白いでしょ？※

※鏡氏による付記：
プロティノスの『エネアス』の中で、占星術について論じているのが、第2巻3「星は（地上の出来事）を引き起こすかどうかについて」。プロティノスは因果論的な占星術理解を多角的に批判しているが、その中には最近、流行のヘレニズム占星術の大きな特徴である「セクト」理論への痛烈な皮肉もある。

「ある惑星（土星）は昼を喜び、暖められると善い星になるが、ある惑星（火星）は火の類のものであるので、夜を喜ぶと人びとは言うが、これではまるで惑星にはいつも昼が―つまり光が―あるのではないかのようであり、また後者（火星）が、地球の影の届く範囲よりもずっと上方にいるのにもかかわらず、夜の帳《とばり》に包まれることがあるかのようである」

（『プロティノス全集第一巻』水地宗明、田之頭安彦 訳／中央公論社より引用）

同様に、批判はサインやハウス、アスペクトにも向けられる。このような批判が、アリストテレス＝プトレマイオス的な因果論による占星術理解に向けられているのは明白である。一方で、プロティノスは、占星術そのものは否定していない。議論を網羅することはできないが、ひとつ重要なのは、宇宙全体が一つの生命であり、各部分は有機的に全体を反映しているというアイデアである。同書にはこうある。

「天にはいわば文字がいつも（新たに）書かれつつあるのだと、あるいは一度書かれたものが動いているのだと。（略）それらの文字による（将来の出来事の）表示（という副産物）が付随するのだとしてみよう。（略）だれかの性格にしても、その人の目を、あるいは身体のその他の部分を見ることによって、人はそれを知り得るだろう（略）かのものたち（星々）も（世界という生きもの）の部分であり、われわれもまた部分である。だから一方によって他方を（知り得るのである）。すべてのものは表徴《しるし》で満たされており、あるものから他のものを読みとる人は、いくらか賢い人である」

（同書より引用）

同じロジックを展開して、プロティノスはローマで公認されていた鳥占いなども肯定する。プロティノスによれば、占星術は、鳥占いのような偶然性による「卜術」とも原理的に通底している。プロティノスによる『エネアデス（エネアス）』を編纂したのはポルフィリオスであり、いわゆる「ポルフィリオス式ハウス分割」の考案者とされていた（実際にはこの計算法は、それに先行する）。ポルフィリオスによる『プトレマイオスの天文学入門書』として、中世において広く読まれたが、その著者が本当にポルフィリオスであったかについては議論がある。ポリフィリオスもまた、（プロト）機械論的、因果論的占星術理解には批判的であったようで、アポロンからの神託と天体配置の折衷を試み、また神々への召喚のための占星術も論じ、その指南を与えている。

＊詳細は Crystal Addy Divination and Theugy in Neoplatonism 4章などを参照。

田中　ヘレニズムの時代から、すでに技法に関しての疑問が生まれていたわけですね。

鏡　ルネサンスにカバラを復興させ、フィチーノ（イタリア・ルネサンス期の人文主義者、哲学者／1433–1499）を「師」とし「年長の友」としたピーコ（1463–1494）は、**徹底的に占星術を批判**しています。たぶん彼らは、占星術の実践の核に、〝**一見したところ、合理性や字義的な技法ではない**〟ものを見てとったんだろうと思うんです。ところが、そのバカバカしいはずの技法によって、ある瞬間にはシンボルがイキイキと語り出すことになったりします。

そういうとき、占星術は「**イキイキとシンボルが息づく世界**」と「**伝統的な型に仕切られた世界**」という、ふたつの世界を行ったり来たりすることをやっているんです。

田中　占星術研究家のジェフリー・コーネリアスさんは、「型から入って型を破る」みたいなことを言っていましたよね。

鏡　ジェフリー先生は「クローズドシステム」と「オープンエンド」にも例えていました。これは僕の訳した、デレク・アップルビー著の『ホラリー占星術』への序文でお書きになっています。

「**クローズドシステム**」とは、**伝統的な占いや体系的な占い**のことで、それらの共通項とは〝世界を縮約すること〟。

この世界は放っておくと、無限のバリエーションが存在することになり、そうなると世界全体を把握できないから、世界はいくつかの要素の組み合わせである、と捉えるんです。

陰陽五行に分けたりするのも、そのひとつですよね。ものすごく少ない数のコンビネーションによって、これまで起きたことや、これから起こるであろうことを、伝統的な占いという「クローズドシステム」によって、解読していきます。

もうひとつ、伝統的な占いにある「**オープンエンド**」とは、鳥の飛び方や夢などの中に現れてくる**シンボルを捉え、アプローチしていく**ことです。

ホロスコープの見方にしても、「勉強なんてしなくていい、勝手に読めばいいんだよ」というオープンな方法だって考えられますよね。

まったく占星術の勉強をしてない人に、ホロスコープを見せながら「どこかに星が集まっていない？」なんて言っていくだけでも、だんだん占い的な判断ができちゃう場合があるんです。

それに対して、クローズドなものはルールを厳密に守りながら、マニュアルに沿って進めていきます。このやり方の大きな弊害は、どの方法論が正しいかという、しょうもない論争が起こることです。

田中　そうですね。ルールに当てはまらないケースには対応できないですし。

鏡　片や、オープンエンドの弊害は、再現性が乏しいことだったりします。この**オープンエンドとクローズドを行ったり来たりするのが、本来の占い**なんじゃないかな。

田中　ちなみに、先ほどの〝**伝統的な占いでは「鳥の飛び方」を読み取った**〟とのことですが、鳥も占いに使っていたんですよね。

鏡　鳥は、古代ローマ時代の占いで、メインで使われていました。飛び方や鳴声などを観察し、神意を探る人を「鳥卜官《ちょうぼくかん》」と呼んだんです。
彼らは、オープンエンドとクローズドの中間のことを行いました。広場に行って聖域に区画を作り、それを空に投影してそこを飛ぶ鳥で占ったんです。この区画が、「テンプルム」と呼ばれ、占星術で扱う「ハウス」の起源という説もあります。
古代には、「肝臓占い」とかもあり、ヤギや羊の肝臓を取り出して、色や形状で吉凶判断することを、バビロニアの時代からローマ時代に至るまで、ずっとやっていました。だから、当時は肝臓の模型もたくさん作られています。

田中　なぜ、肝臓だったんでしょうね？

鏡　（ドヤ顔で）肝心かなめ、やからちゃうか？

田中　あははは、それすごく日本語的ですね（笑）。でも、体の一部を何かの象徴として解読するのは、シャーマニックなやり方でもありますよね。

鏡　冗談はさておき、これは大事なんですよ。**肝臓は〝予見の力を持つ魂を繋ぐ座〟**だと考えられていました。ゼウス（木星）が伝統的に肝臓に配当されるのは、そのためかもしれません。

プラトンはこう言っています。

われわれを構成してくれた神々は、死すべき種族（人間）をできるだけすぐれたものにするようにと命じた、あの時の父の言いつけを覚えていたのでして、そこでその通りに（略）その中に予見の器官を置いたのです。

（『ティマイオス』種山恭子訳／岩波書店より引用）

ここの、〝その中に〟、というのが肝臓のことです。

シャーマニズムの定義には収まらないかもしれませんが、占いの起源にはやはり「**神意を問う**」という側面があるんですよね。

日常の支えになる楽しさを伝えたいという想い

田中 鏡さんはこれまで、数々の雑誌やマスメディアで情報発信されていますが、何を伝えたいですか？

鏡 "**楽しさ**"ですかね。占いを通して、人の代弁者になることの楽しさというか。たとえば、恋愛運などに関して、占い師はいろいろなメタファーや占いのいろいろな言葉を使って、作家や詩人のように表現しますよね。そういう楽しさです。

田中 鏡さんは大衆との同調性がすごいというか、シンクロ性が高いというか。

鏡 でも、それが本当にできる人は、作家や詩人なのかなと思います。

僕らの強みは、伝統的な占いが持っている言葉のストックを使えるところで、それがズルいところでもあるんですけど。

田中　時代は変わっても人が悩むことって、ほぼ同じようにも思えますが。

鏡　でも、どこか違いますよね。「景気が悪くなってきたな」って感じます。

僕が最初やっていた頃は、相談者はみんな自己実現に向かっていたし、恋愛も楽しんでいましたから。最近はせちがらいからか、「お金に困って」とかが多くて、励まさなければいけないですから。

田中　そういう感覚を持ちながら、執筆されているんですね。

鏡　ジェンダー問題もありますし。昔は、彼氏彼女って平気で書けたけど、〝パートナー〟と書くようになった。いいことですよね。

これは占いの具体性や抽象性の問題とも関わっていて、社会が多様になればなるほど、占いとしての表現はより幅広く対応すべく、抽象的になるんです。

以前は海外のほうが多様性があったけど、最近は日本もそうなりつつありますよね。

昔はよく「もっと具体的に書いて」と編集者から怒られていましたけど、今や「もうちょっとかっこいい言い方ないですか」とか言われます。

田中　時代によっていろいろ変わるんですね。でも、読んで元気になってほしいという思いはありますよね？

鏡　それはもう。新型コロナで騒然としている今もそうですけど、東日本大震災のときに強く思ったことがあって。

一大事なときにも、仕事の締め切りって来るわけですよ。「なんで、こんなときにも、こんな星占いをこんなときに書かなアカンねん。こんなん、なんの役に立つねん。それどころちゃうやんか……」って強く思いながら書いていたんですけど。

そのときハタと、こういう心底**無意味なものが存在しうることの重要性**を感じたんですよね。つまり、「今日のラッキーカラー」とか、まあ言ったら慰めでしかない「いらないもの」じゃないですか。

田中　あはははは、そんなことはないと思いますよ。

鏡　究極、いるか・いらないか、で言えばですけど。でも、そういうもの（占い）が存続しているということで、**その人にとっての日常が回復していく**んです。

その重要性を震災のときに感じたのを、今、また思い出しました。

田中　僕もお笑い芸人で漫才やっているとき、震災のときは同じジレンマを感じましたね。

鏡　「不謹慎なんじゃないか」とね。

田中　そうなんですよ。「その点、元気づけられる音楽っていいな」と思いましたもん。

鏡　でも、お笑いも元気になるじゃないですか。

田中　まあ、そうですね。結局、アートというジャンルはすべてがそうなのかもしれません。その意味で、占いもアートですよね。

鏡　占いが他のアートと違うのは、メディアなどにおける「習慣性」と「継続性」なんです。占いの場合、日常的に続いている感があります。雑誌の連載をしてきて思ったのは、読者にとって占いコーナーはあって当たり前で、**ちょっとした日常の支えになっている**ということでした。つまり、占いは「日常性の確認」という役割を、メディアを通して果たしているのかもしれませんね。ええこと言うてもうた！　違うところでエッセイにしよ（笑）。

占い結果の「良し悪し」は伝えなくても答えが見えてくる

田中　ところで、占いの結果が良くない場合、相談者にどう伝えたらいいとお考えですか？

鏡　「良い・悪い」のかたちでは伝えないほうがいいと思うんです。ちょっと前のアメリカの占星術スクールでは「良い・悪い」を言うと、生徒から罰金をとるぞと冗談で言っていたこともあるという。それは、「良い・悪いではなく、もっと別の形容詞を使おうよ」という動きでもあったわけですが。

田中　なるほど。そうであっても「良いの？悪いの？」と知りたがる方もいますし。

鏡　そこで問われるのが、占い師の技量なんです。そういう時に**パッと答えない技量が必要**です。それは、一般的なカウンセラーも一緒です。
「私どうすればいいんですか？このアルコール依存でDVの旦那とは別れたほうがいいんですか？」と聞かれて、「別れなさい」と言っても、相談者もそれはわかっていることで。
本当に技量のある、パワーのあるカウンセラーなら、そこは答えないんです。全力で答えないようにする。

田中　それは「あなた次第です」ということですか？

鏡　河合先生によれば、「答えないでいても、そのうち相談者との間でわかってくることがある」ということなんです。

田中　「あなたに任せます」とも違うんですね？

鏡　単に「知らんがな」と突っぱねるのではなく、占い師が**答えを断定しないで、じっくりと相談者の心が動き出すのを待つ**のが理想でしょうねえ。「ああ、あなたのホロスコープには今、こんな星が現れていますね。あなたはどう思う？」などと、相談者に振りながらやり取りしているうちに、〝**その場で何かが起こってくる**〟んです。

田中　話しているうちに、相談者の心模様が変わってきたりしますしね。悩みの対象に対しての感情が、どんどん変化する人もいます。

大切なのは救いを見出す方向へ導くこと

田中　人生に対し、「宿命と自由意志」はそれぞれどのくらい影響していると思いますか？

鏡　わからないですね……。宿命というものがあるのかどうか、そこからしてわからない。ただ、人生には「運命を感じる」ことがあったりしますよね。

運命という言葉を使わないまでも、「なんで俺だけ⁉」とか「なんでこんなときに⁉」と感じるとき、暗に運命を自覚しますよね。

そういうときは、「自分の意志と現実が不調和を起こしている」とも感じるものですよね。その**不調和を確認して、再調整するのが占いの役割**なのかなとも思います。

田中　あぁ、占いをそういうふうに使えばいいということですね。

鏡　難しいことですけど。古典的な魔術と宗教の相違観にも通じます。

宗教学では伝統的に、正当な宗教と魔術を区別しようとしてきたんですよね。「こうやったらうまくいきますよ」というのは魔術であり、マジックです。行きすぎると、願望や欲を満たす目的でのブラックマジックになり得ます。

お祈りして神さまに「委ねます」というのが、宗教です。

厳密には、あまりこんなふうな区別はできないと思うけれど、うまくすると使えますよね。あまりにも操作的になると良くないと思いますが。

結局、占いをどう使うかは、個別のケースによって違ってきます。究極の達人レベルになれば、その人がその場にいるだけで、問題解決や不調和な状態の修復ができるのかもしれないけど。

でも、そんなことは僕には無理だし、せめて僕にできるのは、宿命や運命にはこんな考え方があるよという、**運命論の系譜**みたいなものを並べてあげることぐらいかな。

田中　相談者からすると、「いい結果が宿命的にやって来てほしい」という願望があるんですよね。

鏡　対面鑑定している人にとっては、切実な問題ですよね。田中さん自身は、悪い結果が出たらどうしますか？

田中　**悪いなりに良い方向に修正するアドバイス**をします。たとえば、もう一回、アドバイスの観点から占ったりするなどして。

鏡　易などの「卜占」ならそれもできますけど、生年月日から占う「命術」の場合は？

田中　良いアスペクトを拾っていくとか。

鏡　救いになるところを探るわけですね？

田中　そうです。ウィリアム・リリーもそうですけど、ホラリーチャートのいいところを探そうとすごく努力します。僕もそういうスタンスです。

鏡　「カタ－キ－」というやつですね。ギリシャのカタルケー、もしくはカタ－キ－という占いがあり、「イニシアチブ」という意味があります。

神々との交流において、人間が最初にどういう行動を起こすべきか、そのお伺いを立てる占いで、その意味では「宿命はない」んです。

田中　なるほど。たとえば、悪いチャートであってもそこに良い要素を見つけ、どうイニシアチブをとるかを考えるわけですね。

では、術者の人格と占いの実力は関係あると思いますか？

鏡　これは、わからないですね。教科書的には、ウィリアム・リリーも「なるべく清らかな」って書いていますが、そう言うても、リリーもいろいろとね（笑）。

田中　彼もずいぶん、批判することが多い人ですから（笑）。

鏡　これね、西洋の精神史を参照すると、めちゃくちゃ大きな問題なんですよ。カトリックにおける、いわゆる「秘蹟の人効論・事効論」の歴史的な論争がありますし。〝破戒して、戻ってきた聖職者が執り行うミサに効果があるかどうか？〟という……。

「人格的に問題のある聖職者のミサには効果がない」と単純には考えがちだけど、そうなると「神と教会の権威はどこにあるのか」ということになる。

ややこしい論争ですし、僕なんかには論じきれませんが、リリーのこの一行をとっただけでも、本当はこんな重大な問題が控えているわけですよ。

田中　占い師に言い換えるなら、占いそのものに力があれば、占い師個人は関係ないと。

鏡　いや、大いにあるとは思うけれど、でもね、現実にはそんな単純じゃないでしょう？　占い師は、**白か黒かキレイに割り切れない人の側に立つことも求められる**んだから。

だからこそ、意味があったりもするわけで。

たとえば、〝ブラックジャックが善い人か悪い人か問題〟ってあるやん？

田中 あははは、そうですよね。

鏡 この前対談したユング派の精神科医、秋田巌先生がそのことを論じておられます。ブラックジャックは「ディスフィギュアード・ヒーロー」というアーキタイプだといいます。鼠小僧とかもそう。「異形の英雄」「傷ついた英雄」といった意味で、自分が〝悪寄り〟であることをわかっていて、**悪を認識しながら善を生きる**みたいな存在ですね。

田中 なるほど、だから占い師も意義があると。

技術について

田中 技術についてお聞きしたいのですが。まずタロットです。タロットカードの種類が違うと、たとえばウエイト版とマルセイユ版とではカードの意味が違うという方がいるんですが、それについてどう思われますか？

鏡　それはその使い手がどう感じているかで変わるんじゃないでしょうか。

田中　では正位置、逆位置で変わるというのも？

鏡　そうです。僕も最初は正逆でそれぞれ意味を取っていましたけど、途中で面倒くさくなって同じになりました。

田中　はははは。そういうもんなんですね。
では占ってコートカードばかり出た時、どう読まれますか？

鏡　その状況にもよりますが、まず人間関係が複雑じゃないですかっていうこと。あとは自分のサブパーソナリティが頭の中で複雑に絡んでいるように感じます。だからメインになるカードはどれだろうって考えます。

田中　占星術に移りますが、お使いのハウスシステムは何ですか？

鏡　プラシーダスです。始めた時から使っているんで、慣れているんです。

田中　アスペクトは何を使いますか？

鏡　メジャーとクインカンクスですね。欧米の僕らのジェネレーションだと、マイナーアスペクトの中でもクインカンクスは特別扱いですね。意味としては1ハウスと8ハウス、1ハウスと6ハウスのような複雑な状況で、アバージョンですね。プログレスやアークではマイナーアスペクト、とくに45度倍数はつい見ますね。

田中　外惑星はどう扱われていますか？

鏡　もちろん、使いますよ。

田中　世代的な感じでも使われますか？

鏡　世代は心理なんです。

　というか、すべては心理占星術だと僕は思っているんです。というのも、すべて心が感じていることだからです。いかに具体的な事象であれ、その人の体験世界なわけで、すべての占いはその人が感じていることなんです。

田中　外惑星恐怖症の方が時々いらっしゃいますが。特に冥王星を怖がる方がいます。

鏡　冥王星って名前が怖いもん（笑）。でも冥王星は作動する時はすごく作動するけど、作動しない時はまったく作動しないですよ。不思議ですよね。

伝統的には土星は怖くないですか？

田中　僕は怖くないですね。機能的に悪くならない時があるので。土星がMCにあると怖いとかいう人もいますが、エリザベス女王はMCに土星があってもあれだけ長くいらっしゃいますから。

鏡　ここね、大事なところだと思いますが、僕はすべての天体は「怖い」と思いますよ。心理学的に解釈すれば、それは自我を超えたところで自律的に働く元型的な力ですから。太陽や木星であっても怖い。土星も怖いし、祝福でもあるわけです。ユングは元型的なものは運命として感じられるといいます。言い換えれば、惑星のイメージをきちんと「怖れる」ことができるということは、人生をどんなものであれ尊び、畏怖して向き合うということではないでしょうか。簡単には良い悪いとか、成長の糧だとか、あるいは星を使うなどといったことは言えない。

田中　エッセンシャル・ディグニティとアクシデンタル・ディグニティについてどうお考えでしょう

か？　あと、優先順位はどうなっていますか？

鏡　自分が実践で用いるのはモダンですからね。エッセンシャルではドミサイル、エグザルテーション、フォール、ペリグリン、デトリメントくらいでしょうか。タームなんてまず使わない。ホラリーのときは、アルムーテンは見るかな。アクシデンタルではアングルとか逆行とかですね。まずはアングルの天体、さらに全体にポツンと浮いている天体とかかな。

田中　予測技法は何をお使いですか？

鏡　主にトランジット、セカンダリ、アークです。オーソドックス（笑）。まあ、「予測」というよりも流れをみていくような感じですけど。同じ星の象意が重奏されていく感じが出てくるでしょう？　出生図の中だけでもあるし、星を動かすとそれがさらにくっきりする。そういう星たちのレゾナンスを楽しむのが、僕の占星術だと思う。

メタレベルで客観視しながら新しい形の占いの未来へ

田中　最後にお聞きしたいのは「占いの未来について」ですが、これからどうなっていくでしょうか？

鏡　それは、まさに田中さんの肩にかかっていると思いますよ。

田中　いや、そんな、あははは。

鏡　いや、田中さんの熱意とパワーと能力は本当にすごい。いつも楽しそうに語っているし。いろいろなことをやってらっしゃるけれど、「儲けたろ」とか「ビュー数かせいだろ」というのとはまったくモチベーションが違うし。

純粋な探求心とそれをエンジョイできることは、ものすごいことだと思いますよ。

田中　ありがとうございます。僕は占いを始めたのが遅いので。高校2年生からやっているとはいえ、本格的には２００８年からですから、まだまだ全然です。

……で、占いの未来はどうなっていくんでしたっけ？

鏡　だから、田中さんの肩にかかっていると（笑）。

そうですね、占いは今後、いろいろな方向に展開していくと思います。ネットを中心に新しいビジネス展開もするだろうし、エンタメとしても新しいかたちが出てくるだろうし、コースとして家元を作っていくような仕組みも増えるでしょうね。

アカデミックなレベルでやる人たちもいて、それこそ「**ダイバーシティ（多様性）**」**な状況**が生まれるんじゃないかな。

田中　特にSNSの普及で、海外の占星術家とのコミュニティ作りも盛んですよね。ネットワークによって、驚くほど横の繋がりができる時代で、どこの国にいてもZoomで講座が受けられたり。

鏡　そこが今、圧倒的に面白いところですけど、同時に、極めて限られたオタク的なサークルでもあるということを忘れちゃいけない。占星術コミュニティなんて、小さいですよ。だから、そこだけ見ていると寂しいものがあるので、**狭いコミュニティだけで完結しないようにしないと。**

狭いコミュニティにいる際は、「今、自分は違うパラダイムに生きている」ということを、常に認識しながらアウトプットしていくようにするというか。

田中　世間に対し、占いというものを、どう還元すると一番いいですか？

鏡　人によると思いますけど、僕にとって重要なことは、「**本来売ってはいけないものを売っているという認識を持てるか**」なんです。

つまり、ちょっと恥じらいの精神を持ちつつ、占いができるかどうか。それが「メタレベル」で客観視するということですよね。

だからと言ってインチキなものを売っているんじゃないし、僕たちがやって来たトラディションってあるわけで、それを表現するような近代の言葉がないだけだと思っているんですけど。

でも、その言語化は急いではいけないし、難しいです。急げば、疑似科学になるので。

田中　そうですね。では、占い業界は発展していきそうですか？

鏡　かたちを変えながら生き抜いていくんでしょうね。ほんと、しぶといから。

なぜかと言えば、**人間の思考や営みの基礎の部分で、占いというものが作動しているから**です。将来を知りたいという願望だけでなく、もしかしたら、近代科学を支えているような考え方のベースになってもいますし。

これまでの近代科学は、人間の思考の中でも最も表面的な、アルゴリズム化しやすいところを使って構築されている気がします。

けれどもっとその下のところに、まだＡＩ化できていないようなアルゴリズムみたいなものがあって、経済ですらそういうところから生まれている。だから我々は経済をコントロールできないんです。

それと同じような思考の流れのようなものが、**人間の知性の深いところ**で動いていて、それがトランスペアレント（透明）なかたちで垣間見えるのが、占いや深層心理学だと思うんですね。

そういうかたちで**人間という生物の根幹に関わっているので、「占いは死なない」**と思う。でも、我々占い師が思っているかたちで残るのかは、わからないですけどね。

田中 今後、やりたいことは？

鏡 軽い入門書として、〝占いの哲学〟に関する本を書いてみたいですね。占いは本来、哲学や宗教のメインテーマでした。プラトン、アリストテレス、アウグスティヌス他、名のあるほとんどの哲人たちが古来、占いを真剣に論じています。

でもそのことがあまり知られていないのは、重要ではないとしてカットされてきたから。その辺のことを、論文は無理としてもエッセイ風にまとめてみたいと思います。

なんて言ったけど、これは野望だなあ。

田中 わかりました。ありがとうございます。

鏡 最後はちょっと大上段に言いすぎましたが（笑）。

田中 いえいえ、楽しみにしておきます（笑）。

おまけのQ&A　教えて、鏡さん

※今回は著者も回答参加

Q　新型コロナウイルスに関して、動画やブログなどでは、今回のことを独自にいわゆるスピリチュアル的な解釈をして発信する方々がたくさんいます。

中には、結果的に不安を煽るような内容もありますが、こうした風潮をどうお考えですか?

鏡　確かにスゴイ状況ですよね。フランスの伝統的占星術家アンドレ・バルボーは、確かに2020年のパンデミックの可能性を予言していたけど、占星術家の共通認識にならなかった。それ以上にはずれている予言もあるわけです。

つまり、占星術では未来は具体的に予言できないわけです。

となると、こういう非常時は、やはり科学に頼らなければいけません。

東日本大震災のときもお伝えしましたが、こうした非常時の際に我々占星術師が気をつけなければいけないのは、「予言への誘惑」です。

占星術も文化のひとつですが、人間が生み出す文化とは、そもそも〝**本来シームレスな自然に区切りを打ち込んでいく**〟という、反自然な作業です。

その文化が正しく営まれていれば、自然の秩序を感じる方向に作動します。

一方で、逆の方向へと利用してしまうと、極めて危険な終末論や人心をかく乱する流れを生んでしまうんです。それは権力批判や革命にもつながる、もろ刃の剣です。

田中 「占いで世を惑わすな」っていうことですよね。

鏡 そうです。占星術と科学とを、メタ（俯瞰した）な視点から見ることが大切です。皮肉なことに、そうするとクールすぎて、占いにパワーはなくなりますが（笑）。占いで人の心を癒すことができるのか、という問題にもなってしまいます。

Q 今回のパンデミックに関して、天体にサインが現れていなかったのでしょうか？

田中 占い師の方々は結構、「今年はヤバいよ」とは言っていましたけど、そのヤバさがどういうかたちで現れるか、ましてや世界の都市がロックダウンになるといった具体的なことを言っていた人などいませんでしたよね？

鏡 そうそう。「後付け」なら、いくらでも言えますしね。「ヤバい」という声はありましたけど、今回は事前に読み解けていなかったわけで。

教科書的に言うと、過去を振り返ってもエイズやスペイン風邪など、**疫病が蔓延するときは現**

在の天体配置と同じ「土星・木星のパターン」が関わっていました。

それにもかかわらず、今回のパンデミックを予見することはできなかったんです。

それと、このパンデミックで露見したのは、〝**世界がこれほどまでにネットワーク化されている**〟ということだと思います。

田中　確かにモンゴル帝国の崩壊の原因のひとつがペストの大流行だったのも、結局、巨大なネットワークができあがっていたからこそですし。

現在の世界も、そんなふうに全部が繋がっている状態なんでしょうね。

鏡　あともうひとつは、〝**インフォメーション・パニック**〟。実際にはわからないことだらけなのに、さまざまな情報が飛び交って方針が決めにくい。

これは、今年から始まる**「風の時代」、つまり「情報の時代」の影の部分を人類は見せられている**、ということです。

田中　そうですよね。2020年の今年は、〝風のサイン（宮）でグレートコンジャンクションが起こり、200年続く「風の時代」の始まりの年〟といわれています。12世紀のスペインのユダヤ教学者のアブラハム・イブン・エズラは「風の時代は小麦の価格の上昇と飢饉が世界的に起きる」と書いています。

鏡　それを予言的な情報として扱うと、問題が出てくるでしょうね。２００年続くとされる「風の時代」という長いスパンでの出来事としてですけど、ウィリアム・リリーは風の時代について**「賢い人がルールを決める。その賢い人に、数学者と占星術師は入る」**という意味合いのことを書いています。

なので、これからは「我々、占星術師の時代かな」って思っていますけど（笑）。

田中　あはははは。古典にはこうした傾向みたいな記述が、ちゃんと残っているんですよね。

鏡　結局、今回のパンデミックが象徴しているのは、世界的に人口が増え続けていけば、破綻をきたす可能性も高くなるという警鐘なのかもしれません。人間が世界的に活動を縮小したことで、皮肉なことに自然環境が回復しています。

田中　同時に、「接触感染を避けるためのキャッシュレス決済」「オンライン会議や講義」「ビデオ通話」「リモートワーク」などが重視されて、今後さらにネットを中心にしたバーチャルな世界が発展していきそうですよね。

鏡　と同時に、その中でいかに生身の自分や感情（水）を大切にできるか、ということが問われるようになるかもしれません。

あとがき

ウェブ雑誌での連載で、占術の研究家の方々と対談させていただくという企画。これは私の人生初の連載でした。この企画が通った時にどういう人と対談をするかについて、いろいろと考え、自分なりに基準を作りました。

●占術の教本を本人が執筆、あるいは翻訳し出版している。
●講師をしている。
●古典にも目を向けている。
●一度はお会いしたことがある。

こうなるとごく少数の方だけしか当てはまらなくなってしまいましたが、今回対談させていただいた方々は、皆さんこれらに当てはまる方たちばかりです。とはいえ、まだ対談させていただいていない方もいらっしゃいますので、また機会を改めて対談をさせていただけたらと思っています。

占いについて雑誌での対談というのはよくありますが、話し手は、話し相手に合わすので、話し相手が占いについて知識がないと、あまり専門用語を使わないで手加減したりするものですが、今回ホストは私でしたので、皆さん明らかに手加減がなく、専門用語を普通に使ってかなり深い話をしていただいています。

対談はある程度、私のほうで前もって聞くことは決まっているのですが、やはり、対談は生ものですので、毎回毎回違った流れになっていました。

また対談させていただいた方々とは一度はお会いしたことがありましたので、すでに知っている話もあるのですが、知らないふりをして初めて聞くようにしないといけない場合があったり、占術に関する諸説あることについては、自分の中で考えがある程度定まっていることでも、どう考えているのかを聞いてみたり、そしてこれはあくまで対談であって、議論ではないので、とにかく考えを聞き出すということに主軸を置いたりと、ホストとしての工夫もいろいろとありました。

対談では、ハッとするようなことを答えてくれる場合が多くありました。おそらく読者の皆さんもハッとするような部分がそれぞれにあると思います。対談は通常2時間前後でしたが、話しているとあっという間に過ぎていたということが多かったですね。

連載が始まりますとかなり反響があったようで、記事をネットに掲載するとアクセス数がかなり増えたそうです。また、占いの研究者や学習者からは「読んでいます」と、ずいぶん声をかけていただきました。

対談を振り返ると、同じ占術を使っていてもそれぞれ考え方も使い方も違い、個性があります。では、占い方に基準はないのかというとそうでもなく、押さえなくてはならないポイントはありますし、ひととおり知識を身に付けてから自分なりのスタイルを作り上げていくものなのだと思います。

占術は「術《アート》」です。アートというと、芸術や技術を思い浮かべると思いますが、この術というのはそもそも個性が反映されるものです。芸術でいうなら、絵の描き方を同じ先生から教わっても人それぞれ描く絵は違いますし、今は医学といいますが、医術ともいって、診察の結果が医師によって違っている場合もありますし、手術の上手さは医者によって違います。術には論理を追いかけ身に付ける「学」の部分は確かにありますが、なかなか言語化できない、論理から離れた部分があります。そういう言語化されない部分を対談から少しでも感じていただけたら幸いです。

最後になりますが、対談していただいた10人の占術の研究家の皆さま、ありがとうございました。またこの連載企画を快く通していただいた、ナチュラルスピリット今井社長に感謝申し上げます。そして連載での対談をまとめていただいた『スターピープル・オンライン』編集長の湯川真由美さん、さらに宙アキラさんに感謝いたします。それからいつも応援してくれている家族に感謝します。皆さまありがとうございました。

２０２０年12月　大会合の日

田中　要一郎

用語解説

〈東洋占星術〉

外格【がいかく】
五行が特化した用神を取り成り立つ格局。特別格局とも呼ばれる。

気学【きがく】
中国の九星術をもとに、大正時代に園田真次郎が創始した占術。九星を使用、運勢や方位などを占う。

奇門遁甲【きもんとんこう】
中国発祥の占術。ある時間にある方向へ移動することで、自分を有利な方向へ導く「方位術」のひとつとして日本では使用される。

窮通宝鑑【きゅうつうほうかん】
明代（1368～1644年）に余春台により編纂された書物で、「調候」の概念を取り扱う。

玄空飛星【げんくうひせい】
「玄」とは「一」を、「空」とは「九」をあらわし、つまり、「玄空」は一から九までを意味する。これは人体にある九竅を指し、また、九と一は「紫白」を意味し紫白九星を用いることから、紫白飛星とも呼ばれる。「三元九運」（元運）と呼ばれる時間変化の中で該当する紫白九星の生死衰旺を、「飛星」（洛書の軌跡）によって判断する。

玄空六法【げんくうろっぽう】
二元八運の時間軸である元運を始めとし、雌雄、金龍、挨星、城門（山龍・水龍）、そして、時間推移をあらわす太歳を用いる風水。

四柱推命【しちゅうすいめい】
出生した年月日時に相当した干支暦に変換し四つの干支から表記され、それぞれの干支が年柱、月柱、日柱、時柱をあらわすことから四柱と呼ばれる。また、漢字が八文字で表記されることから八字とも。推命とは、その人の禍福吉凶となる命運を推算する。

紫微斗数【しびとすう】
中国の北宋の陳希夷によるとされる東洋占星術のひとつ。生年月日、出生時間、出生地に基づいた命盤を使用し、運命を読み解く。

蔵干【ぞうかん】
天干は天元、地支は地元と呼ばれ、「天人合一」の哲理において、天干の形式によって、「人」をあらわしたものが、人元《じんげん》と呼ばれ、地支が天干を蔵する（蓄える）。簡略して「蔵干」と呼ばれる。蔵干とは、地支の中に天干の気を含むという説。

調候用神【ちょうこうようじん】
五行に燥と湿の分別があるように、四季においても寒暖の区別があり、命局において乾燥しているならば湿潤を喜び、命局において寒湿ならば温暖を喜ぶ。気候を調えるという意味で、調候用神と呼ばれる。

内格【ないかく】
日干は人の本身をあらわし、日干の旺衰強弱によって命格を判別し、中和をもって貴とする。普通格局とも呼ばれる。

納音【なっちん】
五音(宮、商、角、徴、羽)をもって、十二律(黄鐘、太簇、姑洗、蕤賓、夷則、無射、大呂、夾鐘、仲呂、林鐘、南呂、應鐘)を六十音に相合し、六十甲子に相配し合わせたもの。金、火、木、水、土の五行を一組の六十甲子に割り当て、納音と呼ばれる。

扶抑用神【ふよくようじん】
扶抑用神とは、日主（本身）が強ければ制剋し、弱ければ扶助する作用となる五行を取ることで、その五行を扶抑用神と呼ぶ。

卜占【ぼくせん】
易やタロットのように、質問や悩み、出来事に対して、何のカードや卦が出たかにより答えを導く占術。タイミングや行動の吉兆など、宿命や性格ではなく、変化する事柄を占うのに適するとされる。「ホラリー占星術」も卜占の一種。

用神【ようじん】
用神とは「命式の五行に必要なもの」であり、「用神を取る」とは、自分の命式に必要なものを判断するということ。用神を取る方法は、日干を主とすることにおいて、あるいは格局を主とすることにおいて、普通格局（内格）における原則となる、扶抑用神、病薬用神、調候用神、通関用神などがある。

陽宅三要【ようたくさんよう】
清代の趙九峰が著した「陽宅三要」に準拠する、あるいはそこから発展した技法や、門派の呼称。具体的には、門（玄関）・炉（台所）・房（寝室）等の方位の八卦を見て各々の方位の卦と卦の関係から吉凶を判断する技法を用いる。今日でも、数多くの流派が存在する。

巒頭【らんとう】
山川（龍水）形勢に依拠し、生気のあるところを察するための地学であり、地理。

理気【りき】
方位・空間（坐向）に依拠し、時間（元運、剋擇）の配合によって、吉凶を精査する。

六壬神課【りくじんしんか】
卜占の一種。問題を解決したいと思った時刻をもとに、干支を組み合わせて解決法を占う占術。陰陽師・安倍晴明もこの占術を使っていたとされる。西洋占星術でいう「ホラリー占星術」に相当。

〈西洋占星術〉

アクシデンタル・ディグニティ

惑星とハウスや天体との関係などから惑星の強さや活発さを指す。

アスペクト

黄道（太陽の通り道）360度に沿って計測される、天体と天体の間で成立する角度のこと。占星術において、伝統的なアスペクトを「メジャーアスペクト」、ケプラー以降に作られたアスペクトを「マイナーアスペクト」と呼ぶ。メジャーアスペクトは、4つの角度（60度・90度・120度・180度）を指す。コンジャンクション（0度）は本来アスペクトとは考えない。

イレクショナル占星術

占星術の技法のひとつで、行動を起こす良いタイミングを占う技術。

ウエイト版タロット

アーサー・エドワード・ウエイトが魔術結社「黄金の夜明け団」の解釈に基づいて考案。パメラ・コールマン・スミスにより描かれ、1909年にロンドンのライダー社より発売された（ゆえに「ライダー版」とも呼ばれる）。マルセイユ版とは違い、大アルカナ8を「力」、11を「正義」と捉える。日本でも、最もポピュラーなタロットカード。

エッセンシャル・ディグニティ

惑星とサインの関係から導き出され、ディグニティとは「品位」のこと。エッセンシャル・ディグニティは惑星の品質、性質の良さを示す。惑星がその支配するサインにあれば「ドミサイル」で、高揚するサインにあれば「エグザルテーション」である。「エッセンシャル・デビリティ」は惑星の品位の悪さを意味し、ドミサイルと真逆のサインは「デトリメント」で、エグザルテーションの真逆のサインは「フォール」となる。

エテイヤ版タロット

1789年にフランスの占術家エテイヤ（エッティラ）が考案。「タロット起源はエジプト説」に影響を受けたエテイヤは、従来のタロットを古代エジプトになぞらえて修正して製作。当時のフランスの主流タロットとなった。1から78まで通し番号がふられるなど、ウエイト版・マルセイユ版とは異なる点が多い。

オーブ

惑星の影響を及ぼす範囲。この範囲内に入ると惑星はお互い影響を及ぼし合うと考える。現代占星術ではアスペクトにオーブがあると考えるが、伝統的には、惑星にオーブがあると考える。現代占星術にしろ伝統占星術にしろ、この範囲は著作や研究家によって異なることが多い。

クインカンクス

天体が150度の角度に位置するアスペクト。

クインデチレ

天体が165度の角度に位置するアスペクト。

コンバスト
太陽と惑星が近づきすぎることで、惑星を燃やしてしまう（「Combust」は“燃やす・焦がす”の意）、つまり惑星の影響力を弱めてしまう現象。

サイン
ホロスコープにおいて、黄道帯を春分点を始まりとして黄経で12分割したもの。12サインは、十二宮、黄道十二宮ともいわれる。一般的な「12星座」がこれにあたる。

セカンダリー・プログレッション
「一日一年法」と呼ばれる出生図の進行法をもとに、未来を予測する技法。「プログレス法」とも呼ばれる。

セクスタイル
天体が60度の角度に位置するアスペクト。

ソーラーアーク
西洋占星術での、未来予測技法のひとつ。太陽が1日に動く度数を1年に対応させ、すべての惑星を同じ割合で進める進行法。

ダイモーン
元々は古代ギリシャにおける神々と人間の間に存在する神霊のこと。良きダイモーンと悪しきダイモーンの両方がいる。のちにカトリック信仰がヨーロッパ社会に浸透するとともに、ダイモーンは異教における下級の神々と捉えられるようになり、悪魔や悪霊を指す英語「デーモン」の語源となった。守護天使と似た存在。

トート版タロット
イギリスのアレイスター・クロウリーが考案、作画フリーダ・ハリスにより、1944年春分の日に解説書『トートの書』が発行され、69年にデッキが世に出された。ウエイト版同様、魔術結社「黄金の夜明け団」の教義に基づいている。一般的なタロットとの違いの特徴として、アテュ（大アルカナ）の20「審判」（キリストの復活の象徴）を「永劫」とし、一神教の「オシリスの時代」から、自身の中に神性を見出す「ホルスの時代」へと移行することを象徴している。また、スモールカード（小アルカナ）のコートカード（人物札）は、一般的な「キング」と「ペイジ」に代わり、「プリンス」と「プリンセス」が加わることも特徴。

ドミサイル（ルーラーシップ）
惑星がその惑星の支配するサイン（星座）にあること。たとえば、火星が牡羊座、金星が牡牛座、など。

トライン
天体が120度の角度に位置するアスペクト。

トランジット
その日時の天体配置を指す。出生図と通過する惑星の相互作用から未来を予測する。

ネイタル
出生図のこと。その人が出生した瞬間・場所のホロスコープを指す。

ハウス
ホロスコープを使う占星術において、黄道を通る太陽の時間や空間に合わせて12分割したもの。第1ハウスは「人の生命」、第2ハウスは「金銭」など、12ハウスそれぞれ意味をもつ。各ハウスにどの惑星が位置しているか、そのハウスの支配星を読み、人生のテーマを占う。ハウスの分割方法により、システムが異なる。主なハウスシステムとして、ホールサイン、プラシーダス、コッホ、イコール、キャンパナス、レギオモンタナス、ポーフィリーなどがある。

フィルダリア
ペルシャ起源といわれる中世占星術での、未来予測技法のひとつ。

プログレッション
進行図のこと。一般的にはセカンダリー・プログレッションを指す場合が多い。

プロフェクション
予測技法のひとつ。ひとつのサイン（星座）を、歳ごとに1ハウスずつ前進させ、そのサインにある惑星やそのサインを支配している惑星で、その年を予測する方法。

ヘレニズム占星術
メソポタミア文明を興したバビロニア人たちによる「プロト占星術」に、エジプト人の占星術、ギリシャのさまざまな思想が加わり、紀元前3世紀頃に成立した占星術体系。

ホラリー占星術
何らかの質問を受け、その質問を理解した瞬間のチャートでの惑星の配置や動きを見て、その質問に答える占星術の一分野。

マルセイユ版タロット
もとはフランスでカードゲームや観賞用として使われており、17〜18世紀のヨーロッパで大量生産されていた絵柄のカード。マルセイユ版はウエイト版と異なり、大アルカナの8は「正義」、11は「力」が位置する。

モイエティ
伝統占星術の考えで、オーブの半径（オーブの半分）がモイエティとされる。

ルーラー
支配星のこと。

〈インド占星術〉……………………………………………………………………………………………

アガスティアの葉
将来それを見に訪れるであろう人物の名前、家族、人生の詳細、そして過去生に積んだカルマなどが書かれてある椰子の葉。5000年前に書かれたとされるが、椰子の葉が5000年の間朽ちることなく存続するとは考えられないため、おそらくそれはあり得ない。アガスティア聖仙の名に由来するが、アガスティア仙が関わっていたかどうかは不明。インド各地には似たような葉や文献が存在する。たとえばシュカの書、シヴァサミーの葉など。それらは、ナディー文献と総称される。

アシュタカヴァルガ
出生図の惑星配置から星座ごとの強さをビンドゥーという数値で表したもの。アセンダントと7惑星のそれぞれについて求めたビナーシュタカヴァルガ、そしてそれらを総合して求めたサルヴァーシュタカヴァルガがある。惑星が在住する星座のアシュタカヴァルガは、そのままその惑星の強さを表す。

ヴァルシャファラ
トランジットの太陽がネイタルの太陽に重なった瞬間のホロスコープを指し、1年間を占う技法。西洋占星術でいう「ソーラーリターン」に相当。

カリ・ユガ
インド哲学で、循環すると去れる4つの時代（ユガ）の最後の段階であり、「悪魔カリの時代」「悪徳の時代」とも呼ばれる。紀元前3102年に始まり、43万2000年続くと考えられている。

ダシャーシステム
ホロスコープから読みとれるプラーラブダ・カルマ（宿命）がいつ顕現するかを見るときに用いられる、インド占星術特有の技法のひとつ。インド占星術の的中精度はダシャーによるところが大きい。インド占星術には、100近いダシャーが存在する。パラーシャラ・システムには約50近いダシャーが存在し、代表的なものとしてダシャーはヴィムショッタリーダシャー、アシュトッタリー・ダシャー、ヨーギニー・ダシャーなどがある。ジェイミニ・システムにも50近いダシャーが存在し、代表的なものとしてチャラ・ダシャー、スティラ・ダシャー、マンドック・ダシャー、ニラヤーナシューラ・ダシャーなどがある。他国から伝わったとされるタージカ・システムを代表するヴァルシャファラ（ソーラーリターン）という技法においても、パティヤヤーニ・ダシャーやムッダ・ダシャー、ヨーギニー・ダシャーなどいくつかのダシャーが存在する。ナーディー占星術においても、ゴーチャラ・ダシャーとして知られるダシャーが存在する。

ナクシャトラ
インド占星術での27区分の月宿。

バガヴァッドギーター
インドの叙事詩『マハーバーラタ』の一部であり、ヒンドゥー教の聖典のひとつ。「神の歌」の意。バガヴァッドとはクリシュナ神の別名でもある。同族同士の戦争に苦悩する王子アルジュナへ、クリシュナが信愛によって解脱を遂げると説いた歌集。

パンチャーンガ
インド式の暦のこと。「ティティ（太陰日）」「ヴァーラ（曜日）」「ナクシャトラ（二十七宿）」「ヨーガ（太陽と月の角度）」「カラナ（ティティを2等分した時間単位）」の5要素から成り立つ。

プラシュナ
ある質問に対し、答えを求めようとした“今その時”の瞬間の星の動きをもとにホロスコープを作成して占うインド占術。西洋占星術でいう「ホラリー占星術」に相当。

ムフールタ
インド占星術での、吉兆の日時を選定する技法。西洋占星術でいう「エレクション」に相当。

＊引用文献
P444『プロティノス全集第1巻』P403-404、408-409　水地宗明、田之頭安彦訳／中央公論社
P448『ティマイオス』P132　種山恭子訳／岩波書店

◆著者プロフィール

田中要一郎（たなか よういちろう）

占術研究家。翻訳家。芸人。1974年和歌山県生まれ。早稲田大学卒。高校時代より占いに興味を持ち、研究を始める。西洋伝統占星術、インド占星術、七政四余など古典をベースとした東西の占星術を比較研究する。五術研究家の阿藤大昇の門下で「三式、三典」を伝授され、香港の世界五大風水師の筆頭であるレイモンド・ローからは風水を伝授される。レイモンド・ロー公認風水師。占術は日本のみならず中国、インド、欧米の諸師にも学ぶ。主な占術は、「西洋伝統占星術」「子平」「インド占星術」「風水」「易」「タロット」「人相・手相」「姓名判断」など多岐にわたる。翻訳書籍は『子平推命基礎大全』（梁湘潤著）、『クリスチャン・アストロロジー第1書＆第2書』『クリスチャン・アストロロジー第3書』（いずれもウィリアム・リリー著）、『現代占星術家のための伝統占星術入門』（ベンジャミン・ダイクス著／すべて太玄社）。

田中要一郎の占術世界
http://uranaigeinin.com/
ブログ
https://ameblo.jp/uranaigeinin/
http://gree.jp/tanaka_yoichiro/blog

◆『スターピープル・オンライン』（https://starpeople.jp）掲載日

vol.1　2018年11月15日掲載
vol.2　2019年1月25日掲載
vol.3　2019年3月8日掲載
vol.4　2019年4月24日掲載
vol.5　2019年6月6日掲載
vol.6　2019年7月25日掲載
vol.7　2019年9月27日掲載
vol.8　2019年10月23日掲載
vol.9　2020年1月28日掲載
vol.10　2020年5月14日掲載

占術談義　田中要一郎 対談集

2021年3月17日　初版発行

著　者――田中要一郎

装　幀――長澤 均［papier collé］
編　集――澤田美希
ＤＴＰ――大内かなえ

発行者――今井博揮
発行所――株式会社太玄社

電話：03-6427-9268　FAX：03-6450-5978
E-mail：info@taigensha.com　HP：https://www.taigensha.com/

発売所――株式会社ナチュラルスピリット

〒101-0051　東京都千代田区神田神保町3-2　高橋ビル2階
電話：03-6450-5938　FAX：03-6450-5978

印　刷――モリモト印刷株式会社

ISBN 978-4-906724-63-5 C0011

●人の運命やこの世の中の仕組みを玄学を通して究める、太玄社の本

風水住宅図鑑
風水で住宅をみるための基礎知識

山道帰一 著

住んではいけない場所・間取りを知ることが、凶を避ける知恵となります。風水で住宅をみるための基礎知識を紹介。

定価 本体三八〇〇円＋税

風水・擇日・奇門　万年暦【増補改訂版】
1924～2064

山道帰一 著

カラーで見やすい、東洋一の万年暦！ 140年分のボリューミーな内容を一挙収録。「暦」を自在に使いこなす万年暦の決定版、増補改訂版！

定価 本体五〇〇〇円＋税

玄空飛星派　風水大全【改訂版】

山道帰一 著

台湾風水界の重鎮鍾進添老師・徐芹庭博士も大絶賛！日本の風水界の虚実を糺す「玄空飛星学」の唯一無二の本格的教科書。オールカラー。

定価 本体六八〇〇円＋税

フライング・スター風水鑑定術

福田英嗣 著

世界のセレブ御用達！ 人気ナンバーワン鑑定マニュアル。〈飛星チャート〉144パターンを全公開！家運を安定させ、人生を大きく変える優秀なコンパス。

定価 本体二四〇〇円＋税

玄妙風水大全

坂内瑞祥 著

風水が運を100％左右する！ 数々の実績を残している名風水師がその秘訣を開示！ 玄空風水の奥義を「水法」を中心に紹介。

定価 本体四五〇〇円＋税

誰でもわかる正統派風水

エリザベス・モラン
マスター・ジョセフ・ユー 著
マスター・ヴァル・ビクタシェフ
島内大乾 翻訳

基礎となる考え、歴史など、順を追って風水について説明し、さらに風水という環境だけでなく、四柱推命でその人の運気も解説しています。

定価 本体三〇〇〇円＋税

【実証】中国歴代帝王・王妃の
帝陵風水

張 玉正 著
林 秀靜 訳

風水的観点に立って、百座近い皇帝と王妃の陵寝から歴代の王朝の栄枯盛衰をオールカラーで解説。堪輿術（地理風水）の極意。

定価 本体六五〇〇円＋税

お近くの書店、インターネット書店、および小社でお求めになれます。

●人の運命やこの世の仕組みを玄学を通して究める、太玄社の本

風水と住まいの精霊開運法

塩田久佳 著

風水のヒケツは「住まいの精霊さん」にあった！「住まいの精霊さん」による秘伝満載！ さまざまな風水を学んできた著者がたどり着いた開運風水法。

定価 本体一三〇〇円＋税

誰でもできる かんたん風水！ バグア・チャート風水

伊庭野れい子 著

9つのコーナーとエリアでかんたん運気アップ！ 入り口から見た位置で、「恋愛運」も「金運」も「健康運」も決まります！

定価 本体一五〇〇円＋税

【実践】四柱推命鑑定術

盧 恆立（レイモンド・ロー） 著
山道帰一 監訳
アマーティ正子 翻訳

世界最高峰のグランドマスターが鑑定の秘技を惜しみなく伝授！ 人生に何が起こり、何が改善できるのかを200を超える命式から読み解きます。

定価 本体三八〇〇円＋税

子平推命　基礎大全

梁 湘潤 著
田中要一郎 翻訳

台湾の至宝・子平推命の大家による名著。本邦初翻訳！ 子平を志すもの必見・必読の書。子平（四柱推命）を台湾の大家が順を追って解説。

定価 本体三〇〇〇円＋税

【正伝】子平推命の基礎

中西悠翠 著
阿藤大昇 監修

徐子平、徐大昇の正統を受け継ぎ、一子相伝で口伝されてきた子平推命の源流を日本で初めて本格的に紹介する書。

定価 本体二四〇〇円＋税

あなたには素敵な天命がある
命理学四柱推命でわかる運の活かし方

塚本真山 著

あなたは旺命？ 柔命？ 玉女？ 旺女？ 旺命の人は独立自営向き、柔命の人は組織向き……天命をいかに活用するかで、運命の扉が変わります！

定価 本体一六〇〇円＋税

黄帝暦　八字占術

池本正玄 著

五千年をさかのぼる古への暦法、黄帝暦を使った画期的な四柱推命！ 自らの大運の流れをつかみ、運気を高める手法を公開。

定価 本体二三〇〇円＋税

お近くの書店、インターネット書店、および小社でお求めになれます。